MÄNNERSTREIK

Helen Smith

MÄNNERSTREIK

Warum das starke Geschlecht auf Bindung
und Kinder verzichtet

Aus dem Amerikanischen von Ursula Pesch

Mit einem Essay von Thomas Hoof

Edition Sonderwege

*Für meinen Vater, der mich lehrte, was Liebe ist,
und meinen Mann, der mich das Erlernte nicht vergessen lässt,
und immer für Julia.*

*Und für all jene, die zur Entstehung
dieses Buches beigetragen haben.*

INHALT

Vorwort – 9

Einleitung – 13

I. Der Heiratsstreik – 21
   Warum Männer nicht heiraten

II. Mein Körper gehört mir, deiner aber nicht dir – 61

III. Der College-Streik – 87
   Wo keine Jungs mehr sind

IV. Warum bleibt Dad im Keller? – 119

V. Warum es drauf ankommt – 145

VI. Sich wehren, den Galt machen oder beides? – 167

Schlussbemerkung – 211

Anhang

Danksagung – 215

Informationsquellen für Männer – 217

Die Autorin – 220

Anmerkungen – 221

Der Fischer und seine Frau sind jetzt getrennte Leute – 237
Essay von Thomas Hoof

VORWORT

Versklavung war früher eine Frage der Rasse. Heute ist sie eine Frage des Geschlechts.

Carnell Smith, Interessenvertreter von
Vaterschaftsbetrugsopfern

Wenn Sie ein Waschlappen sind, ist dieses Buch nichts für Sie. Die Vorschläge, die ich hier mache, haben es in sich und verlangen Ihnen so manches ab, und wenn Sie als Mann sich dieser Herausforderung nicht gewachsen fühlen, sollten Sie das Buch weglegen und sich etwas anderem zuwenden. Was ich hier beschreibe, verlangt eine Revolution, um unsere Kultur und mit ihr das politische Klima einer Gesellschaft zu verändern, die Gesetze und Maßnahmen gegen das männliche Geschlecht erlaubt, die gegenüber dem weiblichen Geschlecht undenkbar wären.

Vielleicht finden Sie das nur gerecht und denken, dass Männer ruhig büßen sollten – für das Unrecht, das ihre Vorfahren getan haben, und für die Diskriminierung, die Frauen früher erlitten haben. Vielleicht sind Sie der Typ des galanten weißen Ritters, der nichts mehr liebt als den Gedanken, ein Fräulein in Not zu retten, und der es gern sähe, wie seine Geschlechtsgenossen auf die Knie gezwungen werden durch Gesetze, die die reproduktiven Rechte, das persönliche Leben und die gesamte Lebensgrundlage von Männern einschränken. Vielleicht haben Sie politische Ambitionen oder arbeiten in einem Bereich, in dem man von Ihnen erwartet, dass Sie den Privilegien für Frauen den Vorzug vor der Gerechtigkeit für Männer einräumen, und haben nicht die Absicht, sich zu ändern, weil Sie von diesem Arrangement profitieren. Vielleicht sind Sie einfach nur jemand, der gern Sex haben möchte und sich in der Hoffnung, mehr Frauen abzukriegen, politisch korrekt verhält. Ist dies der Fall, gehören Sie nicht zu meiner Zielgruppe, wollen aber vielleicht dabeibleiben und etwas lernen.

Wenn Sie eine Frau sind, sei Ihnen gesagt, dass es in diesem Buch in erster Linie um Männer geht, einiges aber durchaus auch für Sie interessant sein könnte. Vielleicht hilft es Ihnen, besser zu verstehen, was der typische Mann in diesem Land durchmacht und warum er nicht mehr so bereitwillig heiratet oder so oft aufs College geht wie früher. Selbst wenn Sie einem Großteil des Buchinhalts nicht zustimmen: Offen dafür zu sein, wie Männer *tatsächlich* fühlen und denken im Gegensatz dazu, wie sie nach den Vorstellungen der Medien, der weißen Ritter und anderer Frauen denken und fühlen sollen, hilft Ihnen vielleicht, aufgeschlossener und vertrauter auf sie zuzugehen. Ihr Ehemann, Sohn, Vater oder Bruder wird es Ihnen danken. Und wie Martin Luther King jr. einmal während seiner Zeit im Gefängnis von Birmingham sagte: »Ungerechtigkeit irgendwo bedroht die Gerechtigkeit überall.« Wenn wir als Frauen heutzutage Ungerechtigkeit gegenüber Männern zulassen, wer weiß, was uns morgen passiert? Wenn Sie Lust haben, etwas über Männer zu lernen, statt ihnen die Schuld an allen Missständen der Welt zuzuschreiben: Willkommen!

Meine eigentliche Zielgruppe ist der Mann, der weiß, dass im heutigen 21. Jahrhundert etwas nicht stimmt. Er kann es nicht genau benennen, hat aber das starke Gefühl, dass die moderne Gesellschaft dem Durchschnittsmann den Rücken zugekehrt hat. Und immer wieder hört er die Frage: »Wo sind all die guten Männer geblieben?« Doch er weiß genau, dass dies die falsche

Frage ist. Die richtige lautet: »Warum sind alle guten Männer in den Streik getreten?«

Dieses Buch wird Ihnen erklären, warum, und Ihnen und der Gesellschaft zeigen, wie sich das Problem lösen lässt. Denn wenn wir dies nicht tun, wird unsere Gesellschaft nie mehr sein, was sie ist. Unsere Söhne, Brüder, Väter, Onkel und Ehemänner würden dann in einer Welt ohne faire Gerichtsverfahren leben, einer Welt, in der ein Mann allein deswegen ins Gefängnis geworfen werden kann, weil eine Frau mit dem Finger auf ihn gezeigt hat oder weil er ihr gegenüber ein- oder zweimal die Stimme erhoben hat, einer Welt, in der er unfreiwillig achtzehn Jahre lang für ein Kind bezahlen muss, das nicht seins ist. Aber es ist schon zu spät. Das geschieht nämlich bereits in den Vereinigten Staaten von Amerika.

Männer spüren den enormen Druck, der auf sie ausgeübt wird, und treten bewusst oder unbewusst »in den Streik«. Erschreckend viele von ihnen brechen das College ab, schmeißen ihre Arbeit hin, steigen aus der Ehe und ihrer Verantwortung als Väter aus. Ja, ihre Zahl ist so groß, dass in den vergangenen Jahren eine Reihe von Büchern dazu geschrieben wurden, die den »Kindmann« von heute betrachten und zu dem Schluss kommen, dass er sich nicht mehr weiterentwickelt und sich jeglicher Verantwortung verweigert, weil er es sich erlauben oder Sex heute einfach auf Abruf bekommen kann.

Schlimmer noch: Diese Bücher argumentieren, dass sein unverantwortliches Handeln Frauen geschadet habe, da sein einziger Zweck auf Erden der sei, Frauen zu dienen. Nichts könnte weiter von der Wahrheit entfernt sein. Die meisten Männer handeln nicht unverantwortlich, weil sie unreif sind oder Frauen wehtun wollen. Sie reagieren vielmehr *rational* darauf, dass die heutige Gesellschaft ihnen kaum mehr Anreize bietet, verantwortungsvolle Väter, Ehemänner und Ernährer zu sein. Außerdem treten viele bewusst oder unbewusst in den Streik, weil sie nicht durch die Vielzahl an Gesetzen, Vorurteilen und Repressalien bestraft werden wollen – nur für das Verbrechen, zufällig ein Mann im 21. Jahrhundert zu sein. Sie beginnen zurückzuschlagen. Dieses Buch erklärt, was sie antreibt.

Dr. Helen Smith
Knoxville, Tennessee

EINLEITUNG

Sie werden fragen, warum eine Frau dieses Buch schreibt. Ich habe mir jahrelang dieselbe Frage gestellt. Lassen Sie mich ein bisschen von mir erzählen und Ihnen ein paar Hintergrundinformationen zu den Problemen von Männern vermitteln, damit Sie verstehen, warum ich zu dem Schluss gekommen bin, dass in unserer Kultur ein Krieg gegen Männer stattfindet, der beendet werden muss, bevor es zu spät ist. Ich werde Ihnen auch erklären, warum ich als Psychologin und als Frau genau die Person bin, die dieses Buch schreiben musste.

Ich habe mich früher selbst als Feministin betrachtet, jedoch irrtümlicherweise geglaubt, Feminismus bedeute Gleichberechtigung der Geschlechter. In der heutigen Kultur bedeutet er Frauenprivilegien, und da ich der Meinung bin, dass die Diskriminierung von Männern genauso schlimm ist wie die von Frauen, will ich nichts damit zu tun haben. Jetzt sind Männer diejenigen, die Gerechtigkeit und Aufmerksamkeit brauchen. Ich blogge und schreibe seit etwa 2005 meinen eigenen Blog *www.drhelen.blogspot.com* und arbeite seit 2007 mit PJ Media[1] zusammen, einem Internet-TV-Medienunternehmen, das eine libertäre und konservative Online-Website betreibt. Inzwischen blogge und schreibe ich ausschließlich als Kolumnistin und Bloggerin für PJ Media über die Belange und Rechte von Männern. Gelegentlich moderiere ich auch für PJTV eine Internet-TV-Show, die sich um Männerthemen dreht.[2]

Wie Sie sicher wissen, stehen Männerprobleme in den Mainstream-Medien nicht wirklich auf der Tagesordnung. Allenfalls erlebt man mal, dass ein armer Kerl von Dr. Phil zurechtgewiesen wird, weil er zu sagen wagt, dass er es nicht richtig findet, Unterhalt für ein Kind zahlen zu müssen, das er nur deshalb bekommen habe, weil er von einer Frau hereingelegt worden sei. Die habe ihm nämlich vorgelogen, dass sie aufgrund einer Erkrankung keine Kinder kriegen könne, aber, um ganz sicher zu gehen, auch noch die Pille nehme. Was für eine Unverschämtheit!

Wie dem auch sei, ich begann nicht von heute auf morgen damit, über Männerthemen zu schreiben. Ich arbeite seit über zwanzig Jahren als Psychologin, und einer meiner ersten Klienten war ein Mann im Rollstuhl namens John, der von seiner großen und wütenden Frau verprügelt wurde. Nach dieser Erfahrung nahm meine berufliche Entwicklung einen völlig anderen Verlauf. Ich hatte schon vorher gewusst, dass Männer nicht immer fair behandelt wurden, doch als ich den Beweis dafür direkt vor Augen hatte und es nur wenige Mittel gab, einem misshandelten Mann zu helfen, konnte ich nur eines tun: diesen Mann dazu ermutigen, sich aus dieser Situation zu befreien.

Ich habe viele Jahre damit verbracht, mit Hunderten von Männern über ihre tiefsten, dunkelsten Geheimnisse zu sprechen. Viele hatten Angst davor zu reden, für andere war es eine Erleichterung, doch eines hatten sie alle gemeinsam: das Gefühl, »Schwächlinge« zu sein, »weil sie Probleme hatten«. Und es widerstrebte ihnen, gegen etwas anzugehen, das die Gesellschaft von ihnen erwartete: ohne zu klagen für ihre Frauen und Familien zu sorgen. Selbst wenn die Frauen sie betrogen, selbst wenn sie die Kinder allein großzogen und die Frauen ihnen ihre Unterstützung verweigerten und sogar, wenn die Kinder nicht ihre eigenen waren.

Doch der Zorn war da, brodelte unter der Oberfläche und kam in der Therapie auf eine Weise zum Ausdruck, die verheerende Folgen für diese Männer sowie ihre Körper und Seelen hatte. Und sie glaubten, dass es niemanden kümmere, und es kümmerte tatsächlich nur wenige. Männer bringen sich wegen solcher Qualen um, und die Statistiken belegen, dass sie dies oft tun. Die Selbstmordstatistik der USA für das Jahr 2010 zeigt, dass sich landesweit 38 364 Menschen umbrachten; 30 277 davon waren Männer.[3] Wie viele dieser Männer hatten beschlossen, sich umzubringen, weil sie ihre Kinder nicht mehr sehen durften, ihre Beziehung zerrüttet war oder weil sie in einen erbitterten Scheidungskrieg verwickelt waren? Paradoxerweise scheint man sich trotz der Selbstmordstatistiken jedoch vor allem Gedanken um Frauen zu machen, die sich das Leben nehmen. Unsere Gesellschaft interessiert sich offensichtlich so wenig für Männer, dass ihr Selbstmord kaum eine Meldung wert ist.

Selbst das dramatische Ende von Thomas Ball, einem Mann, der sich auf den Stufen des Gerichtsgebäudes selbst anzündete, weil er das Gefühl hatte, vom Familiengericht an der Nase herumgeführt zu werden, wurde in den Abendnachrichten kaum erwähnt. Ball, ein 58-Jähriger aus New Hampshire, erklärte, das Familiengericht habe ihn »fertiggemacht, weil er ein Mann sei«.[4] Doch trotz seines entsetzlichen und öffentlichen Todes blieb das Interesse der Medien an seinem letzten Akt gering. Nur ein paar Aktivisten im Web und ein paar neue Internet-Nachrichtenseiten wie *International Business Times* sowie der *Keene Sentinel*, eine Zeitung in New Hampshire, griffen die Sache auf. Männer nehmen sich das Leben, damit man ihren Anliegen Gehör schenkt, doch niemand hört zu.[5]

Wenn ihnen niemand zuhört, schalten die Leute ab und fangen an, ihr eigenes Ding zu machen. Es gibt einen Begriff dafür, aus dem Mainstream auszusteigen, über den ich 2008 gebloggt habe, nämlich »den John Galt machen«[6] oder kurz »den Galt machen«. Haben Sie jemals *Atlas wirft die Welt ab* gelesen? Falls nicht, sollten Sie es tun, denn dann wissen Sie, worauf ich hinauswill. Das Grundthema in Ayn Rands Buch ist, dass John Galt und seine Verbündeten Maßnahmen ergreifen, die unter anderem einschließen, dass sie ihre Talente nicht länger zur Verfügung stellen und »den Motor der Welt stoppen«, während sie den Kampf der »Streikenden« (derjenigen, die sich weigern, ausgebeutet zu werden) gegen die »Plünderer« (die von der Regierung unterstützten Ausbeuter) anführen.[7] Interessant ist, dass der ursprüngliche Titel *Der Streik* lautete, Rand ihn jedoch auf Vorschlag ihres Mannes änderte.[8] Der ursprüngliche Titel scheint passend für das zu sein, was mit dem Mann des 21. Jahrhunderts geschieht.

In gewissem Sinne fühlen sich die heutigen Männer sehr ähnlich wie Rands Figuren in *Atlas wirft die Welt ab*. Sie wissen, dass sie jederzeit wegen ihres Pflichtgefühls, ihrer wirtschaftlichen Leistung oder auch einfach nur, weil sie ein Mann sind, ausgebeutet werden können. Der Staat transferiert den wirtschaftlichen Ertrag der Männer auf Frauen und Kinder, und zwar durch Kindesunterhalt, Alimente, Scheidungsgesetze und staatliche Leistungen wie das WIC-Programm (ein vom Bund finanziertes Ernährungsprogramm für Frauen, Kleinkinder und Kinder), in deren Genuss vor allem Frauen kommen, oder durch Sozialleistungen für alleinerziehende Mütter. Männer ziehen nicht nur in Familienbeziehungen den Kürzeren, sondern auch in vielen Bereichen der modernen Gesellschaft. Sie werden als Bösewichte dargestellt, die bereit sind, Frauen und Kinder zu vergewaltigen, auszuplündern, zu schlagen oder zu missbrauchen. Von Vergewaltigungsgesetzen, die Frauen schützen, aber nicht die Männer, die vielleicht fälschlich von ihnen beschuldigt werden, bis zu unfairen Gerichtsverfahren im Fall von sexueller Belästigung auf dem Campus sowie Fluggesellschaften, die es Männern (sie könnten ja Perverse sein!) nicht erlauben, neben einem Kind zu sitzen,[9] befindet sich unsere Gesellschaft im Krieg mit Männern, und die Männer wissen dies genau.

Tatsächlich wissen die Männer seit Jahrzehnten, dass ein Gegenschlag gegen sie geführt wird. Warum also brauchen sie so lange, um sich zu wehren? In seinem weitblickenden Buch von 1993, *Mythos Männermacht*, bezeichnet der Psychologe Warren Farrell die Männerbewegung als »eine neue Stufe der Evolution« und sagt: »Die Männerbewegung wird die schwierigste aller Bewegungen sein, weil es schwer ist, sich den unterdrückten Gefühlen zu stellen und Frauen damit zu konfrontieren, die zu beschützen wir gelernt haben.«[10] Farrell glaubt, dass die größte Herausforderung der Männerbewegung darin bestehen wird, »Männer dazu zu bringen, um Hilfe *für sich selber* zu bitten. [...] Männer konnten immer für andere um Hilfe bitten: für die Gemeinschaft, ihre Frauen, Kinder oder für ein bestimmtes Ziel, *aber nicht für sich selbst*.«[11]

Laut Farrell haben »große Bewegungen meistens zwei Auslöser: erstens emotionale Zurückweisung, zweitens ökonomische Verluste. *Wenn sich zum selben geschichtlichen Zeitpunkt eine große Zahl von Menschen emotional zurückgewiesen und ökonomisch geschädigt fühlt, führt dies zur Revolution.*«[12] Männer fühlen sich weiß Gott emotional zurückgewiesen, nicht nur im Fall von Scheidungen, über die Farrell spricht, sondern in vielen Aspekten des amerikanischen Lebens, wie ich in den folgenden Kapiteln dieses Buches darlegen werde. Zudem geht es Männern nicht nur als Ehemännern und Vätern im Fall einer Scheidung wirtschaftlich schlecht, sondern auch, weil die derzeitige Rezession ihre Lebensgrundlage und langfristigen Karriereaussichten bedroht.

So schreibt der Politikwissenschaftler James Q. Wilson: »Viele von denen, die zum unteren Fünftel der Verdiener gehören, verbleiben dort ihr Leben lang; das gilt vor allem für Männer.«[13] Die wirtschaftlichen und psychischen Auswirkungen, mit denen Männer in der heutigen Gesellschaft fertig werden müssen, treiben diejenigen von ihnen, die sich im Abseits befinden, dazu, für ihre *eigenen* Rechte zu kämpfen statt für die Rechte anderer. Genau hier kommt dieses Buch ins Spiel. Wenn Männer aufgrund von sozialer Konditionierung und sogar der Evolution eine psychische Barriere haben, für ihre eigenen Anliegen, auch innerhalb privater Beziehungen, einzutreten, dann wird das Überwinden dieser Barriere zu fairen rechtlichen und kulturellen Änderungen für Männer führen. Natürlich spielen nicht nur psychische, sondern auch gesetzliche Hindernisse eine Rolle, wenn es um Gerechtigkeit für Männer geht, aber ich bin fest davon überzeugt, dass die Kultur die Politik beeinflusst und die Politik das Gesetz.

Als Psychologin kann ich Ihnen die Werkzeuge an die Hand geben, mit deren Hilfe Sie diese Barrieren erkennen und überwinden können, und als Frau die Kenntnisse mit Ihnen teilen, die Sie brauchen, um ohne Angst auf Ihrem Weg zur Gleichberechtigung bestimmten Frauen und Männern in Ihrem Leben die Stirn zu bieten. Ich werde mich nicht wie so viele Autoren und Medienmacher dafür entschuldigen, dass ich für Männer eintrete. Ich finde das widerlich. Und eins ist klar: Ich als Frau werde weniger Ärger dafür bekommen, dass ich bestimmte Dinge sage, als ein Mann, der genau dasselbe äußern würde. Ich werde immer noch Ärger bekommen, doch für mich steht nicht so viel auf dem Spiel. Und obwohl meine Gefühle eine gewisse Rolle spielen, sind Ihre bei diesem Kampf von größerer Bedeutung. Ich kann Ihnen die

Werkzeuge an die Hand geben, doch den Großteil der Arbeit müssen Sie selbst leisten.

Ich habe einmal meinen Mann gefragt, was nötig sei, um eine »Männerrechtsaktivistin« zu sein. »Ich bin kein Mann und ich bin nicht brillant«, sagte ich, denn ich dachte, diese zwei Eigenschaften wären die Voraussetzung dafür, auf diesem Kampfplatz zu bestehen. Mein Mann, Juraprofessor und Verfasser eines großen politischen Blogs, meinte: »Du brauchst nur Mut.« Ich habe sehr viel Mut, und wenn Sie dieses Buch lesen, werden wahrscheinlich auch Sie ihn haben. Das ist von großem Vorteil, denn Sie werden diese Eigenschaft mehr als alles andere brauchen, wenn Sie, Ihre Söhne, Neffen, Brüder und Väter in der heutigen feminisierten Welt der Ehe, der Fortpflanzung, des Colleges, des öffentlichen und privaten Raums und der Arbeit überleben wollen. In den folgenden Kapiteln werden diese Bereiche und die Probleme, denen Männer in jedem von ihnen begegnen, behandelt. Ebenso die Frage, warum sich so viele von Ihnen wie die Figuren in *Atlas wirft die Welt ab* dazu entschlossen haben, in den Streik zu treten.

I.
DER HEIRATSSTREIK
Warum Männer nicht heiraten

Ich schätze, ich gehöre zu den Boykottierern. [...] Vor sechs oder sieben Jahren habe ich nach und nach einfach aufgehört, jemanden zu daten. Ohne wirklich darüber nachzudenken, gelangte ich zu der Entscheidung, mich nicht auf eine Ehe einzulassen, sodass ich mir die Mühe des Datens sparte. Das Interessante ist, dass ich mir ein Haus mit zwei anderen Männern in ähnlicher Lage teile. Wir scheinen uns alle nicht nur freiwillig aus der Bevölkerungsgruppe heiratswilliger Männer zurückgezogen zu haben, sondern auch aus dem Dating Pool. Einer von ihnen ist ein paar Jahre älter als ich, der andere Anfang dreißig. Beide waren schon einmal verheiratet und sind augenscheinlich nicht scharf darauf, diese Erfahrung noch mal zu machen.

Kommentar eines Mannes namens Ernie auf PJMedia.com
als Antwort auf meine Frage »Sollten Männer heiraten?«[1]

Es gibt in unserem Land viele Männer wie Ernie, die nicht mehr heiraten. Warum sollten sie auch? Die westliche Kultur hat die letzten fünfzig Jahre damit verbracht, die Ehe zu einem lohnenden Geschäft für Frauen zu machen, während sie für Männer zu einer Fessel geworden ist, zuweilen fast wörtlich. Früher gingen Männer zur Arbeit, kamen nach Hause und ruhten sich aus, nachdem sie hart gearbeitet hatten, um ihre Familie zu ernähren, aßen zu Abend und fühlten sich wie »der Herr im Haus«. Heutzutage kommt der Mann nach einem langen Arbeitstag nach Hause, um zu kochen oder das Geschirr zu spülen, wird dafür gescholten, daß er es nicht gut genug macht, und in den Keller verbannt, während die Ehefrau und die Kinder sich frei im Haus bewegen, und verbringt die Wochenenden, einen Beutel mit schmutzigen Windeln über der Schulter, damit, auf die Kinder aufzupassen oder in einem Einkaufszentrum herumzuhängen und die Tasche seiner Ehefrau zu tragen. Und als wäre das Leben noch nicht anstrengend genug, muss er auch noch die mitleidigen Blicke der jüngeren Männer ertragen, die sich fragen, wie es mit ihm so weit kommen konnte und wie sie dasselbe Schicksal vermeiden können.

Statt Gleichberechtigung in der Ehe zu erfahren, hat er nun damit zu rechnen, dass er Aufgaben im Haushalt übernehmen, als unbezahlter Bodyguard und Heimwerker fungieren, die meisten Rechnungen bezahlen, bei den Kindern helfen und sich für all seine Bemühungen von seiner Ehefrau und der Gesellschaft erniedrigen lassen muss. Und wenn er sich wehrt? Dann zahlt er Unterhalt für die Kinder, verliert die Hälfte oder mehr seiner Habe und muss das Haus verlassen. Möglicherweise erhält er sogar ein Kontaktverbot oder wird, noch schlimmer, der Kindesmisshandlung oder häuslicher Gewalt beschuldigt. Was also hat er davon, wenn er heiratet?

Es ist nicht verwunderlich, dass heutzutage immer weniger Männer heiraten. In ihrem Buch *Manning Up* schreibt Kay Hymowitz:»1970 waren 80 Prozent der 25- bis 29-jährigen Männer verheiratet; 2007 waren es nur noch rund 40 Prozent. 1970 waren 85 Prozent der 30- bis 34-jährigen Männer verheiratet, 2007 nur noch 60 Prozent.«[2]

Männer halten die Ehe nicht mehr für so wichtig wie selbst noch vor fünfzehn Jahren.»Laut dem Pew Research Center stieg die Zahl von Frauen zwischen 18 und 34 Jahren, die der Meinung sind, eine erfolgreiche Ehe sei mit das Wichtigste in ihrem Leben, seit 1997 um neun Prozent – von 28 auf 37 Prozent. Bei Männern war das Gegenteil der Fall. Der Anteil derjenigen, die diese Ansicht vertreten, sank von 35 auf 29 Prozent.«[3]

Selbst im mittleren Lebensalter heiraten weniger Männer, besonders dann, wenn sie keinen Collegeabschluss haben. Die

I. DER HEIRATSSTREIK

New York Times berichtet, dass »laut Datenerhebungen rund 18 Prozent der Männer im Alter zwischen 40 und 44 mit weniger als vier Jahren College nie geheiratet haben. Das sind rund sechs Prozent mehr als vor einem Vierteljahrhundert. Unter vergleichbaren Männern im Alter von 35 bis 39 Jahren stieg die Zahl in diesem Zeitraum von acht auf 22 Prozent.«[4] Selbst unter denen, die das College abgeschlossen haben, ist die Zahl der Heiratswilligen seit 1980 um neun Prozent gesunken.[5] Und die Heiratshäufigkeit nimmt im allgemeinen noch weiter ab. So schreiben die Männerrechtsaktivisten Glenn Sacks und Dianna Thompson:

»In den USA ist die Heiratshäufigkeit in den vergangenen vier Jahrzehnten um 40 Prozent auf den bisher niedrigsten Stand gesunken. Es gibt viele einleuchtende Gründe für diesen Trend, doch einer der am seltensten erwähnten ist der, dass amerikanische Männer angesichts eines Familiengerichtssystems, das sich gegen sie verschworen hat, unbewusst in den ›Heiratsstreik‹ getreten sind.«[6]

Es gibt viele Gründe dafür, dass Männer nicht heiraten, und einer davon ist sicherlich der von Sacks und Thompson beschriebene Heiratsstreik. Doch obwohl die Ungerechtigkeit der Familiengerichtsbarkeit eine große Rolle dabei spielt, dass Männer nicht mehr so oft heiraten, ist sie lediglich einer von mehreren Aspekten. In der heutigen postfeministischen Gesellschaft haben Männer andere psychologische und rechtliche Bedenken gegen die Ehe, die die Wahrscheinlichkeit des Heiratsstreiks erhöhen. Dieses Kapitel wird jene Bedenken thematisieren und die Frage beantworten, warum Männer heutzutage nicht mehr so bereitwillig heiraten wie früher.

*Warum Männer nicht heiraten –
die Sicht der »Experten«*

Wenn ich mir die Kommentare ansehe, die ich im Lauf der Jahre von Männern überall im Land zu der Frage erhalten habe, warum sie nicht heiraten wollen, habe ich das Gefühl, dass sich viele sogenannte Experten irren, wenn sie sagen, Männer seien schlechte Kommunikatoren. Meine Interaktionen und Beobachtungen zeigen, dass Männer oft genau wissen, was sie wollen, sich jedoch aus Angst, schwach zu wirken oder, schlimmer noch, als sexistisch oder frauenfeindlich zu gelten, nicht trauen, im zwischenmenschlichen und politischen Rahmen ihre Meinung zu äußern. Tun sie es dann doch, hört ihnen keiner zu, oder die Leute lehnen ab, was sie sagen.

Es kommt sogar vor, dass Verwandte oder Sozialarbeiter – fast immer Frauen – mir erklären, dass der Junge oder der Mann, den sie zu einer Analyse oder Therapie begleiten, nicht reden wolle, dass er zu verschlossen sei. Doch in meiner mehr als zwanzigjährigen Laufbahn hat sich kein einziger dieser Männer oder Jungen geweigert zu reden. Wie ich sie zum Reden gebracht habe? Ich habe ihnen zugehört.

Das Problem ist, dass die heutige Gesellschaft dem, was Männer zu sagen haben, wenn sie sich denn einmal öffnen, kein Gehör schenkt. Gleichzeitig lassen die Risiken, über diese politisch brisanten Themen zu sprechen, die Männer weiterhin schweigen, sodass es schwierig ist, die Wahrheit herauszubekommen. Selbst jene Experten oder Autoren, die Bücher über das Thema der mangelnden Heiratswilligkeit von Männern schreiben und behaupten, in gewisser Weise männerfreundlich zu sein, scheinen die Sache falsch zu verstehen. Sie erkennen nicht, dass es für Männer weniger Anreize gibt zu heiraten und dass sie nicht länger bereit sind, so viel mehr als in früheren Jahren zu riskieren, um potentiell sehr viel weniger zu bekommen. Die Autorinnen Kay Hymowitz und Kathleen Parker haben Bücher geschrieben, in denen sie sich, oberflächlich betrachtet, für Männer einzusetzen scheinen. Hymowitz' *Manning Up: How the Rise of Women Has Turned Men into Boys*[7] und Kathleen Parkers *Save the Males: Why Men Matter, Why Women Should Care*[8] sind ein guter Anfang, um den Krieg zu verstehen, den unsere Gesellschaft gegen Männer führt, doch schon allein die herablassenden Titel vermitteln den Eindruck, dass es den Autorinnen weniger um die Männer geht, als darum, wie sie sich gegenüber Frauen verhalten. Das soll nicht heißen, dass diese beiden Bücher nicht wichtig sind. Sie sind wichtig, weil sie einen guten Einblick vermitteln, wie und warum die Gesellschaft auf ungesunde Weise mit Männern umgeht. Doch ich habe ein paar ernsthafte Kritikpunkte vorzubringen.

Wenn man männerfreundlich sein will, dann sind Aussagen wie »Kindmann im gelobten Land«, die man bei Hymowitz findet, unangebracht – und Vergleiche wie die »Rettung der Männer« mit der »Rettung der Wale«, wie Parker sie in ihrem Buch zieht, schlicht beleidigend. Sie implizieren, dass Männer sich mit Tieren vergleichen lassen, was einige Frauen und ihre sexistischen männlichen Kollegen tatsächlich glauben.

Bei der Lektüre dieser beiden Bücher gewinne ich den Eindruck, dass Männer keine autonomen Wesen sind, die in einer demokratischen Gesellschaft die gleichen Rechte verdienen wie Frauen, sondern gerade so gut behandelt werden sollten, dass sie den Wunsch verspüren, Frauen zu heiraten, Kinder zu bekommen und sie zu ernähren, damit *Frauen* ein besseres Leben haben. Ich bin anderer Ansicht: Für mich sind Männer autonome Wesen, die ein Anrecht auf Gerechtigkeit, auf

Gleichberechtigung und ihr *eigenes* Glücksstreben haben, weil sie menschliche Wesen in einer angeblich freien Gesellschaft sind. Es ist traurig, dass dies eine so radikale Abweichung von der herrschenden Meinung darstellt, dass ein ganzes Buch geschrieben werden muss, um es klarzustellen. Man sollte meinen, dies sei doch selbstverständlich, aber das ist es im heutigen Amerika nicht.

Andere Bücher wie *Guyland*[9] von Michael Kimmel oder *Jungs im Abseits. Die aufrüttelnde Analyse eines Kinderarztes: 5 Gründe, warum unsere Söhne immer antriebsloser werden*[10] von Leonard Sax behandeln, so wie auch Hymowitz' Buch, das mangelnde Interesse der Männer an der Ehe als eine Art verlängerte Adoleszenz, in der Männer furzend und Videospiele spielend steckenbleiben, um nicht erwachsen werden zu müssen. Und all diese Autoren, in deren Augen Männer »Versager« sind, halten zusammen und geben damit dem negativen Image von Männern als Jungen neue Nahrung. So empfiehlt z. B. Richard Whitmire, der Autor von *Why Boys Fail*[11] – ein weiterer bemerkenswerter Titel! –, Hymowitz' Buch folgendermaßen:

> »Kay Hymowitz gelingt es hervorragend, die wachsende Schar von Kindmännern, die wir um uns herum sehen, zu beschreiben und die verstörende Wirklichkeit des Dilemmas, dass es an ›heiratsfähigen Partnern‹ mangelt, darzulegen. [...] Es stehen nicht nur weniger Männer mit einem Collegeabschluss zur Auswahl, auch viele von denen, die zur Verfügung stehen, sind kaum mehr als Kindmänner – niemand, den man sich als Ehemann für seine Tochter wünscht!«[12]

Und als sei die herablassende Haltung dieser Autoren gegenüber ihren Untersuchungsobjekten nicht schon schlimm ge-

I. DER HEIRATSSTREIK

nug, findet sich bei Hymowitz, die erklärt, dass sie mit Männern »mitfühle«,[13] ein Kapitel mit dem Titel »Kindmann im gelobten Land«. Darin macht sie sich über die Männer von heute lustig, die sich weigern, erwachsen zu werden, und die sich – sehr zu ihrem Leidwesen – auch weigern, an einer »zivilisierteren Gesellschaft« teilzuhaben:

> »Nichts ist ein stärkerer Beleg für den wachsenden wirtschaftlichen und kulturellen Einfluss des heterosexuellen jungen Mannes als Videospiele. Früher einmal waren Videospiele etwas für kleine Jungen [...].
> In der Tat ist das traute Heim des Kindmannes das Internet, wo ihm keiner Vorschriften macht und zwischen ihn und seine Sehnsüchte treten kann. [...] Die derzeitige ungezähmte männliche Dominanz des heterosexuellen jungen Mannes wird in ihrer dunkelsten Form von Tucker Max verkörpert, dessen gleichnamige Website unter seinesgleichen sehr beliebt ist. [...] Unreife bildet den Kern des Kindmannes – der Ton des unartigen Jungen versinnbildlicht seine Weigerung, erwachsen zu werden –, doch Max bleibt wie ein Kleinkind, das irgendwo in der ödipalen Phase feststeckt, auf seinen Penis und sein ›Kacka‹ fixiert.«[14]

Zu den Büchern über den Niedergang der Männer zählt auch Hanna Rosins *Das Ende der Männer und der Aufstieg der Frauen* – offen gesagt, das herablassendste von allen.[15] Rosins Hauptthese lautet, dass Frauen in vielen Bereichen der Gesellschaft an Männern vorbeigezogen und in der Lage sind, sich zu Hause und bei der Arbeit auf eine Weise anzupassen und flexibel zu sein, wie Männer es nicht vermögen. Tatsächlich spricht sie in ihrem Buch von der flexiblen »Plastikfrau«, die fähig ist, alles gleichzeitig zu tun, und die Männer hinter sich lässt. Diese Versager werden als »Pappmänner« bezeichnet, die offensichtlich unflexibel und unfähig sind, sich auf die neue Weltordnung einzustellen.

Rosin erwähnt jedoch nicht, dass in dieser neuen Weltordnung Männer diskriminiert, in eine feindselige Umgebung in der Schule und später dem College gezwungen und von der Gesellschaft verachtet werden – und dass man von ihnen als Gegenleistung für diese Ehre erwartet, dass sie sich einer allein auf Frauen ausgerichteten Gesellschaft anpassen. Was Rosin als Unbeweglichkeit bezeichnet, ist die Weigerung der Männer, ihren Vorstellungen und den Vorstellungen anderer Feministinnen zu folgen, immer mehr wie Frauen zu werden. Sie hat keine Ahnung, wie Männer sich wirklich fühlen oder warum sie sich so verhalten, wie sie es tun, und es scheint ihr auch egal zu sein.

Selbst ihr kleiner Sohn ist über den Titel des Buches entsetzt. In einem Interview mit *The Daily Beast* erfahren wir Folgendes:

»Man muss sich auf einiges gefasst machen, wenn man mit einem knallgelben Buch mit dem Titel *Das Ende der Männer* unter dem Arm durch New Yorks Straßen läuft. Zum einen sind da die vielen neugierigen Blicke. Einige Leute kichern. Wenn man das Buch versehentlich auf dem Tresen des Coffeeshops liegen lässt, in dem man sich morgens seinen Kaffee holt, deutet der Mann, der es einem wiedergibt, auf das Cover, kichert und führt einen Freudentanz auf.
Doch wenn man die Autorin eines Buches mit dem Titel *Das Ende der Männer* ist – und einen Mann zum Ehemann und einen Jungen zum Kind hat –, dann findet man Klebezettel auf seiner Schlafzimmertür. ›Mein Sechsjähriger, dem das Buch gewidmet ist, schreibt Dinge wie: 'Nur *Mobber* schreiben

I. DER HEIRATSSTREIK

Bücher mit dem Titel *Das Ende der Männer*‹, sagt Autorin Hanna Rosin, deren 310 Seiten starkes Buch diese Woche in die Buchläden gekommen ist. ›Sie sprechen in der Schule gerade über Mobbing‹, stellt sie klar.«[16]

Rosins kleiner Sohn Jacob scheint die Geschlechterbeziehungen besser zu verstehen als diese »gefeierte« Feministin, die keine Ahnung hat. Ja, Jacob, Mommy ist ein Mobber, und wenn du groß bist, wirst du vielleicht die Revolution anführen, die Mobber wie deine Mutter lehrt, dass Männer keine unvollkommenen Mädchen sind.

Wie sollen Männer erwachsen werden und gute Beziehungen mit Frauen pflegen, wenn Frauen sie nicht zu mögen scheinen?

Clowns, Versager, unmotiviert und Kindmänner: Mit Freunden wie den erwähnten Autoren – wer braucht da noch Feinde? Verleger und Frauen klagen, dass Männer keine Ratgeber oder Beziehungsbücher lesen, aber wer kann es ihnen nach der Lektüre dieser Bücher verdenken? Wie viele Frauen würden Bücher kaufen, in denen sie als Deppen dargestellt werden, die ohne die Hilfe anderer nicht zurechtkommen? Einige dieser Bücher haben zweifellos etwas für sich und versuchen zumindest, Aufschluss über die Entwicklung der Männer zu geben, ein paar von ihnen enthalten sogar Interviews mit real existierenden Männern. Sie tun dies jedoch auf eine Art, die, gelinde gesagt, wenig schmeichelhaft für Männer ist, und deuten deren Verhalten so um, dass es ihre Ansicht stützt, Männer seien unzivilisierte, kommunikativ gestörte Halbbarbaren, die sich weigern, das zu tun, was die Gesellschaft von ihnen erwartet: Frauen heiraten und die Klappe halten!

Diese Bücher stellen Männer und ihr Verhalten als das Problem dar, doch das ist oberflächlich. Die eigentliche Frage lautet: *Was an unserer Gesellschaft macht das Erwachsenwerden so unattraktiv für diese Männer?*

Vielleicht gibt es keinen Anreiz mehr, erwachsen zu werden? Früher einmal wurde ein erwachsener, verantwortungsvoller Mann mit Respekt, Macht und Achtung belohnt. Heutzutage bekommen Sie, wenn überhaupt, viel weniger davon. Während eines Großteils Ihrer Jugend wurden Sie mit »Jungen sind dumm«-T-Shirts konfrontiert, mussten sich im Gesundheitsunterricht anhören, dass Sie ein potentieller Vergewaltiger sind, und haben Ihre Freundin ohne nachzudenken sagen hören, dass sie »Ihnen die Eier abschneiden« wird – was natürlich alles keine Folgen hatte. Wenn Sie schließlich das College besuchen, wird Ihnen klar, dass Ihnen die Feindseligkeit mit aller Macht entgegenschlägt.

Und wenn Sie älter werden, wird es nur noch schlimmer, und die jüngeren Männer wissen das. Nachdem Sie das College hinter sich gelassen haben, werden Sie von den Medien als Clown, als potentieller Perverser, als unbeholfener Dad – wenn nicht gar als Versager – betrachtet, und Ihre Ehefrau sieht Sie mit einem hasserfüllten Blick an, wenn Sie ihr nicht all ihre Wünsche erfüllen.[17] Vielleicht haben Sie sogar ein Kind und finden später heraus, dass es gar nicht Ihres ist, müssen aber weiterhin bezahlen. Kurz gesagt, Sie sind ein Trottel, wenn Sie erwachsen werden und das tun, was die Gesellschaft nun vom durchschnittlichen verheirateten Mann erwartet. Sie haben wenige Rechte und noch weniger Würde. Hat es also Vorteile, nicht zu heiraten und nicht erwachsen zu werden? Ja, sogar sehr viele, wie ich mit etwas Nachschürfen herausfand.

Erstens zeigt die Forschung, dass Sie *möglicherweise* glücklicher sind, wenn Sie mit Ihrer Freundin zusammenleben, statt zu heiraten. Ein Artikel in *Men's Health* erwähnte eine solche Studie, die 2737 Probanden sechs Jahre lang begleitete und

1. DER HEIRATSSTREIK

feststellte, dass unverheiratet zusammenlebende Paare glücklicher und zuversichtlicher waren als verheiratete Paare und Singles.[18] Die Frauen solcher Paare bleiben im Durchschnitt sogar schlanker als Ehefrauen.[19] Es gibt viele Gründe dafür, dass unverheiratet zusammenlebende Paare glücklicher sind als verheiratete, etwa den, dass »Zusammenlebende in der Regel weniger Erwartungen aneinander haben und unerwünschte Verpflichtungen ablehnen«.[20]

Das bedeutet, dass Männer, die mit ihren Freundinnen zusammenleben, statt zu heiraten, vielleicht nicht so oft als selbstverständlich betrachtet werden, während viele verheiratete Frauen dazu zu neigen scheinen, ihre Ehemänner wie einen Angestellten statt als gleichwertigen Partner zu behandeln. Verheiratete Männer sehen ihre Freunde und Familie in vielen Fällen seltener, was ihrem Selbstwertgefühl schaden kann.[21] Die Ehe bringt für einen Mann im Fall einer Scheidung auch eher ein finanzielles Risiko mit sich. Und was genauso wichtig ist: Die psychischen Risiken für verheiratete Männer sind größer als in der Vergangenheit. Frauen hören ständig von der Gesellschaft, dass sie »ermächtigt« sind, was oft dazu führt, dass der Mann arbeitet, den Unterhalt verdient, bei der Hausarbeit hilft und ins Untergeschoss verbannt wird, während der Rest der Familie das gesamte Haus für sich hat. Wird er für sein Verhalten belohnt? Nein, er kommt häufig genug erst nach seiner Frau, den Kindern und sogar dem Hund. Weswegen es all die Verweise auf die »Hundehütte« gibt, die die Vorstellung verstärken, dass er bestraft werden wird, wenn er sich nicht an die Arbeit macht und das tut, was die Gesellschaft und seine Ehefrau von ihm erwarten.[22] Das mag zwar lustig erscheinen, ist es aber nicht. In unserer heutigen Gesellschaft hat die Ehe für Männer viele Nachteile, und die Jungs wissen das.

Letztlich fordert die Gesellschaft Männer dazu auf, etwas zu tun, was ihren eigenen Interessen zuwiderläuft. Als Single führen sie ein erfüllendes, glückliches Leben, eines, das vielleicht nicht sonderlich angesehen ist, um das sie aber zumindest von ihren verheirateten Brüdern beneidet werden. Das Leben als verheirateter Mann ist oft beschwerlich und bringt nur wenige Vorteile und Rechte mit sich. Die Diskrepanz zwischen dem freieren Leben des Singles und dem weniger angesehenen, nicht so freien Leben des verheirateten Mannes ist entscheidend dafür, dass so viele Männer in den Streik getreten sind. Diese Diskrepanz ist in der heutigen Zeit größer geworden. Verantwortlich hierfür sind die ungleichen rechtlichen Bedingungen, die kulturelle Ermächtigung der verheirateten Frau – nicht jedoch der Männer – und der Mangel an reproduktiven Rechten der Männer im Vergleich zu Frauen.

*Warum Männer nicht heiraten –
die Perspektive des Mannes*

Als ich diese Bücher mit dem Tenor »Männer sind Versager« durchforstete, stellte ich bei vielen folgende Schwachstelle fest: Ihnen fehlt die Perspektive des Mannes – selbst wenn sie von einem Mann geschrieben wurden. Sie theoretisieren darüber, warum Männer nicht heiraten wollen, oder bewerten deren mangelnden Enthusiasmus, sich mit einer Frau ins Eheglück zu stürzen, auf der Grundlage stereotyper Bücher und Zeitschriften wie *Maxim*, die Männer als geile Böcke darstellen – wogegen nichts einzuwenden ist, doch Männer sind mehr als ihr Sexualtrieb. *Maxim* und Typen wie den »Aufreißkünstler« Tucker Max oder sogar Mitglieder von Studentenverbindungen als Beispiele für normale Männer und ihre Gefühle in puncto Ehe anzuführen, ist jedoch so, als würde man anhand von *Sex and the City*, *Cosmo* oder wild feiernden Verbindungsmädels die Ansichten aller Frauen zu Beziehungen beschreiben. Das ist ziemlich beschränkt.

Und selbst wenn Forscher Interviews mit Männern durchführen, interpretieren die Medien, die Journalisten oder auch die Forscher selbst die Gründe, aus denen Männer nicht erwachsen werden und heiraten wollen, oft negativ. Sie scheinen immer noch zu glauben, dass die Ehe und das Erwachsensein Männern etwas zu bieten haben. Doch wenn man deren Verhalten betrachtet und die dahinterliegenden Gründe fehlinterpretiert, bleibt die Wahrheit weiterhin im Dunkeln. Männer werden hier eher als Ressourcen behandelt, die noch nicht ausgeschöpft wurden, denn als menschliche Wesen, die rationale Entscheidungen treffen.

So bin ich z. B. auf eine Studie von Forschern der Rutgers University zur Heiratsunwilligkeit der Männer gestoßen, die mir auf den ersten Blick vernünftig erschien. Doch dann sah ich sie mir ein bisschen genauer an. Die Forscher hatten sechzig »noch nicht verheiratete Männer« aus dem Norden New Jerseys, aus Chicago, Washington, D. C., und Houston interviewt, Männer im Alter zwischen 25 und 33 Jahren, von denen keiner homosexuell war, und fanden heraus, dass die drei wichtigsten Gründe der Männer, nicht zu heiraten, folgende waren: »Sie können leichter als in der Vergangenheit Sex haben, ohne verheiratet zu sein«, »sie können die Vorteile, eine Frau zu haben, genießen, indem sie in wilder Ehe leben, statt zu heiraten«, und »sie wollen eine Scheidung und die damit verbundenen finanziellen Risiken vermeiden«.[23]

Die Interpretation? Männer brauchen heutzutage nicht zu heiraten, um das zu bekommen, was sie wollen – vor allem Sex.

Doch gräbt man ein wenig tiefer, findet man in dem Artikel folgende Aussage: »Männer sehen die Ehe als einen letzten Schritt in einem länger andauernden Prozess des Erwachsenwerdens.« David Popenoe, einer der Forscher der Rutgers University, sagt in einem Artikel der *New York Times* über die Ehe: »Männer heiraten nicht, weil sie es nicht wollen. Bindungsunwillig wie eh und je, sind sie heutzutage aus dem Schneider, weil freizügigere gesellschaftliche Konventionen es akzeptabel gemacht haben, unverheiratet zusammenzuleben und Kinder großzuziehen.«[24]

Ja, vielleicht empfinden Männer weniger Druck zu heiraten, was in vielerlei Hinsicht gut ist. Doch der eigentliche Grund, weshalb viele vernünftige Männer nicht heiraten, ist nicht der, dass sie »aufgrund freizügigerer gesellschaftlicher Konventionen aus dem Schneider sind«,[25] sondern dass sich die Anreize geändert haben und das Erwachsenwerden keine Belohnung mehr ist, sondern eine Strafe – warum also sollten sie es tun? Leichter erhältlicher Sex mag ein Nebenmotiv dessen sein, nicht erwachsen zu werden, doch erwachsen zu werden, um möglicherweise *keinen* Sex zu bekommen, seine Würde, seine Rechte, seine Kinder und vielleicht seine finanzielle Freiheit zu verlieren *und* verletzt zu werden, ist manchen die Sache kaum wert und treibt andere in den Selbstmord. Statt zu ergründen, wie wir Männer dazu bringen können, sich auf die Ehe in ihrem derzeitigen Zustand einzulassen, sollten wir mehr Fragen folgender Art stellen: *Wie können wir die Ehe für junge Männer attraktiver machen, damit sie heiraten wollen?* Und warum sind so viele Männer in den Heiratsstreik getreten?

Warum nicht mit ein paar normalen Männern und ihren Arbeitskollegen reden, um diese Fragen zu klären? Zuerst müssen wir verstehen, was normale Männer in ihrer natürlichen Umgebung von der Ehe halten, und dies ohne die vorgefasste

Meinung im Hinterkopf, dass sie Versager seien, wenn sie einer Frau nicht jeden Wunsch erfüllen. Was für eine originelle Idee! »Wo sind diese seltsamen Vögel?«, fragte ich mich. Da heutzutage viele Männer in den Untergrund zu gehen scheinen, beschloss ich, Nachforschungen anzustellen und zu sehen, ob ich einige ihrer Treffpunkte finden könnte. Meine Annahme war, dass Männer technikbegeistert sind, sodass das Internet und die Spielewelt von Männern, die Videospiele lieben, ein guter Ausgangspunkt wären. Das Gute am Internet: Die Leute äußern im Cyberspace eher Dinge, die sie uns nicht ins Gesicht sagen würden. Schließlich zeigen Studien regelmäßig, dass bei Computerbefragungen eher persönliche und potentiell peinliche Informationen preisgegeben werden als bei einem Face-to-Face-Interview.[26]

Was Männer im Internet über die Ehe sagen

Es heißt, Männer könnten nicht mit Intimität umgehen. Darum geht es überhaupt nicht. Es geht um die Traurigkeit, mit der Männer nicht umgehen können, und von der sie fürchten, dass die Intimität sie ihnen bescheren wird.

Jack auf dem Blog *Dr. Helen*[27]

Da ich über meinen Männerrechts-Blog Männer gefragt hatte, ob sie heiraten wollen und, falls nicht, warum nicht, schaute ich mir noch einmal einige ihrer Beiträge hierzu an. Ursprünglich machte ich den Fehler, anzudeuten, dass Männer, die nicht heirateten, sich etwas entgehen ließen.[28] Meine Leser machten mir klar, welche Folgen es hat, in einer Gesellschaft verheiratet zu sein, die die rechtlichen und psychologischen Bedürfnisse von Frauen an die erste Stelle und die von Männern an die letzte

Stelle setzt oder völlig unberücksichtigt lässt. Lassen Sie mich zunächst sagen, dass ich eine Verfechterin des freien Willens bin und nicht viel davon halte, wenn der Staat sich in die Ehe einmischt. Ich glaube, die Menschen sollten das Recht haben, selbst die Regeln ihrer Ehe zu bestimmen, und zwar in Form von Privatverträgen. Da sich der Staat jedoch einmischt und ich nicht die Regeln aufstelle, wollen wir uns mit der realen Welt auseinandersetzen.

Ich ließ dem Blog-Post zum Thema Ehe einen Artikel für PJ Media folgen, in dem Männer gefragt wurden, ob sie heiraten sollten. Hunderte von Lesern berichteten von ihren Erfahrungen, viele von ihnen anonym.[29] Die Antworten verrieten viel Wut und Traurigkeit, und Sie wissen normalerweise, wie die Heerscharen der politisch Korrekten oder gar die weißen Ritter dies sehen: Männer, die sich beklagen, sind entweder Schlappschwänze oder Frauenhasser oder beides. In Wirklichkeit sind sie gewöhnlich keines von beidem. Viele Feministinnen sind schließlich auch wütend oder traurig, doch in ihrem Fall heißt es, die Emotionen würden ihren Klagen Authentizität verleihen. Die Männer, die auf die von mir gestellte Frage reagierten, hatten legitime rechtliche und psychologische Bedenken. Einige von ihnen glaubten, die Ehe sei ein zu großes Risiko für sie, und waren von anderen Männern davor gewarnt worden, Fehler zu machen. Hier ein Beispiel eines anonymen Kommentars:

»Das Problem ist, dass mindestens sieben von zehn Männern, mit denen ich rede, mir sagen, dass es einer der schlimmsten Fehler ist, den sie je gemacht haben. Einige raten mir, keine amerikanische Frau zu heiraten, weil die im Grunde genommen alle Feministinnen sind. Ein verheirateter Typ hat mir gesagt, ich könnte dasselbe erreichen, indem ich mein Haus verkaufe, all mein Geld verschenke und mich kastrieren lasse. Das entmutigt mich so langsam wirklich, und je mehr ich über die Benachteiligung von Männern durch die Gesetzgebung erfahre, desto mehr schrecke ich vor der Ehe zurück. Ich liebe meine Freundin, aber all diese Typen sagen, ihre Freundinnen hätten sich nach der Hochzeit geändert und angefangen, sie zu dominieren und zu kontrollieren. Ich glaube allmählich, dass die Ehe in Amerika nicht gerettet werden kann.«[30]

Andere, wie der Verfasser des folgenden Beitrags, sind eine Ehe eingegangen, stellten jedoch fest, dass sie, als dann die Scheidung anstand, sowohl den Frauen gegenüber als auch in rechtlicher Hinsicht den Kürzeren zogen.

»Ich lernte eine Frau kennen, bei der ich mir sicher war, dass sie meine Seelenverwandte ist. Ich war sehr verliebt und dachte, sie sei es auch. All dies änderte sich, als ich aufgrund von Personalabbau meinen gutbezahlten Job verlor. Ich suchte mir jedoch sofort wieder Arbeit und hatte zwei Jobs, verdiente aber trotzdem nur rund 80 Prozent meines alten Einkommens. Meine Frau gab mir ein Jahr und begann dann, mit einem Mann zu schlafen, der nicht seinen Job verloren hatte – in meinem Bett, während ich bei der Arbeit war. Sie verließ mich seinetwegen und nahm fast all meine Ersparnisse mit und alles andere, was sie so tragen konnte. Sie erklärte, dass sie »ein Luxusweibchen« und unglücklich sei, weil ich so viel arbeiten würde. Der Ehebruch scheint bei Gericht keine Rolle zu spielen, und sie bekam im Grunde genommen alles. Abgesehen von den finanziellen Verlusten war ich wegen des Ehebruchs so am Boden zerstört, dass ich monatelang kaum arbeiten konnte. Sie hat mich wie Müll behandelt, und das, obwohl ich mich nie im Leben mehr für etwas eingesetzt habe.«[31]

Ein anderer Mann namens »confused« schrieb:

»[...] das Problem ist, dass die Ehe in unserer heutigen Gesellschaft ausdrücklich KEIN Vertrag ist. Sie ist vielmehr eine Sammlung all dessen, was sie laut den Beschlüssen von Judikative/Legislative heutzutage sein soll.«[32]

Und der psychologisch scharfsinnige Jack meinte:

»Es heißt, Männer könnten nicht mit Intimität umgehen. Darum geht es überhaupt nicht. Es geht um die Traurigkeit, mit der Männer nicht umgehen können, und von der sie fürchten, dass die Intimität sie ihnen bescheren wird.«[33]

Barry schreibt:

»Ich hasse die Vorstellung, dass eine Frau mich an allem hindern kann, was ich gern tue, indem sie mir einfach das Leben zur Hölle macht, bis ich ihren Forderungen nachgebe. Ich muss den Mund halten, mich beherrschen und ›der Mann sein‹, während die Ehefrau mit Schimpfwörtern um sich wirft und brüllt, dass ich mit dem Radfahren, Reiten usw. aufhören sollte, wenn ich sie lieben würde! Und wir wollen gar nicht erst reden von dem ›Ich möchte, dass du mit dem Radfahren, Reiten usw. aufhörst, weil DU ES MÖCHTEST‹ und nicht, weil ich dir das Radfahren, Reiten usw. austreibe. Egal, um welches Hobby es geht, die einzige Zuflucht ist die

Scheidung, wo dann der Staat mir all meine Spielzeuge wegnimmt und sie ihr gibt. Nein, die Ehe ist nicht mehr das, was sie einmal war.«[34]

Einige werden die Stimmen dieser Männer sicher als verbitterte Internet-Tiraden abtun, doch je mehr wir die wütenden oder enttäuschten Kommentare jener hören, die ihre Meinung kundtun, desto besser können wir verstehen, was viele andere Männer heimlich denken, aber nicht zu sagen wagen. Und wir können erfahren, was wirklich geändert werden muss, damit Männer die Ehe als eine lohnende Erfahrung empfinden. Lassen Sie uns nun sehen, was Männer, die Videospiele lieben, über Frauen und die Ehe denken.

Was Gamer über die Ehe sagen

Viele Typen, die aussteigen, sind nicht besonders wütend auf Frauen, sie sehen nur nicht viel Sinn darin, sich auf eine Beziehung mit ihnen einzulassen.

Vox Day, Game-Designer und
Betreiber des Blogs *Alpha Game*

Vox Day ist der Betreiber des Blogs *Alpha Game*, dessen Motto lautet: »Die Ketten zerreißen, die Spiele gewinnen und die westliche Zivilisation retten.«[35] Er ist auch Game-Designer und ein Autor, der sich für die Misere des modernen Mannes interessiert. Seine Site ist ein Ort, wo Männer die Schwierigkeiten moderner Beziehungen, Videospiele und allgemeine Männerthemen diskutieren können. Nicht alle Männer, die die Site besuchen, sind Gamer – d. h. spielen Videospiele –, doch eine ganze Reihe von ihnen schon. Und so kann man auf *Alpha-Game* gut Informationen darüber sammeln, was Gamer über die Ehe denken.

Bevor ich zu diesen Informationen komme, möchte ich gern auf ein paar wichtige Begriffe eingehen, die helfen werden, die Daten in einem größeren Zusammenhang zu sehen. Ein Großteil der Diskussionen, die im *Alpha-Game*-Blog und vielen anderen Blogs, die sich für die »Pickup-Artist-Theorie« (Verführungskünstler-Theorie; Anm. d. Ü.)[36] interessieren, geführt werden, dreht sich um Hypergamie, ein Begriff, der die Neigung von Frauen beschreibt, »eine gute Partie machen« zu wollen. In einem Artikel des *Wall Street Journal* über amerikanische Frauen schreibt James Taranto, dass sich Hypergamie »grob definiert als die Neigung von Frauen, sich mit dominanten Männern oder Männern mit einem hohen Status zu paaren oder wählerisch bei der Partnerwahl zu sein – ein Gebaren, das sich auch bei vielen anderen Spezies beobachten lässt.«[37]

So wie viele der »Pickup Artist«-Blogger klassifiziert auch Vox Day Männer mithilfe einer männlichen Sozialhierarchie. Im Folgenden sind einige seiner Klassifizierungen und deren Charakteristika aufgeführt:

Alphas – die männliche Elite, die Anführer der Männer, auf die die Frauen von Natur aus scharf sind.
Betas – die Leutnants, der Kleinadel. Sie sind beliebt, kommen gut mit Frauen aus, sind sehr erfolgreich im Leben und sehen manchmal sogar ungewöhnlich gut aus. Ihnen fehlen jedoch das natürliche Selbstvertrauen und die Charakterstärke der Alphas.
Gammas – die unterwürfigen, die Arschkriecher, die netten Typen, die sich als weiße Ritter gebärden und durch unech-

te Ritterlichkeit, Schöntuerei und Omnipräsenz zu punkten versuchen. Alle Männer außer echten Alphas verfallen von Zeit zu Zeit in das Verhalten der Gammas ....
Sigmas – die einsamen Wölfe. Sie werden gelegentlich irrtümlich für Alphas gehalten, vor allem von Frauen und Alphas, sind aber keine Führer und werden sich aktiv dem Versuch anderer widersetzen, sie dazu machen zu wollen. Alphas betrachten sie instinktiv als Herausforderung und mögen sie entweder nicht oder beargwöhnen sie.
Omegas – die Versager. Selbst die Gammas verachten sie. Das, was sie nicht umbringt, kann sie stärker machen, doch die meisten von ihnen überwinden nie das durch soziale Ablehnung verursachte verzweifelte Bedürfnis dazuzugehören. Omegas können die gefährlichsten unter den Männern sein, weil der Schmerz, ständig zurückgewiesen zu werden, das Leiden anderer in ihren Augen völlig bedeutungslos macht.[38]

Es ist wichtig, die Hypergamie und diese Klassifizierungen zu verstehen, wenn wir uns die Welt von Gamern und von Männern ansehen, die nicht die Alphas der Männerwelt sind. Denken Sie an die Charaktere der Sitcom *The Big Bang Theory*, die als Gammas oder Omegas gesehen werden würden, Männer am unteren Ende des Dating Pools. Vermeiden die unattraktivsten und die attraktivsten Männer es, zu heiraten? Wir werden sehen.

Vox Day bat die Leser seiner Site um ihre demographischen Daten und sammelte allgemeine Informationen über ihren Familienstand, ihren Wunsch zu heiraten und dazu, ob sie sich selbst als Alpha, Beta und so weiter sehen. Dabei fand er Folgendes heraus:

»Es gab 141 Antworten von Männern und 14 von Frauen. Um das Einkommen und das Durchschnittseinkommen der Partner sinnvoll kalkulieren zu können, sortierte ich die fünf oberen und unteren Ausreißer bei den Männern und die oberen und unteren Ausreißer bei den Frauen aus.

Zuerst die Männer: Ihr Durchschnittsalter ist 37,8 Jahre (Medianalter 37) mit einem durchschnittlichen Jahreseinkommen von $ 74 800 ([Median] $ 65 000) und sieben ([Median] drei) Sexpartnern in ihrem bisherigen Leben. 76 % sind religiös, 24 % nicht. 49 % sind verheiratet, 51 % unverheiratet, davon 14 % geschieden. Die meisten geschiedenen Männer heiraten nicht wieder.

Die 80/20-Regel wird weitgehend bestätigt. Selbst wenn man die Ausreißer nicht mit einbezieht, hatten die 20 % (27) der sexuell erfolgreichsten Männer Sex mit 617 von 921 Frauen, d. h. mit 67 % von ihnen. Da die Alphas und Sigmas jedoch *per definitionem* Ausreißer sind, ist es notwendig, sie hier mit einzuschließen, auch wenn wir nicht versucht haben, den Durchschnitt zu bestimmen. Alle zehn Ausreißer mit einzuschließen bedeutete, dass die 28 sexuell erfolgreichsten Männer mit 1099 der 1 447 Frauen, d. h. mit 76 %, Sex hatten. Um der Genauigkeit willen sollte die Regel fortan wohl 75/20-Regel genannt werden, was besagt, dass 20 % der Männer 75 % der sexuellen Begegnungen haben.

Frauen waren bedeutend ehefreundlicher als Männer. Im Gegensatz zu nur 63 % der Männer waren 86 % der Frauen entweder zufrieden mit ihrer Ehe oder daran interessiert zu heiraten. Generell lehnten geschiedene und irreligiöse Männer am häufigsten die Ehe ab. Jüngere Männer waren geringfügig weniger ehefreundlich, doch im Durchschnitt betrug der Altersunterschied zwischen den Befürwortern und

den Gegnern der Ehe nur ein Jahr. Soweit der »Heiratsstreik« existiert, scheint er sämtliche Altersgruppen der Männer zu betreffen.
Finanzieller Erfolg korreliert bei Männern in der Regel mit sexuellem Erfolg. Das Durchschnittseinkommen der 28 ALPHAS mit einem Durchschnittsalter von 38 Jahren lag mit $ 112 000 um rund 50 % höher als das Durchschnittseinkommen der übrigen. Das Durchschnittseinkommen männlicher Jungfrauen mit einem Durchschnittsalter von 31 Jahren lag mit $ 63 000 um 16 % unter dem Standard. Natürlich boten die zusätzlichen sieben Jahre mehr Zeit, um das Einkommen zu vergrößern und sexuelle Erfahrungen zu machen, aber nicht genug, um den gesamten Unterschied zu erklären. Dabei ist Geld eindeutig nicht die einzige Determinante, da es ALPHAS ohne Einkommen und Jungfrauen mit einem sehr hohen Einkommen gibt. Würde man jedoch an beiden Enden nur einen einzigen Ausreißer streichen, wäre die Korrelation noch stärker.
Es gibt einen auffallenden Unterschied zwischen den Alphas und den Alpha-Spielern der obersten Liga. Die Trennlinie liegt hier bei mehr als vierzig Partnerinnen. Das also ist die hochwichtige Unterscheidung, die viele Frauen verlangt haben. Jeder Mann, der bereits mehr als 30 Partnerinnen hatte, sollte wohl als skrupelloser Spieler angesehen werden, der sich nicht für eine langfristige Beziehung eignet, da 62 % der Männer in dieser Kategorie die Ehe ablehnten. Nur die männlichen Jungfrauen lehnten mit 66 % die Ehe noch stärker ab. Im Vergleich dazu waren 80 % der Alphas in der Kategorie 15 bis 30 Partnerinnen für die Ehe; in dieser Kategorie waren alle, die die Ehe ablehnten, irreligiös und die meisten geschieden.«[39]

Was hat all dies in Bezug auf den Sex, die Ehe und die Gamer zu bedeuten? Hier tun sich einige interessante Aspekte auf. Es scheint, dass Männer, die mehr als 30 Partnerinnen hatten, weniger Interesse am Heiraten haben, ebenso Männer, die Jungfrauen sind, denn die lehnen die Ehe am stärksten ab. Die Alphamänner der obersten Liga mit zahlreichen Partnerinnen sind möglicherweise Spieler und genießen es, so zu sein. Doch beachten Sie Folgendes, liebe Leserinnen: Jene ALPHA-Männer mit 15 bis 30 Partnerinnen sind *am meisten* an einer Heirat interessiert. Vielleicht hat ein Alpha, wenn er nicht durch und durch Spieler ist, eher genügend Selbstvertrauen und genügend positive vorherige Erfahrungen, um anzunehmen, dass er eine erfolgreiche Ehe führen kann, und ist zuversichtlich genug, zu glauben, dass weder rechtlich noch in anderer Hinsicht irgendetwas schieflaufen wird.

Bei den Nicht-Alphas sieht die Sache jedoch anders aus. Ihnen stehen weitaus weniger Frauen zur Verfügung. Wenn sich 24 Prozent der Männer 76 Prozent der Frauen teilen, dann sind die Aussichten, Sex zu haben, schlecht für die 76 Prozent Männer, die sich die anderen 24 Prozent der Frauen teilen müssen. Vielleicht sind einige von diesen 76 Prozent die Jungfrauen, die die Ehe am stärksten ablehnen oder weniger heiratswillig sind, weil sie weniger Frauen zur Auswahl haben oder sich sozial abgelehnt fühlen. Es wäre interessant zu sehen, ob die Männer, die eher unter die Kategorie der Betas und niedrigere Kategorien fallen, mehr Videospiele spielen. Vox Day hat Folgendes über die jüngeren Gamer zu sagen, mit denen er in Kontakt steht:

»Ich habe aufgrund meiner Verbindungen zu den jungen Typen in der Spielindustrie eine sehr eigene Sichtweise davon. Es ist schon bizarr, dass einige von ihnen in den Zwanzigern sind, gute Schulabschlüsse haben und null Interesse an Frauen zeigen. Sie haben einfach buchstäblich nichts mit ihnen gemeinsam und kein Interesse an ihnen. Ich glaube, dass die ›Streik‹-Theorie im allgemeinen korrekt ist. Das Problem ist, dass Spiele und Pornos unterhaltsam, preiswert, leicht erhältlich und verlässlich sind. Frauen können unterhaltsam sein, doch sie sind teuer, für die meisten Männer unerreichbar und aus der männlichen Perspektive furchtbar unzuverlässig. Ich würde sagen, dass Pornos die Messlatte ein bisschen höher gelegt haben – es ist bestimmt total nervig, wenn Little Miss Real Life einem keinen bläst, wo doch Jane Pornstar doppelt so geil ist und fröhlich alle möglichen akrobatischen Stunts vollführt. Und wenn man einmal darüber nachdenkt: Ist eine echte Frau, die zum Durchschnitt gehört und (abzüglich eine Woche für ihre Regel) nur einmal pro Woche Sex in der Missionarsstellung haben will, tatsächlich besser als eine große Auswahl verdammt gut aussehender Pornostars, die auf jeden bizarren Fetisch eingehen, den sich die Japaner vorstellen können, und auf Abruf verfügbar sind? Wenn man so an die Sache herangeht, ist das Ganze nicht so klar. Das größte Kommunikationsproblem ist, dass die meisten Frauen ›Beziehung‹ als etwas Positives sehen. Die meisten Männer betrachten sie als doppelbödig. Wenn also das Verkaufsargument von Little Miss Real Life im Vergleich zu Jane Pornstar ›Beziehung‹ lautet, dann kann man verstehen, dass dies in gewisser Hinsicht nicht gerade verlockend ist. Ich glaube jedoch nicht, dass das ›Fick dich‹-Element hier eine größere Rolle spielt. Die Jungs, die so denken, sind in der Regel Spieler, vor allem Sigma-Spieler. Viele Typen, die aussteigen, sind nicht besonders wütend auf Frauen. Sie sehen nur nicht viel Sinn darin, sich mit ihnen einzulassen.«[40]

Sind Videospiele so gut? Geben sie jenen 76 Prozent Männern, die sich 24 Prozent der Frauen teilen müssen, einen Ort, an dem sie sich gut, männlich, lebendig und eher wie ein Alpha fühlen? Oder wie James Taranto vom *Wall Street Journal* über Männer schrieb, die Videospiele Mädchen vorziehen: »Es gibt einen Grund dafür, dass sie sich von dieser speziellen Beschäftigung angezogen fühlen. Videospiele sind ein Scheinbild männlicher Tugenden: Herausforderung, Herrschaft, Kontrolle.«[41] Die Alpha-Frage? Die wird zukünftigen Forschungen vorbehalten sein. Lassen Sie uns derweil unsere Aufmerksamkeit ein paar Männern aus dem wirklichen Leben widmen, die mehr Aufschluss über die Heiratsfrage geben können.

Was Männer im Fitnessstudio und an der Bar
über die Ehe sagen

Acht von zehn Mädchen in meinem Alter sind »oberflächlich«.
Der 23-jährige Max im Fitnessstudio zu der Frage,
warum Männer nicht früh heiraten wollen

Die Ehe ist ein Auslaufmodell.
Der 24-jährige Jamie zu der Frage, warum Männer
nicht mehr so oft heiraten

Ich setzte meine Suche nach ganz normalen Männern in der realen Welt fort und kam zu dem Schluss, dass das Fitnessstudio ein guter Ort sein könnte, um Männer ins Visier zu nehmen, die möglicherweise bereit wären, von ihren Ansichten über die Ehe zu erzählen. Ich hatte seit Wochen junge Männer und Männer mittleren Alters im örtlichen Fitnessstudio beobachtet und ein paar von ihnen als potentielle Interviewpartner abgecheckt. Natürlich fiel ihnen auf, dass ich sie anstarrte und ihnen bei ihrem Work-out mit Gewichten zusah, sodass ich ein bisschen Angst hatte, sie würden mich für eine Frau halten, die auf frische Beute aus war. Hätten sie doch nur gewusst, dass es längst nicht so aufregend war. Ich war einfach nur da, um einige potentielle Opfer für meine Forschungen zu finden.

Schließlich sprach ich einen Typen namens »Max« an, der sich einverstanden erklärte mitzumachen, als ich ihm erläuterte, was ich vorhatte und wie wichtig seine Informationen dafür seien. Er zögerte zunächst ein wenig, war jedoch bereit, sich interviewen zu lassen, als ich ihm sagte, dass er anonym bleiben und sein Name geändert werden würde. Ich bemerkte, dass er zunächst unsicher war, ob er auch etwas Negatives sagen könnte, und in meinem Gesicht nach einer Reaktion suchte. Als er merkte, dass mich nichts von dem, was er sagte, bestürzte oder ärgerte, schien er sich offener dazu zu äußern, was Männer über die Ehe und Frauen denken.

Max war ein nachdenklicher 23-jähriger, muskulöser, blondhaariger weißer Collegestudent aus Michigan, der mir sofort erzählte, dass er eine Freundin habe. »Wollen Sie heiraten?«, fragte ich, worauf er »Ja« antwortete, aber zugab, dass er zu denen gehöre, die »Glück« hätten. Als ich ihn fragte, warum, erklärte er mir, seine Freundin sei zuverlässig und ehrlich, ähnlich wie er selbst. Er sei seit etwa einem Jahr mit ihr zusammen und alles laufe gut.

Er war von einer alleinerziehenden Mutter großgezogen worden, sein Vater war gegangen, als er noch klein war. Sein

Stiefvater zog bei ihnen ein und übernahm die Vaterrolle, und seine Mutter wurde sehr glücklich. »Es war viel besser, als dann mein Stiefvater da war. Meine Mutter war nicht mehr einsam. Einer meiner Onkel ist geschieden, und ich sehe, wie einsam er sich fühlt. Meine Schwester ist auch geschieden, sodass ich natürlich darüber nachdenke, dass die Ehe vielleicht nicht funktionieren könnte.« Max schien in Bezug auf das Eherecht ein bisschen naiv zu sein und berichtete, er habe am College einige Jurakurse besucht, wisse jedoch nicht viel über die Familiengerichtsbarkeit. Er nahm an, dass die Gerichte fair sein und zu seinen Gunsten entscheiden würden, wenn er sich scheiden ließe, weil seine Frau ihn betrogen oder etwas Unrechtes getan hätte. Er gab jedoch zu: »Unsere Gesellschaft hat einen Wandel zugunsten der Frau vollzogen. Auch mein Stiefvater verdient das ganze Geld, und meine Mutter trifft alle Entscheidungen.«

Max schien nicht ganz so naiv zu sein, wenn es darum ging, sich eine Frau auszusuchen. »Die meisten meiner Freunde denken gar nicht daran, vor Ende zwanzig zu heiraten. Ein paar von ihnen waren verliebt und wurden verletzt, als sie jünger waren, und ich glaube, deswegen wollen sie jetzt nicht heiraten. Ich glaube, dass Mädchen früher, vielleicht vor vierzig oder fünfzig Jahren, weniger betrogen haben und vertrauenswürdiger waren. Jetzt sind die Mädchen eher wie früher die Typen. Ich würde sagen, dass acht von zehn Mädchen heutzutage ›oberflächlich‹ sind, während sechs oder sieben von zehn Jungs zu denen gehören, denen die Mädchen vertrauen können.«

Als ich ihn danach fragte, was er mit »oberflächlich« meine, antwortete er: »Heutzutage sind viele Mädchen richtige Partymäuse; sie flirten mit anderen Leuten und haben Sex mit anderen Typen. Wenn sie beim ersten Date mit dir schlafen, ist die Wahrscheinlichkeit höher, dass sie mit jemand anderem abhauen, während sie mit dir zusammen sind. Ich glaube, dass Männer deswegen mit dem Heiraten warten. Sie müssen acht von den zehn Mädchen gehabt haben, um die zwei zu finden, die nicht oberflächlich sind.«

Ich fragte Max, ob es der leicht zu bekommende Sex sei, der es attraktiver mache, Single zu bleiben, doch dies schien für ihn nicht unbedingt der Grund dafür zu sein, dass Männer nicht heiraten wollten. Leicht Sex haben zu können, ist seiner Meinung nach jedoch ein Indikator dafür, dass die Frau möglicherweise nicht vertrauenswürdig sei. Wenn sie beim ersten Date mit dir schläft, schläft sie beim nächsten vielleicht mit deinem Kumpel. »Meine Freundin ließ mich warten«, sagte er. Er fügte auch hinzu, dass er als Student der Betriebswirtschaft eine Kosten-Nutzen-Analyse der Ehe durchgeführt habe und glaube, dass in seinem Fall die Vorteile die Kosten überwögen. Er denkt, dass sein Wunsch zu heiraten, ungewöhnlich ist, da viele seiner Freunde kein Interesse an der Ehe haben.

In der Vergangenheit wurde eine Frau, die ihren Mann betrog, schräg angesehen, und ihr Tun hatte Konsequenzen. Heute werden Frauen, die ihre Männer betrügen, gefeiert und von der Kultur ermutigt. Selbst Whoopi Goldberg erzählte ungezwungen davon, wie sie ihren Mann betrogen habe, ohne von der Gesellschaft dafür verurteilt zu werden. In einem Interview sagte sie: »Ist fünf- oder sechsmaliges Fremdgehen während der Ehe, und dazu noch mit unterschiedlichen Männern, etwas, was man beiläufig erwähnen kann? In der Welt der Promis vielleicht.«[42] Bist du jedoch Tiger Woods, ein Mann also, kann dir deine Frau den Golfschläger über den Schädel hauen, wenn du fremdgehst, und die Gesellschaft jubelt ihr zu, weil sie es richtig gemacht hat. Du wirst auch einen Großteil deines Einkommens und deiner Vermögenswerte durch eine Scheidung verlieren und vielleicht sogar deine Kinder, selbst wenn die Ehefrau dich betrügt. Und du wirst immer als der Bösewicht gesehen: Die Leute fragen sich, was *du* getan hast, um deine Frau dazu zu bringen, dich zu betrügen. Geht der Mann hingegen fremd, ist die Frau ein Opfer und er ein Lumpenhund, der Strafe verdient.

Da das mit der Ehe verbundene Risiko für Männer nun so hoch ist, müssen sie viel vorsichtiger bei der Entscheidung sein, wen sie heiraten. Weder das Gesetz noch die Kultur werden sie unterstützen, wenn sie die falsche Entscheidung treffen. Frauen sind das ermächtigte Geschlecht, und ihre Sexualität wird gefeiert. Die Sexualität des Mannes wird viel stärker vom Rechtssystem und der Gesellschaft kontrolliert, selbst – oder vielleicht gerade – in der Ehe.

Mein nächster Interviewpartner im Fitnessstudio war Jamie, ein 24-Jähriger, der Mitgliedschaften in Fitnessstudios verkauft und fünfzig bis sechzig Stunden pro Woche arbeitet. Er wuchs in Oak Ridge, Tennessee, auf und erzählte mir, seine Eltern seien siebenundzwanzig Jahre lang verheiratet gewesen. »Ich habe vor, erst zu heiraten, wenn ich um die dreißig bin und es mir leisten kann.« Jamie besuchte ein Community College und hat einen Abschluss in Betriebswirtschaft. Er würde gern vier weitere Jahre auf ein College gehen, weiß aber nicht, ob die Sache sich lohnt, weil die Abbrecherquote, wie er gehört hat, am örtlichen College sehr hoch sei.

Jamie wohnt mit zwei gleichaltrigen Freunden zusammen und verdient sich seinen Unterhalt selbst. Er hat eine Freundin und erzählte, dass sie am Wochenende ausgehen, wenn er Zeit hat, er aber gern schläft und kocht, wenn er zu Hause ist und wenig Zeit hat. »Die meisten meiner Freunde denken überhaupt nicht ans Heiraten«, sagte er und erklärte: »Meine Generation stürzt sich gern ins Nachtleben, und Treue wird nicht gerade großgeschrieben. Wenn du ausgehst und ein Mädchen kennenlernst, schleppst du sie vielleicht ab.« Jamie glaubt, seine Generation sei von Berühmtheiten und dem Reality-TV beeinflusst, wo alle feiern und Spaß haben. »Du siehst Kanye West, und er hat so viele Mädchen, nicht nur eins.« Er hat einen verheirateten Freund, »der nicht viel ausgehen kann, weil er öfter zu Hause bleiben muss«. Jamie beschrieb die Ehe als ein »Auslaufmodell«, weil es den Leuten nur noch darum zu gehen scheine, sexuelle Abenteuer zu haben, Kinder zu kriegen und weiterzuziehen. Nicht zu heiraten lasse einem Menschen »viel mehr Freiheit«.

Jamie schien in Bezug auf die Rolle des Mannes beim Sex, in der Ehe oder bei der Fortpflanzung völlig hilflos zu sein. Er erzählte mir von einem Freund, der mit einem siebzehnjährigen Mädchen ausging, als er um die zwanzig war. Dieser Freund bekommt keinen Job mehr, weil die Eltern des Mädchens Anzeige erstatteten und er jetzt in einer Sexualstraftäter-Datenbank erfasst ist. Danach gefragt, wie er sich fühlen würde, wenn ihm das passiere, zuckte er nur die Achseln und sagte: »Wenn die Regierung strenge Gesetze erlässt, kann ich nichts machen. Ich kann mich nur entscheiden, so etwas nicht zu tun.« Ich wies darauf hin, dass er möglicherweise keine Wahl habe; wenn er z. B. auf dem College wäre und ein Mädchen behauptete, er habe sie sexuell genötigt, werde das College ihn vielleicht ohne überzeugende Beweise für schuldig befinden, selbst wenn er unschuldig sei.

Seine Erwiderung? »Wegen des Einflusses von Fernsehen und kulturellem Umfeld würde die Gesellschaft einfach glauben, dass das Mädchen das Opfer und der Junge schuldig ist.« Jamies Art, mit seiner Rechtlosigkeit als Mann umzugehen, bestand darin, darauf zu hoffen, dass ihm nichts passiere, und wenn doch, in der jeweiligen Situation zu reagieren. Das einzige sichtbare Zeichen von Zorn kam, als wir über das Thema Vaterschaft sprachen und er sagte, dass er eher »ins Gefängnis gehen« würde, als für ein Kind zu bezahlen, das nicht seins sei. Es schien ihm gar nicht in den Sinn zu kommen, dass man ja auch für gerechte Gesetze kämpfen könne. Ich fragte mich, ob er mit seinem mangelnden Interesse an der Ehe unbewusst verhindern wollte, möglicherweise in eine schwierige und hilflose Situation zu geraten. Er erklärte mir, dass er in der Schule gelernt habe, potentiell Gefährliches wie Drogen oder mit viel jüngeren Mädchen herumzuhängen am besten zu meiden. Vielleicht hat sein mangelndes Interesse an der Ehe genauso viel damit zu tun, riskante Situationen zu meiden, um »frei zu bleiben«, wie damit, zu feiern und seinen Spaß zu haben, wobei letzteres sicherlich ein Grund für ihn ist.

Wie sieht es mit älteren Männern aus? Haben sie mehr Ahnung von den mit der Ehe verbundenen potentiellen Gefahren als ihre jüngeren Geschlechtsgenossen? Es scheint so, zumindest was meine nächsten Interviewpartner angeht. Meines Erachtens sind Bars ein weiterer geeigneter Ort, um mit Männern zusammenzutreffen, weil sie sich vermutlich bereitwilliger öffnen würden, wenn sie etwas getrunken haben. *In vino veritas*, wie das lateinische Sprichwort sagt. Ich wurde John an einer Bar bei einem Empfang in Washington, D. C., vorgestellt, und als er hörte, dass ich an einem Buch über die Ansichten und Einstellungen von Männern zur Ehe arbeite, schien er sich zu freuen, darüber sprechen zu können.

John, ein jüdischer Anwalt, ist um die fünfzig und seit über zwölf Jahren geschieden. Er erzählte, seine Frau sei nach der Geburt seiner Tochter »verrückt geworden« und sie hätten sich

I. DER HEIRATSSTREIK

scheiden lassen. Ich fragte ihn nicht nach Einzelheiten, doch es klang nach einer postpartalen Depression, die jedoch ziemlich schlimm gewesen sein muss, da die Ehe daran scheiterte. John hat in den letzten zwölf Jahren Beziehungen gehabt, jedoch nie wieder geheiratet, weil er, wie er mir erklärte, keine Frau gefunden habe, in die er sich bis über beide Ohren verliebt hätte. Auf meine Frage, welchen Frauentyp er bevorzuge, antwortete er: »Ich bin mir sicher, dass Sie mich verurteilen werden, wenn ich es Ihnen sage.«

»Stellen Sie mich auf die Probe«, erwiderte ich, und er berichtete mir verlegen, dass er sich nur von Frauen zwischen fünfundzwanzig und fünfunddreißig angezogen fühle. Ich hatte angenommen, es sei etwas Gewagteres als das Sich-hingezogen-Fühlen zu jüngeren Frauen, das bei älteren Männern recht verbreitet ist, und fragte mich, warum er glaubte, es sei ungewöhnlich. Vermutlich hatte er sich in der Vergangenheit von Frauen, die nicht mehr zu seiner bevorzugten Altersgruppe gehörten, ganz schön was anhören müssen. Es ist weitgehend evolutionär bedingt, dass Männer jüngere Frauen mögen. Ich zuckte die Schultern, und er fuhr mit seinen Ausführungen fort.

John erklärte, als Mann und als Anwalt verstehe er, dass es heutzutage für Männer sehr riskant sei zu heiraten, weil das Gesetz Männer nicht begünstige und sie bei der Suche nach einer festen langfristigen Beziehung sehr gut aufpassen müssten. »Die Ehe ist eine Option, die einen gewissen Reiz hat, obwohl eine Wiederheirat in meinem Fall ein komplizierteres Bündel von Risiken mit sich bringen würde, als ich es mir in jüngeren Jahren vorgestellt habe. Das Gesetz benachteiligt Männer stark bei einer Scheidung. Das wirkt sich nicht so sehr auf die Partnersuche allgemein aus, macht mich aber vorsichtig bei Frauen, die hart oder zynisch zu sein scheinen oder den

Anschein machen, leicht wütend zu werden oder streitsüchtig zu sein.« Ich fragte ihn, warum Frauen zwischen fünfundzwanzig und fünfunddreißig für ihn attraktiver seien, doch statt allein die typischen Gründe anzuführen, die man erwarten würde – dass sie attraktiver sind, zu ihm aufschauen und so weiter –, sagte er: »Frauen um die Mitte dreißig wollen vielleicht unbedingt eine Familie; deswegen kann ich mir, zumindest am Anfang der Beziehung, nicht immer sicher sein, ob sie mich nicht primär als Samenspender oder als Ernährer betrachten.« Er sagte, dass er nichts gegen ein Kind habe, doch das solle für eine Frau nicht der Hauptgrund sein, ihn zu heiraten, und dass er eine Frau finden wolle, auf die er wirklich versessen sei und die auch nach ihm verrückt sei.

John mag vielleicht den Anschein erwecken, dass er einfach einer der vielen Männer im mittleren Alter ist, die auf der Suche nach einem jüngeren heißen Feger sind, doch es geht tiefer als das. Er hat Angst, Frauen könnten ihn allein als Samenspender und möglichen Ernährer benutzen. Diese Bedenken haben viele Männer zwar immer, aber in höherem Maße, wenn eine Frau schon vierzig Jahre alt ist und Kinder haben möchte. In der Vergangenheit hatten Frauen Ende dreißig, Anfang vierzig bereits Kinder, während es heute – aufgrund der Technik, der Geburtenkontrolle und einer längeren Lebensdauer – viele gibt, die älter sind und nach einem Mann suchen, um ein Kind oder Kinder zu bekommen. Und die Risiken einer Wiederheirat sind größer als in der Vergangenheit; Männer haben bei einer Scheidung mehr zu verlieren, und mit zusätzlichen Kindern steht noch mehr auf dem Spiel. Liebt sie ihn, sein Geld oder sein Sperma? Männer sind sich da nicht so sicher, und die Gerichte und Rechtssysteme erschweren alles noch mehr.

1. DER HEIRATSSTREIK

In Washington, D.C., lernte ich den 50-jährigen Bruce kennen, der als Barkeeper in einem beliebten Restaurant im Zentrum von Georgetown arbeitete, in dem ich zufällig zum Essen war. Zu meiner Überraschung hatte er meinen Blog gelesen und wollte gern über sein Dasein als Single sprechen. »Ich war noch nie verheiratet«, sagte er. Als ich ihn fragte, warum, erzählte er mir, dass er vor nicht allzu langer Zeit beinahe den Bund fürs Leben geschlossen hätte. »Wir waren der Sache so nahe«, er hielt die Finger zusammen, »doch mir wurde klar, dass sie zu streitsüchtig war. Sie war eine wunderbare Frau, aber sie rastete immer gleich aus.« »Wie meinen Sie das?«, fragte ich. »Sie ging immer gleich in Kampfstellung und hat mich wegen jeder Kleinigkeit angegriffen. Ich brauchte nur zu sagen, dass ich den Rasen mähen wolle, schon wurde sie wütend und hat mit mir gestritten. Aber sie war eine wunderbare Frau. Im Lauf der Jahre sind wir zusammengewachsen, und sie wusste alles über mich und warf es mir dann an den Kopf, wenn sie wütend wurde, was oft der Fall war. Sie nutzte ihre verbalen Fähigkeiten, um mich zu manipulieren. Meine Eltern haben sich scheiden lassen, und das hat meinen Bruder und mich wirklich getroffen. Ich wollte einfach nicht mein Herz so gegen meine Exfreundin verhärten. Ich hatte Angst, dass ich mich wegen ihrer Wutanfälle und des ständigen Manipulierens von ihr entfremden und dann aufhören würde, sie zu lieben. Aber sie war eine wunderbare Frau.«

Ich dachte über Bruce' Worte nach und machte mir klar, dass Frauen permanent verärgert sind oder die Männer attackieren, weil diese ihnen in der Regel körperlich überlegen sind und dies auch ausnutzen. Aber Frauen sind oft verbal geschickter und manipulieren andere gern mithilfe dieser Fähigkeit. Männer haben nicht gelernt, verbal zurückzuschlagen, und wollen das oft auch gar nicht; es liegt nicht unbedingt in ihrer Natur. Männer wie Bruce würden lieber Single bleiben, als ihr Leben damit verbringen zu müssen, verbal niedergemacht zu werden, ohne sich irgendwie schadlos halten zu können, da die Gesetze und die kulturellen Normen Frauen begünstigen und Männern, die nicht für sich selbst eintreten können, kein Mitgefühl entgegenbringen, sondern sie als Schwächlinge betrachten, die nicht »ihren Mann stehen« und die Kontrolle behalten können.

Umgekehrt in gleicher Weise zu reagieren und eine Frau so zu manipulieren und zu beschimpfen, wie Bruce' Freundin es mit ihm getan hatte, würde in unserer heutigen Gesellschaft als psychischer Missbrauch betrachtet. Deshalb schrecken viele Männer davor zurück. Auffällig ist, dass Bruce ständig wiederholte, wie wunderbar seine Ex gewesen sei, so als wolle er sich für seine Gefühle entschuldigen. Er war außerstande, etwas Negatives über sie zu sagen. Statt emotional zu leiden, ohne psychologische und rechtliche Unterstützung zu erfahren, bleiben viele Männer wie Bruce lieber allein.

Sie sehen sich nicht nur genau an, welche psychologischen und rechtlichen Risiken es für sie hat, in einer postfeministischen Ära eine Ehe einzugehen, sondern setzen sich auch mit den Risiken der Vaterschaft und den fehlenden Anreizen, Vater zu werden, auseinander. Denn nicht nur in der Ehe haben Männer wenig Rechte, aber viele Verantwortlichkeiten. Auch Vaterschafts- und reproduktive Rechte gibt es kaum. Zwar mag es so scheinen, als sei die Reproduktion ein Bereich, der eher Frauen etwas angeht als Männer, doch nichts könnte der Wahrheit ferner sein. Vaterschaftsgesetze, der Mangel an Wahlmöglichkeiten, die Männer bei ihren Entscheidungen für die Elternschaft haben, und Probleme im Zusammenhang mit dem Kindesunterhalt geben Männern ebenfalls Gründe, sich zu fragen, ob sie wirklich vollwertige Mitglieder unserer Gesellschaft sind oder Bürger zweiter Klasse, die vom Staat und den Frauen, die behaupten, sie einst geliebt zu haben, zu unfreiwilliger Knechtschaft verdammt werden.

Ich besuchte nicht nur Fitnessstudios und Bars in verschiedenen Gegenden des Landes, sondern verbrachte auch einige Zeit in Los Angeles, wo ich die Gelegenheit hatte, mit Männern und einigen Frauen über Männer und die Ehe zu sprechen. Als ich eines Tages einen Einkaufsbummel in Santa Monica machte, fand ich ein weiteres »Forschungsopfer«, nämlich Chris, einen Schuhverkäufer in den Dreißigern. Natürlich unterhielten wir uns zunächst über Schuhe, doch als er erfuhr, dass ich Psychologin bin und an einem Buch darüber arbeite, warum Männer nicht heiraten wollen, sagte er prompt: »Da könnten Sie auch über mich schreiben. Ich will nicht heiraten.« »Warum nicht?«, fragte ich, und er erwiderte: »Es gibt für mich keinen Anreiz und keinen Grund. Selbst wenn wir einen Ehevertrag hätten, würde der nichts bedeuten.« Chris machte sich Sorgen wegen der rechtlichen Natur der Ehe und darüber, dass er, ohne das Gesetz oder die Kultur auf seiner Seite, teuer würde bezahlen müssen, wenn er einen Fehler machte.

In einem Restaurant in L. A., in dem ich mich mit Freunden zum Essen traf, lernte ich auch den 40 Jahre alten Gavin kennen. Meine Freunde hatten ihn mitgebracht, und er saß neben mir. »Ich habe letzte Woche geheiratet«, verkündete er einem Tisch voller Gelehrter und Filmemacher. »Wirklich?«, fragte ich. »Was hat Sie dazu veranlasst? Können Sie mir ein paar der Gründe nennen, warum Männer Ihrer Meinung nach heiraten?« »Ich bin vierzig geworden, und ich war es leid, herumzustreunen, doch ein Mann heiratet vor allem deswegen, weil die Frau dies möchte und er Angst hat, sie zu verlieren.« Das klingt für mich eher nach Erpressung, aber okay. Interessant war, dass Gavin eine Zweiunddreißigjährige geheiratet hatte und sagte, dass ihnen die Zeit davonlaufe, wenn sie noch Kinder haben wollten. Auch die anderen Männer am Tisch waren sich einig, dass die Uhr ticke, wenn man eine Frau über fünfunddreißig heirate und Kinder haben wolle.

Die Altersproblematik beschäftigte auch einige der Frauen, die ich in L. A. kennenlernte. So stimmte eine wunderschöne, fast vierzigjährige Anwältin mir nicht darin zu, dass Männer nicht heiraten wollen. »Alle Männer, die ich kenne, wollen heiraten. Sie sind Ende dreißig und wollen jemanden in den Zwanzigern.« Ach so, die Typen in den Dreißigern wollen einfach nicht *sie* heiraten. Sie warten, bis sie vierzig sind, um eine Jüngere zu finden. Weiter klagte diese Anwältin darüber, dass ihre verheirateten Freundinnen Ehemänner hätten, die selten arbeiteten und zu Hause blieben, während die Frau das Geld nach Hause bringt. »So einen Mann will ich nicht«, sagte sie. Sie hatte auch mit einem ihrer Exfreunde Schluss gemacht, weil er ihr zu feminin war. »Ich bin ein maskuliner Typ, brauche aber trotzdem jemanden, der noch männlicher ist als ich.«

Diese Anwältin scheint Folgendes nicht zu verstehen: Wenn Männlichkeit in dieser Gesellschaft verpönt ist und schlechtgemacht wird, ob in den Medien oder im Klassenzimmer, dann fangen Männer an, die Botschaft zu internalisieren. Unsere Gesellschaft erklärt Männern, dass sie wertlose Perverse sind, die nach männlichen Privilegien stinken, während sie sie gleichzeitig kastriert, falls sie sich männlich verhalten, und nun sind die Frauen verärgert, weil die Männer femininer werden? Man erntet, was man sät.

II.
MEIN KÖRPER GEHÖRT MIR,
DEINER ABER NICHT DIR

Keine Entscheidungsfreiheit über die Vaterschaft

Wir bewegen uns bereits auf eine Gesellschaft zu, in der Frauen die Entscheidungen über Reproduktion und Kindererziehung treffen und Männern immer weniger Anreize geboten werden, in vollem Umfang am Familienleben teilzuhaben, sie dafür aber immer mehr Sanktionen hinnehmen müssen, wenn Probleme entstehen.

Paul Nathanson und Katherine K. Young in
Legalizing Misandry[1]

Die Rechte von Männern hängen in hohem Maße von der Ehrlichkeit der Frauen ab.

Michael Higdon, Professor für Familienrecht,
University of Tennessee

Ich sehe oft Autos von Frauen mit Aufklebern, die verkünden: »Mein Körper gehört mir«, und zucke zusammen. Warum? Weil die Besitzerin des Aufklebers vermutlich keine Vorstellung von der Scheinheiligkeit ihres Statements hat. Als ich online nach der Bedeutung des Aufklebers »Mein Körper gehört mir« suchte, war auf der ersten Website, auf die ich stieß, folgende Beschreibung zu lesen:

> »Die Verfassung sagt, dass der Staat sich nicht unserer Persönlichkeit und unseres Körpers bemächtigen darf. Deswegen bestimme ich selbst, wenn es um persönliche Entscheidungen wie die Fortpflanzung geht.«[2]

Die Site *Irregular Times* beschreibt sich selbst als »liberaler Button- und Aufkleber-Shop«. Ich schätze, dass die Betreiberinnen nur in einem Punkt liberal sind: in Bezug auf ihre eigene reproduktive Freiheit. Was Männer anbelangt, erklären liberale Frauen und die weißen Ritter, von denen sie unterstützt werden, diesen Slogan nur allzu gern für nichtig. So macht Warren Farrell in *Mythos Männermacht* deutlich: Obwohl es sein Körper ist, hat ein Mann keine Entscheidungsfreiheit, wenn es darum geht, ob er Vater werden will oder nicht. Farrell schreibt:

> »Heute [in den 1990er-Jahren] kann eine Frau mit einem Mann schlafen und fälschlicherweise behaupten, daß sie verhütet; sie kann dann das Kind aufziehen, ohne daß er überhaupt weiß, daß er ein Kind hat, und ihn sogar rückwirkend nach zehn oder zwanzig Jahren (je nach Bundesstaat) auf Unterhalt für das Kind verklagen. Das zwingt ihn in einen Job, der mehr Geld bringt, mehr Streß und insofern auch Verringerung seiner Lebenszeit bedeutet. Es ist sein Körper, aber er hat keine Wahl. Ihm bleibt nur ein Dasein als Sklave (für jemanden zu arbeiten ohne Bezahlung und ohne andere Wahl) oder als Krimineller. Der Fall *Roe gegen Wade* gab Frauen das Selbstbestimmungsrecht über ihren Körper. Männer haben das Selbstbestimmungsrecht über ihren Körper noch nicht – weder in der Liebe noch im Krieg.«[3]

In diesem Buch werden wir uns zwar nicht mit dem Thema Einberufung oder Krieg beschäftigen, aber mit der Liebe, einem Bereich, in dem Männer so sehr hinterherzuhinken scheinen wie eh und je. Viele Männer, vor allem junge wie Max im vorangegangenen Kapitel, lernen ihre Rechte (sehr wenige) oft erst kennen, wenn es bereits zu spät ist. Jungen und Männer werden selten über ihre Vaterschaftsrechte, ihre reproduktiven Rechte oder ihre Pflicht, Kindesunterhalt zu zahlen, aufgeklärt.

II. MEIN KÖRPER GEHÖRT MIR

Ja, es stimmt, dass auch Mädchen und Frauen keinen formellen Unterricht in diesen Bereichen erhalten, doch es gibt viele Organisationen wie Planned Parenthood oder die National Organization for Women (NOW) mit sehr aktiven Gruppen, die sich in allen Bereichen der Politik engagieren. Außerdem gibt es Gesetze wie den Violence Against Women Act (VAWA), der Frauen als Gruppe ausdrücklich schützt, obwohl die Art und Weise, in der sie geschützt werden, oft auf Kosten der Bürgerrechte von Männern und von fairen Gerichtsverfahren geht. Frauen werden auch geschützt, wenn es um die Fortpflanzung geht, und zwar durch Abtreibungsgesetze und andere Gesetze, die ihren Interessen dienen.

So urteilen zum Beispiel die Gerichte fast ausschließlich zugunsten der Mutter und zwingen den Mann zur Zahlung von Kindesunterhalt, unabhängig davon, ob die Kindesmutter ihn in puncto Verhütung falsch informiert oder ausgetrickst hat.[4] Da Frauen, wenn es um die Fortpflanzung geht, qua Gesetz besondere Vorrechte genießen und Männer für ihr Handeln voll und ganz verantwortlich gemacht werden, ist es sehr wichtig, dass Männer sowie männliche Teenager und ihre Eltern sich über Vaterschaftsrechte und das Sorgerecht für Kinder informieren, um fundierte Entscheidungen treffen zu können. So heißt es in dem Buch *Legalizing Misandry*:

»[...] Vaterschaft kann aufgrund der Gesetze, die Scheidungen, Sorgerecht und Umgangsrecht regeln, ein Alptraum sein – rechtlich, finanziell und emotional. Diese Gesetze werden nicht alle Männer davon abhalten, in ein Familienleben zu investieren, schon gar nicht jene, die die Ehe als religiösen Bund betrachten, doch sie haben bereits viele andere Männer dazu gebracht, es sich zweimal zu überlegen, ob sie sich auf etwas einlassen sollen, was leicht zu einer ausweglosen Situation führen könnte. Warum also so stark ins Familienleben investieren, wenn Ihnen Ihre Kinder so leicht weggenommen oder sie sogar gegen Sie aufgehetzt werden können?«[5]

Denn das kann Ihnen passieren, wenn Sie Ihr Kind oder Ihre Kinder behalten wollen. Was, wenn Sie nicht mitentscheiden können, ob Sie Vater werden wollen? Es gibt einige Alptraumsituationen, vor denen sich alle Männer hüten sollten, z. B. Vater als Ergebnis eines Betrugs oder einer Vergewaltigung zu werden. Ja, Männer und Jungen können von Frauen vergewaltigt oder zum Sex gezwungen werden, auch wenn viele Menschen das nicht glauben.

So habe ich einmal in einem Artikel die Frage gestellt, ob ein Mann von einer Frau vergewaltigt werden könne. Die Antworten, die ich erhielt, waren, gelinde gesagt, schockierend. Viele von denen, die sich hierzu äußerten, glaubten, Männer würden dies geradezu herausfordern, sollten die Beine übereinandergeschlagen lassen und es gar nicht erst so weit kommen lassen, dass eine Frau ihnen Schaden zufügen könne.[6] Das klingt nach dem, was man Frauen vor fünfzig Jahren oder mehr in Bezug auf Vergewaltigungen gesagt hat. Werden Männer heute so behandelt wie die Frauen der Vergangenheit? Das ist eine interessante Frage, doch lassen Sie uns die Pflichten von Jungen und Männern betrachten, die ohne ihr Einverständnis Vater werden.

Glücklicherweise gibt es Lehrer wie Professor Michael J. Higdon, der an der University of Tennessee Law School lehrt und derlei Fälle ans Licht bringt. In seinem Artikel »Fatherhood by Conscription: Nonconsensual Insemination and the Duty of Child Support«[7] berichtet Higdon von drei Männern, die gegen ihren Willen zur Vaterschaft gezwungen wurden. Einer von ihnen, ein erst Fünfzehnjähriger namens Nathaniel, hatte rund fünfmal Sex mit einer 34-Jährigen namens Ricci. Die Frau wurde schwanger, und obwohl ein Minderjähriger unter sechzehn im Staat Kalifornien nicht in Sex einwilligen kann, hielt das Gericht es für angebracht, Nathaniel dazu zu zwingen, dieser Frau, die Unzucht mit einem Minderjährigen betrieben hatte, Kindesunterhalt zu zahlen.[8]

In einem anderen von Higdon beschriebenen Fall besuchte S. F., ein Mann aus Alabama, eine Party im Haus einer Freundin, T. M. Er kam schon betrunken dort an, wurde irgendwann auf ihrer Couch ohnmächtig und verbrachte dort die Nacht. Als er am nächsten Morgen aufwachte, stellte er fest, dass man ihm all seine Kleidungsstücke außer seinem aufgeknöpften Hemd ausgezogen hatte. Higdon schreibt:

> »Während der nächsten Monate prahlte T. M. mehreren Leuten gegenüber damit, dass sie Geschlechtsverkehr mit S. F. gehabt habe, während er bewusstlos gewesen sei. Sie ging sogar so weit, zu sagen, der Abend habe ihr ›eine Fahrt zur Samenbank erspart‹. T. M. brachte tatsächlich ein Kind zur Welt, und genetische Tests bestätigten, dass S. F. der leibliche Vater war.«[9]

Der letzte der von Higdon präsentierten Fälle ist der von Emile aus Louisiana. Als Emile 1983 eines Abends seine kranken Eltern im Krankenhaus besuchte, bot eine Krankenschwester namens Debra ihm an, ihn oral zu befriedigen, aber nur, wenn er ein Kondom trage. Nachdem der Akt vollzogen war, erklärte Debra sich bereit, das mit Emiles Sperma gefüllte Kondom zu entsorgen, und muss sich selbst befruchtet haben, da der neun Monate später durchgeführte DNA-Test zeigte, dass Emile der Vater ihres Babys war. »Die beiden hatten nie Geschlechtsverkehr, sondern nur einmal Oralsex mit Kondom.«[10]

Die Gemeinsamkeit dieser drei Fälle bestand darin, dass ein Mann oder Junge gegen seinen Willen zur Vaterschaft und anschließend vom Gericht gegen seinen Willen zur Zahlung von Kindesunterhalt gezwungen wurde. Können Sie sich den Aufruhr vorstellen, wenn ein fünfzehnjähriges Mädchen mit einem 34-jährigen Mann Sex hätte und dann vom Gericht zu irgendwelchen Verpflichtungen ihm gegenüber verurteilt würde? Oder wenn eine Frau auf einer Party ohnmächtig würde und ein Mann Sex mit ihr hätte und sie dann gezwungen würde, das Baby zu bekommen? So schreibt Warren Farrell über die reproduktiven Rechte des Mannes:

»Ihm wird deutlich, daß eine Schwangerschaft nicht nur die Angelegenheit von Frau und Kind ist, sondern auch ihn, den Vater, angeht. Er begreift, daß eine Frau, die ›Mein Bauch gehört mir‹, sagt und sich dann doch für das Kind entscheidet, sein Leben entscheidend bestimmt. Sie kann ihn dazu zwingen, einen verhaßten Job anzunehmen, um achtzehn Jahre lang seinen Zahlungsverpflichtungen nachkommen zu können; und das hat Auswirkungen auf seine Gesundheit und seine Lebenserwartung. Sollte er bei der Entscheidung für oder gegen eine Abtreibung nicht auch mitzureden haben? Zählen zwei Jahrzehnte im Leben eines Mannes weniger als neun Monate im Leben einer Frau?«[11]

Das Leben von Männern ist den Gerichten also nicht viel wert, das Leben eines Jungen, der von einer Frau sexuell missbraucht wurde, sogar noch weniger. Laut Higdon gibt es »zahlreiche Fälle, in denen eine erwachsene Frau als Ergebnis von ihr initiierter sexueller Beziehungen mit einem Minderjährigen schwanger wurde«.¹² Doch immer, wenn sich die Frage stellte, ob ein männliches Opfer von Unzucht mit Minderjährigen zur Zahlung von Kindesunterhalt herangezogen werden sollte, »hat jedes einzelne Gericht die Frage positiv beantwortet – hat die Ansicht vertreten, dass der minderjährige Vater dazu verpflichtet sei«.¹³

Der Junge wird also zweimal zum Opfer gemacht: zuerst von der Frau, die ihn missbraucht, und dann von den Gerichten, und zwar für die nächsten achtzehn Jahre, in denen er sich in unfreiwillige Knechtschaft begibt, um für ein Kind zu bezahlen, zu dessen Zeugung er laut Gesetz noch gar nicht seine Zustimmung geben konnte. Kümmert irgendjemanden der psychische Missbrauch, den man mit einem solchen Jungen betreibt? Natürlich nicht; er gehört dem männlichen Geschlecht an und verdient es wahrscheinlich nicht anders. Schließlich hat er das alles herausgefordert, so wie das Mädchen, das die Vergewaltigung herausgefordert hat, weil es einen kurzen Rock trug. Wiederum frage ich mich: Leben wir noch in den Fünfzigerjahren, und sind Jungen die neuen Mädchen?

Und wie sieht die Situation für ein weibliches Opfer sexuellen Missbrauchs aus? Würde ein weibliches Wesen so wie ein Mann für den Unterhalt ihrer Kinder verantwortlich gemacht werden? Natürlich nicht. Reproduktionsgesetze sind für Frauen gemacht. Higdon beschreibt den Fall *DCSE/Ester M. C. gegen Mary L.*, in dem eine Mutter sich weigerte, für den Unterhalt ihrer drei minderjährigen Kinder aufzukommen, weil sie »das Produkt und Ergebnis einer inzestuösen Beziehung mit ihrem Bruder« waren und es »keine freiwillige Entscheidung ihrerseits war, Kinder zu haben«.¹⁴

Das Gericht entschied: »Wenn der Geschlechtsverkehr, der zur Geburt eines Kindes führt, unfreiwillig ist oder ohne tatsächliche Zustimmung erfolgt, kann eine *Mutter* ›begründeten Anlass‹ haben, [...] es nicht zu schaffen oder sich zu weigern, ein solches Kind zu ernähren.«[15] Ich dachte, in puncto Kindesunterhalt drehe sich in den Vereinigten Staaten alles um das »Kindeswohl«. Offensichtlich ist dies nur der Fall, wenn der Elternteil männlich ist. Wie das Sprichwort sagt: »Frauen haben Rechte; Männer Pflichten.« Männer sind nicht nur verantwortlich für Kinder, deren Zeugung sie nicht zugestimmt haben, sie sind auch verantwortlich für Kinder, die nicht einmal ihre leiblichen sind.

Keine Entscheidungsfreiheit in puncto Vaterschaftsrecht

Für Männer hat die Ehe keine reproduktiven Vorteile mehr.
  Blogger Mike T. bei seinen Überlegungen
  zu staatlich sanktioniertem Vaterschaftsbetrug[16]

Wenn die Gene nicht passen, muss ein Freispruch her.
  Motto von Carnell Smith, Interessenvertreter
  von Vaterschaftsbetrugsopfern[17]

Leider greift der Vaterschaftsbetrug so um sich, dass es schwierig ist, die genaue Anzahl der Männer zu ermitteln, die entweder als Väter für Kinder fungieren, die sie für ihre eigenen halten, oder gezwungen werden, Kindesunterhalt zu zahlen, nachdem man ihnen fälschlicherweise gesagt hat, sie seien die Väter von Kindern, die aber nicht die ihren sind.

II. MEIN KÖRPER GEHÖRT MIR

Laut der Organisation Fathers and Families

»[...] hat man Zehntausenden Männern fälschlicherweise die Vaterschaft zugeschrieben und sie per Gesetz gezwungen, jahrelang Unterhalt für Kinder zu zahlen, die, wie DNA-Tests zeigten, nicht ihre eigenen sind. In vielen Fällen haben die Männer wenig oder gar keinen Kontakt zu den Kindern, die sie unterstützen müssen, und einige erfuhren erst, dass sie ›Vater‹ waren, als ihr Gehalt für den Kindesunterhalt gepfändet wurde.«[18]

2007 brachte das *Men's Health Magazine* einen Artikel mit der Überschrift: »Ziehen Sie das Kind eines anderen groß?« Darin heißt es, dass »über eine Million amerikanischer Männer ihre Liebe, ihre Zeit und ihr Geld in ein Kind investieren, das nicht ihr eigenes ist. Doch das Schlimmste an diesem Betrug? Wie viele Menschen womöglich davon wissen.«[19] Der Artikel wartet aufgrund von Studien über das, was er als »Vaterschaftsdiskrepanz« bezeichnet, mit der Zahl von über einer Million Männern auf, wobei »Vaterschaftsdiskrepanz« folgendermaßen definiert wird:

»Vaterschaftsbetrug betont den finanziellen Aspekt des Phänomens, doch Vaterschaftsdiskrepanz beschreibt die Anomalie selbst – die Diskrepanz zwischen dem, was Männer für wahr halten, und der genetischen Realität.«[20]

Die Auswertung von Studien zur Vaterschaftsdiskrepanz ergab:

»Bei der jüngsten Auswertung von 67 Studien zu diesem Thema stellten die Forscher der University of Oklahoma fest, dass die Quote der Vaterschaftsdiskrepanzen in der Regel viel höher unter jenen Männern ist, die Grund zu der Annahme haben, dass ihre Partnerin nicht nur einen Mann gehabt hat. Was keine Überraschung ist. Doch wenn man diese Männer einmal ausklammert, erhält man eine Zahl, von der man mit Sicherheit annehmen kann, dass sie den Rest von uns repräsentiert. Sie beträgt 3,85 Prozent. Eine andere Sichtung von 19 Studien durch eine Gruppe der Liverpooler John Moores University bestätigt dies, denn sie kommt auf einen Wert von 3,7 Prozent der Väter. Das mag nicht viel erscheinen – bis man mal nachrechnet. Laut einem Bericht des U.S. Census Bureau von 2005 gibt es landesweit 27 940 000 Väter mit einem Kind unter 18 Jahren. Das bedeutet, dass über eine Million Männer für das Kind eines anderen Mannes sorgen.«[21]

Vaterschaftsdiskrepanz, Vaterschaftsbetrug. Egal, wie man es nennt, es sind schlechte Nachrichten für die große Anzahl hiervon betroffener Männer. Und sie werden nicht nur von ihren Ehefrauen oder Freundinnen betrogen, es gibt auch eine ganze Armee von Medizinern, die es nicht für ihre Pflicht halten, den »Vater« zu informieren, dass das Kind nicht seins ist.

»Natürlich sind Lügen in der Welt der Medizin nichts Neues. Noch bis in die 1970er-Jahre verschwiegen Ärzte beschämenderweise ›zum Wohle des Patienten‹ Krebsdiagnosen. (Schließlich, so dachten sie, waren diese Patienten ohnehin todgeweiht, was also würde ihnen dieses Wissen nützen?) Dies hörte auf, als es der Ärzteschaft dämmerte, dass Paternalismus, ungeachtet der guten Absichten, wohl nicht die beste Vorgehensweise sei. Doch angesichts der Geheimhaltungspolitik der meisten heutigen genetischen

II. MEIN KÖRPER GEHÖRT MIR 73

Berater könnten wir uns ebenso gut wieder im Jahr 1970 befinden – nur dass es jetzt, wo Frauen 92 Prozent dieses Fachbereichs dominieren, den Anschein hat, dass der Paternalismus durch Maternalismus ersetzt wurde.«[22]

Viele dieser genetischen Beraterinnen machen sich Gedanken darüber, wie die *Mutter* sich fühlen würde, wenn ihr Mann die Wahrheit herausfände, und natürlich nicht, wie sich der arme betrogene Vater fühlen muss. So funktionieren die Netzwerke der Frauen! Doch da die Gefühle von Männern in diesen Fällen niemanden besonders kümmern – es gibt nur wenige formelle Forschungsarbeiten zum emotionalen Schaden, den der Vaterschaftsbetrug bei Männern anrichtet – und den Staaten allein daran gelegen ist, von den Männern Geld einzutreiben, wird nicht viel zur Bekämpfung des Vaterschaftsbetrugs unternommen.

Ein Mann, der herausfindet, dass ein Kind nicht seins ist, wird sich in hohem Maße betrogen fühlen und emotional sehr betroffen sein. Zahlreiche verheiratete Männer, die dahinterkamen, dass das Kind, dessen Vater sie zu sein glaubten, nicht ihres war, waren am Boden zerstört und konnten den Schock nie wirklich überwinden. Viele wurden depressiv, doch die meisten Männer empfinden Wut, die auch oft als nach außen gerichtete Depression bezeichnet wird. Diese Wut ist ein Gefühl, das viele Männer teilen, wie meine informellen Forschungen erkennen lassen.

Da es einen Mangel an formeller Forschung zu den emotionalen Reaktionen von Männern gibt, die herausfinden, dass ein Kind, das sie für ihres gehalten haben, nicht ihres ist, beschloss ich, meine eigene informelle Befragung[23] auf meinem Blog bei PJ Media durchzuführen und Männer nach ihren Gefühlen in

Bezug auf Vaterschaftsbetrug zu fragen. Ich stellte die folgende Frage und bot dazu mehrere Antwortmöglichkeiten an:

> Wenn Sie morgen herausfinden würden, dass Ihr fünfjähriger Sohn oder Ihre fünfjährige Tochter nicht Ihr Kind wäre und dass Sie noch weitere 13 Jahre Unterhalt für dieses Kind leisten müssten, wie würden Sie sich dann fühlen?
> – Es wäre mir egal.
> – Wütend und zornig auf die Mutter.
> – Deprimiert; ich würde Schwierigkeiten haben, mit der Nachricht fertigzuwerden.
> – Zornig und deprimiert.
> – Ich wäre froh, dass meine Gene nicht weitergegeben wurden, und würde hoffen, dass die des leiblichen Vaters genetisch hochwertiger wären.
> – Keine der obigen Aussagen trifft zu.
> – Wütend auf das System, das mich zum Zahlen gezwungen hat.
> – Sonstiges.

Die Frage muss einen Nerv getroffen haben, da mehr als 3 200 männliche Leser darauf reagierten. Das Ergebnis sah folgendermaßen aus: 2 Prozent »war es egal«, 36 Prozent waren »wütend und zornig auf die Mutter«, 6 Prozent »deprimiert« und 18 Prozent »zornig und deprimiert«; 0 Prozent sagten, sie seien froh, dass »ihre Gene nicht weitergegeben wurden«; 2 Prozent erklärten, dass »keine der Aussagen zutreffe«, und 32 Prozent waren »wütend auf das System, das sie zum Zahlen zwang«. 5 Prozent kreuzten »Sonstiges« an.[24] Der interessanteste Teil der informellen Umfrage waren die Kommentare. Hier einige Beispiele dafür, wie Männer sich fühlten:

II. MEIN KÖRPER GEHÖRT MIR

Joe aus Houston schreibt:
»Genau das ist mir passiert. Ich war wütend auf die Mutter. Er war nicht fünf, wie in der Umfrage, sondern elf. Zuerst wollte ich ihn weiter großziehen, doch nachdem die Ex fortfuhr, mich zu verhöhnen, indem sie ihm erzählte, ich sei nicht sein Vater, brach ich jeden Kontakt zu dem Jungen ab. Manche mögen dies als Versagen werten, ich betrachte es als Selbsterhaltung, und all jenen, die die Frage stellen, ob die Gerichte einen nichtleiblichen Vater dazu zwingen werden, Kindesunterhalt zu zahlen, muss ich sagen: JA, DAS WERDEN SIE! JA, DAS WERDEN SIE! Sie sehen dich lediglich als Geldquelle für das Kind. Jemand, der sich in einer solchen Situation befindet, sollte den leiblichen Vater auf Kindesunterhalt verklagen können.«[25]

tiger6 stellt fest:
»Ich stimme den Meinungen, die hier geäußert werden, weitgehend zu. Angenommen, die Mutter hätte mich belogen, dann wäre ich wütend, dass sie mich betrogen UND in eine Lage gebracht hat, in der der Staat mich zwingen kann, zu bezahlen. Ich wäre zwar sauer, dass der Staat mich linkt, erwarte inzwischen aber nichts anderes mehr. SIE aber hat mich angeblich geliebt und hätte mich nicht in diese Lage bringen dürfen.
Gleichviel: Wenn ein Richter anordnen würde, dass ich Unterhalt für ein Kind bezahlen müsste, von dem ich wüsste, dass es nicht meins ist. [...] Ich wäre versucht, ihm zu sagen, er solle mich doch auf der Stelle ins Gefängnis stecken, weil ich einfach nicht zahlen würde. Ich kann nicht sagen, dass ich das auch wirklich täte, doch es ist zumindest mein erster Gedanke.«[26]

Difster erklärt:
»Man sollte wissen, dass man in vielen Staaten nach einer gewissen Zeit die Vaterschaft nicht mehr anfechten kann und gezwungen wird, den Kindesunterhalt zu zahlen, weil ›halt irgend jemand es tun muss‹.
Im übrigen würde ich mich von der Mutter trennen, falls dies nicht bereits geschehen wäre, und alles in meiner Macht Stehende tun – wobei ich vermutlich auch nicht vor Betrug zurückschrecken würde –, um das alleinige Sorgerecht für das Kind zu erhalten. Ich würde das Kind nicht für das Handeln seiner Mutter bestrafen und es, statt zu bezahlen, lieber selbst aufziehen, als wäre es mein eigenes, und dafür sorgen, dass die Mutter von der Bildfläche verschwindet. Ich würde nicht zu Gewalt greifen, ihr aber eine Falle stellen und dafür sorgen, dass sie für irgendetwas im Gefängnis landet.«[27]

Old Guy schreibt:
»Ich wäre wütend auf die Mutter, die mich hereingelegt hat, und auf das System, das mich trotzdem zum Zahlen zwingen würde. Ein weiteres Beispiel dafür, wie Männer vom Matriarchat unterdrückt werden.«[28]

Cthulhu meint:
»Du hast also fünf Jahre lang ein Kind mit großgezogen. [...] Da ist es gut möglich, dass sich eine Bindung zwischen dir und ihm entwickelt hat – und wir sprechen von einem unschuldigen Kind. Aber du hast gerade herausgefunden, dass die Mutter dich seit fünf Jahren in Bezug auf die Elternschaft angelogen hat – da ist es gut möglich, dass du wütend auf sie bist und dich betrogen fühlst, aber vielleicht findest du eine Lösung. Doch vom Staat, unabhängig davon, ob die

Beziehung mit der Mutter oder dem Kind bestehen bleibt oder nicht, weitere 13 Jahre wie eine Melkkuh behandelt zu werden? ›Empörung‹ trifft es nicht im entferntesten.«[29]

TeeJaw erklärt:
»Cthulhu sagt genau das, was ich auch gedacht habe. Die Wut und die Enttäuschung über die Mutter, die Wut auf das System, das sich in die ganze Sache eingeschaltet hat, würden mir schon genug zu schaffen machen, aber auch, dass ich bestimmt eine tiefe Beziehung zu dem Kind entwickelt hätte. Ich würde dann sicher gern auf eine Südseeinsel verschwinden, wo ich nie wieder einen von ihnen sehen müsste. Eines ist sicher: Mutter und Kind würden jede Menge Mitgefühl erfahren, der gehörnte Ehemann hingegen absolut keines. Er würde vielmehr einfach nur als Geldautomat gesehen werden.«[30]

Die häufigsten Reaktionen der Befragten auf einen Vaterschaftsbetrug waren also Wut auf die Mutter, die den Mann in diese Lage gebracht hat, und Wut auf den Staat, der ihn zwingt, für ein Kind zu bezahlen, das nicht seins ist. Dies sind gute und angemessene Reaktionen, weil sie die Triebkraft darstellen, die Männer dazu bringen wird, in ihrem eigenen Interesse für eine Änderung der Gesetze zu kämpfen.

In der Einleitung habe ich die Aussage des Männerrechtsaktivisten Warren Farrell erwähnt, dass eine große Bewegung in der Regel zwei Auslöser hat: emotionale Zurückweisung und ökonomische Verluste. Diese Komponenten sind auch maßgeblicher Bestandteil der Bewegung gegen Vaterschaftsbetrug.

Glücklicherweise gibt es Aktivisten, die für eine Änderung der Gesetze kämpfen, welche Männer zwingen, Unterhalt für Kinder zu bezahlen, die nicht ihre eigenen sind, selbst wenn sie dies erst Jahre später herausfinden. Genau das passierte einem Freund von Senator Stacey Campfield, was diesem den Mut und die Motivation verlieh, sich für eine Änderung des antiquierten Vaterschaftsgesetzes in Tennessee einzusetzen. Nachdem sein Freund ihm von seinem Problem erzählt hatte, hörte Campfield auch von zahlreichen Männern in Tennessee, die Opfer eines Vaterschaftsbetrugs geworden waren. Er glaubt, dass faire Gesetze wichtig sind, weil »die Menschen ansonsten das Vertrauen in das System verlieren und denken, dass Betrug die einzige Antwort ist«.[31]

Campfield ist kein gewöhnlicher Politiker; er ist die Streitbarkeit in Person. Die lokale alternative Wochenzeitung in Knoxville, *Metro Pulse*, brachte eine Titelstory mit der Überschrift: »Was zum Teufel ist mit Stacey Campfield los?« Darin heißt es, Campfield habe:

»[...] eine Reihe von Gesetzen zum Beispiel zum Kindesunterhalt, zu gerichtlichen Kontaktverboten und zum Vorwurf sexuellen Missbrauchs vorgeschlagen, die, wie ein Szeneblogger aus Nashville es vor einigen Wochen formulierte, von dem Gefühl herzurühren scheinen, ›dass Frauen durchgedrehte Lügnerinnen sind, vor denen Männer sich schützen müssen‹. [...] Doch lassen sich nur schwer die Widersprüche übersehen, die seinen löblichen Bemühungen zugrunde liegen. Er ist ein Befürworter konservativer Familienwerte, der nie geheiratet hat, ein Verfechter des Vaterrechts, ohne selbst Kinder zu haben.«[32]

Läuft dieser Artikel darauf hinaus, dass Politiker oder Aktivisten nur normal sind, wenn sie für die Rechte von ihresgleichen kämpfen? Das will ich nicht hoffen, denn es gäbe weniger Rechte

II. MEIN KÖRPER GEHÖRT MIR

für Frauen, Afroamerikaner, Schwule und viele andere, wenn nur solche Aktivisten sich an dem Kampf beteiligen dürften, die der Gruppe, für deren Rechte sie eintreten, auch selbst angehören. Und offen gesagt, was soll dieser Aufschrei angesichts der Tatsache, dass viele Gesetze im Bereich des Familienrechts und der häuslichen Gewalt Männer als potentielle betrunkene Rüpel sehen, die darauf aus sind, Frauen zu vergewaltigen, zu schlagen oder zu verlassen? Schließlich ist das, was dem einen recht ist, dem anderen billig, wie das Sprichwort sagt.

Glücklicherweise empfindet Campfield ein gewisses Verantwortungsgefühl gegenüber Opfern von Vaterschaftsbetrug, die gezwungen werden, Unterhalt für Kinder zu zahlen, die nicht ihre leiblichen sind. Jesse Fox Mayshark, der Autor des *Metro-Pulse*-Artikels über Campfield, fasst die Kritik der Gegner eines solchen Gesetzes zusammen:

»Die Kritik an der Gesetzesvorlage zum Kindesunterhalt lautete, dass es den Kindern schaden könnte. Wenn man ihnen den Unterhalt eines Elternteils entzieht, aber kein leiblicher Elternteil da ist, der den Unterhalt zahlt, bekommt das Kind schließlich weniger Unterhalt.«[33]

Worauf Campfield erwidert:

»Man kann dasselbe über jemanden sagen, der möglicherweise wegen eines Verbrechens im Gefängnis sitzt, das er nicht begangen hat. Das Opfer mag es wunderbar finden, dass jemand im Gefängnis sitzt, doch wenn ein DNA-Beweis zeigt, dass der Betreffende unschuldig ist, dann ist es wohl nicht fair, ihn für ein Verbrechen, das er nicht begangen hat, hinter Gittern zu lassen.«[34]

Nein, das ist nicht fair, und Campfield legte dem Parlament von Tennessee in seinem Bemühen, dieses Gesetz zu ändern, einen neuen Gesetzentwurf vor:

»(n) Auf Antrag einer der Parteien soll das Gericht eine Beendigung der Unterhaltszahlungen anordnen, wenn wissenschaftliche Tests zur Feststellung der Elternschaft des Kindes oder der Kinder oder zur Feststellung der Vaterschaft einer anderen Person durchgeführt werden und diese Tests den Unterhaltspflichtigen als Elternteil eines solchen Kindes oder solcher Kinder ausschließen. Die Ergebnisse solcher Elternschaftstests sollen nur in Übereinstimmung mit den in §§ 24-7-112 festgelegten Verfahren als Beweis zugelassen werden.«

Campfield mailte mir auch die veränderte Gesetzesvorlage:

»Helen, hier eine Kopie der geänderten Gesetzesvorlage (das zweite Dokument). Ich lasse gerade eine andere Gesetzesvorlage vorbereiten als Ergänzung zu dieser. In den Fällen, in denen diese zur Anwendung käme, kann der ursprüngliche ›Vater‹ von dem leiblichen Vater die Rückzahlung von geleisteten Unterhaltszahlungen für das Kind, die als Teil der ursprünglichen Unterhaltszahlungsvereinbarung erfolgten, verlangen.«[35]

Die Gesetzesvorlage wurde im Repräsentantenhaus von Tennessee verabschiedet, fiel im Senat jedoch leider durch. Es gibt aber auch gute Nachrichten. Im Oktober 2012 ließ Stacey mich wissen, dass es im Bundesstaat Tennessee einen Erfolg für diejenigen gebe, die zu Unrecht Kindesunterhalt geleistet hätten, weil kein DNA-Test durchgeführt worden sei.[36] Er schrieb auf seinem Blog:

»Der Oberste Gerichtshof des Bundesstaates hat gerade einstimmig entschieden, dass ein Mann, der zu dem Glauben verleitet wurde, er sei der Vater eines Kindes, die Mutter auf Rückzahlung erfolgter Leistungen verklagen kann, wenn sich später herausstellt, dass er nicht der leibliche Vater dieses Kindes ist.

Ich hatte vor ein paar Jahren, als die Demokraten regierten, versucht, ein weniger restriktives Gesetz durchzubringen, das es dem nichtleiblichen Vater erlaubt hätte, künftige Zahlungen für das Kind, das nicht seines ist, einzustellen. Mein Gesetzentwurf wurde mit großer Mehrheit abgeschmettert.«[37]

Es ist erstaunlich, was mit Beharrlichkeit und etwas Glück erreicht werden kann.

Auch in anderen Bundesstaaten werden Gesetzesanträge zum Vaterschaftsbetrug angenommen, die die Chancen der Männer auf Gerechtigkeit erhöhen. So verabschiedete Georgia ein Vaterschaftsbetrugsgesetz, das Männern das Recht gibt, die Zahlung von Kindesunterhalt einzustellen, wenn ein Vaterschaftstest zeigt, dass ihre Chance, der Vater zu sein, null Prozent beträgt, und sie darüber hinaus noch andere Bedingungen erfüllen.[38] Carnell Smith, ein Ingenieur aus Decatur, Georgia, der einem Vaterschaftsbetrug zum Opfer fiel, rief eine U.S. Citizens Against Paternity Fraud (US-Bürger gegen Vaterschaftsbetrug, Anm. d. Ü.) genannte Gruppe ins Leben, die in Georgia Lobbyarbeit für dieses Gesetz betrieb und gewann.[39] Smith ist ein Verfechter von Männerrechten und hat zur Durchsetzung von Vaterschaftsgesetzen in 29 Bundesstaaten beigetragen.[40] Seine Geschichte wird detaillierter im letzten Kapitel dieses Buches mit dem Titel »Sich wehren, den Galt machen oder beides?« erzählt.

Doch es gibt noch viel Arbeit, bevor man den Vaterschaftsbetrug als ernstes Thema anerkennen und Männer in *allen* Staaten schützen wird. Sie haben noch immer wenig Entscheidungsfreiheit, wenn sie belogen und gezwungen werden, Unterhalt für nichtleibliche Kinder zu zahlen; doch auch wenn sie der leibliche Vater sind, können sie es bei nicht geleisteten Unterhaltszahlungen auf höchst unangenehme Weise mit dem Staat zu tun bekommen. Dazu mehr im folgenden Abschnitt.

Keine Entscheidungsfreiheit beim Kindesunterhalt
(dafür aber einen Platz hinter Gittern)

In den USA sind durchschnittlich rund 50 000 Personen wegen nicht geleisteter Unterhaltszahlungen im Gefängnis.

Douglas Galbi[41]

Wir können wohl davon ausgehen, dass es zumeist Männer sind, die wegen nicht geleisteter Unterhaltszahlungen im Gefängnis sitzen, da der Kindesunterhalt vorwiegend von Männern bezahlt wird und die Strafverfolgungsbehörden Frauen nur ungern ins Gefängnis stecken. Väter, die das Sorgerecht besitzen, machen in den USA nur etwa 17,8 Prozent der sorgeberechtigten Elternteile aus,[42] sodass über 82 Prozent als nicht sorgeberechtigte Elternteile für den Großteil des Kindesunterhalts verantwortlich sind. In einem Beitrag auf MSNBC.com heißt es, dass viele Männer, die den Kindesunterhalt nicht bezahlen können und im Gefängnis landen, arm sind und vor ihrer Inhaftierung nicht einmal mit einem Anwalt gesprochen haben:

> »›Diese Eltern, die Wochen, Monate und manchmal über ein Jahr im Gefängnis schmachten, haben eines gemeinsam […] neben ihrer Armut: Sie sind im Gefängnis gelandet, ohne je mit einem Anwalt gesprochen zu haben‹, heißt es in der Klageschrift, die das gemeinnützige Southern Center of Human Rights in Atlanta eingereicht hatte.
> Die Inhaftierung nicht zahlender Elternteile – von denen die große Mehrheit Väter sind – führt zwar in vielen Fällen dazu, dass Zahlungen geleistet werden. Kritiker wenden jedoch ein, dass damit arme und arbeitslose Eltern, die nicht zahlen können, auf unfaire Weise bestraft werden, obwohl das Bundesgesetz zur Auflage macht, dass sie ›vorsätzlich‹ gegen einen Gerichtsbeschluss verstoßen haben müssen, bevor sie eingesperrt werden.
> Sie vergleichen die Notlage solcher Eltern mit der jener armen Leute, die den berüchtigten ›Schuld‹-Gefängnissen übergeben wurden, bevor solche Einrichtungen Anfang des 19. Jahrhunderts verboten wurden.«[43]

Und als sei das Gefängnis nicht schon schlimm genug, werden ordentliche Gerichtsverfahren und die Verfassung über Bord geworfen, wenn es um Männer geht, die keinen Kindesunterhalt zahlen können.

»Dass Richter Elternteile ohne einen Prozess inhaftieren können, ist möglich, weil das Versäumnis, Kindesunterhalt zu zahlen, normalerweise wie eine Zivilsache behandelt

> wird, was heißt, dass der nicht sorgeberechtige Elternteil der Missachtung des Gerichts für schuldig erklärt wird und zu einer Vernehmung erscheinen muss.
>
> Er hat im Gegensatz zu strafrechtlich Angeklagten kein Anrecht auf verfassungsrechtlichen Schutz einschließlich der Unschuldsvermutung. Und in fünf Staaten – Florida, Georgia, Maine, South Carolina und Ohio – hat er unter anderem nicht einmal das Recht auf Beistand durch einen Anwalt.«[44]

Niemand spricht es je offen aus, doch einer der Gründe dafür, dass diese Grausamkeit möglich ist, besteht darin, dass es Männer sind, die ins Gefängnis geworfen werden. Ja, gelegentlich landet vielleicht auch eine Frau im Gefängnis, aber nicht oft. Unsere Gesellschaft ist nicht gewillt, Frauen einzusperren oder ihrer Grundrechte zu berauben. Einigen Schätzungen zufolge werden rund 52 Prozent aller Männer irgendwann im Leben einmal festgenommen, wobei die Wahrscheinlichkeit, dass dies geschieht, viermal höher ist als bei Frauen.[45] In einem für Psychologen durchgeführten Fortbildungskurs, an dem ich teilnahm, wurde gefragt, wie viele Männer unter den Zuhörern schon einmal festgenommen worden seien. Mehr als ein Drittel hob die Hand. Wenn Sie mir nicht glauben, dann fragen Sie zwanzig Ihrer Freunde oder Kollegen, ob Sie je aus irgendeinem Grund festgenommen wurden. Die Antwort könnte Sie überraschen. Einige meiner Klienten, die von den Gerichten oder ihren Anwälten zur Beurteilung zu mir geschickt wurden, waren eingesperrt worden oder hatten Familienangehörige (nur Männer), die wegen nicht geleisteter Kindesunterhaltszahlungen oder der unwahren Beschuldigung, häusliche Gewalt verübt zu haben, im Gefängnis saßen. Diese Männer scheinen aufgrund ihrer Hilflosigkeit, die sie beim Umgang mit einem Rechtssystem erfuhren, das sie in Familienrechtsangelegenheiten behandelt, als wären sie Eigentum des Staates, nicht einmal wütend zu sein.

Neben der Haft gibt es in vielen Staaten andere Strafen für nicht gezahlten Kindesunterhalt, wie z. B. den Entzug von Führerschein, beruflicher Lizenz und Pass.[46] Als Vater, der sich nicht in unfreiwillige Knechtschaft begeben kann oder will, ist man dann also nicht mehr mobil, kann nicht arbeiten und nicht einmal das Land verlassen. Zu Beginn dieses Kapitels habe ich über den Aufkleber »Mein Körper gehört mir« gesprochen, den Pro-Choice-Frauen auf ihren Autos anbringen. Da kann ich nur den Kopf schütteln und denken: »Was für Heuchlerinnen.« In den Vereinigten Staaten können Frauen entscheiden, ob sie Mutter werden wollen, können ein Kind bekommen und es in einigen Staaten zur Adoption freigeben, ohne den Vater davon zu informieren, und Männer achtzehn Jahre lang – und manchmal noch länger – für ihre Kinder bezahlen lassen. Männer haben kein Mitspracherecht bei der Reproduktion. Vielleicht verstehen Sie jetzt, warum der »Mein Körper gehört mir«-Aufkleber heuchlerisch wirkt.

Ist es angesichts so vieler Männer, die im Gefängnis sitzen oder sich abplagen müssen, um den Kindesunterhalt bezahlen zu können, nicht logisch, dass jüngere Männer zögern, zu heiraten oder Vater zu werden? Nimmt man noch die mögliche achtzehnjährige unfreiwillige Knechtschaft hinzu, dann verwundert es nicht, dass manche Männer in den Streik treten oder nicht länger mit Herz und Seele ihre Karriere verfolgen. Was uns zum nächsten Kapitel über den College-Streik bringt.

III.
DER COLLEGE-STREIK
Wo keine Jungs mehr sind

Willkommen in »Girlington«

Junge Männer jammern nicht über ihre missliche Lage. Sie organisieren keine Workshops oder Selbsthilfegruppen. (Gott sei Dank.) Jungen im Teenageralter sind die einzige Gruppe von Amerikanern, die nicht gern Gesprächskreise bilden und über ihre Sorgen und Ängste reden. Was werden sie also tun? Ich schätze, dass sehr viele von ihnen sich einfach nicht mehr bemühen und sich zurückziehen werden. Es wäre kein organisierter Streik – es würde einfach geschehen. Es ist bereits soweit.

Christina Hoff Sommers in einem Interview mit der Autorin[1]

Stellen Sie sich vor, Frauen würden die Universitäten und Colleges des Landes meiden. Es würde einen öffentlichen Aufschrei geben. Wenn aber Männer dies tun, ist es nur hin und wieder eine Erwähnung wert, und man ringt ein bisschen die Hände wegen der Wirkung, die ihre Apathie auf Frauen haben wird. Mit wem sollen die Frauen eine Beziehung eingehen? Wen sollen sie heiraten? Werden die Männer gut genug für sie sein? Wie steht es mit der Hypergamie? Frauen müssen sich hochheiraten, Männer dementsprechend ihren Mann stehen, eine gute Ausbildung machen und viel Geld verdienen, um ihnen mehr Sicherheit zu bieten. Viele Männer scheinen sich jedoch nicht länger daran zu halten. Einige haben das College aufgegeben, da es zu einem »Mädchenpensionat« geworden ist, andere hatten nie die Chance, einen Collegebesuch in Erwägung zu ziehen, weil sie schon vor langer Zeit das Interesse an der Schule verloren hatten.

Wie viele Frauen besuchen im Vergleich zu Männern ein College? Als Christina Hoff Sommers im Jahr 2000 ihr provokatives Buch *The War Against Boys* schrieb, gingen die Zahlen schon seit Jahren stark zurück. Sommers schreibt, dass 1996 8,4 Millionen Frauen in einem College eingeschrieben waren, aber nur 6,7 Millionen Männer, und dass 2007 laut Prognosen des U.S. Department of Education (Bildungsministerium der Vereinigten Staaten, Anm. d. Ü.) 9,2 Millionen Frauen und 6,9 Millionen Männer ein College besuchen würden.[2] Hat sich diese Prognose bestätigt? Ich sah mir die Statistik des National Center for Education für Institutionen an, die einen Hochschulabschluss verleihen, und stellte fest, dass dort im Herbstsemster 2007 insgesamt 7,816 Millionen Männer und 10,432 Millionen Frauen eingeschrieben waren. Im Jahr 2009 waren es 11,658 Millionen Frauen und 8,769 Millionen Männer.[3] Über Männer, die ein postgraduales Studium absolvieren, sagt diese Statistik Folgendes:

»Seit 1988 übersteigt die Zahl der Frauen, die ein postgraduales Studium absolvieren, die der Männer. Zwischen 2000 und 2010 nahm die Zahl der Männer, die in Vollzeit ein solches Studium absolvieren, um 38 Prozent zu, die der Frauen um 62 Prozent. Unter den Teilzeitstudenten stieg die Zahl der Männer um 17 Prozent, die der Frauen um 26 Prozent.«[4]

Bezüglich des prozentualen Anteils von Collegestudenten schreibt Kay Hymowitz, dass »Frauen im Alter zwischen 25 und 34 mit einem Bachelor oder einem höheren Abschluss Männer zahlenmäßig übertreffen. Dieser Trend begann bereits in den 1980er-Jahren und setzt sich weiter fort. Zwischen 1975 und 2006 stieg der Anteil von Frauen mit mindestens einem Collegeabschluss von 18,6 auf 34,2 Prozent. Der Männeranteil hat sich kaum verändert: Er stieg von 26,8 Prozent auf 27,9 Prozent.«[5]

III. DER COLLEGE-STREIK

Heute machen Frauen 58 Prozent der Collegeabsolventen aus; Vorhersagen zufolge wird ihr Anteil in naher Zukunft bei 60 Prozent liegen.[6] In einigen Colleges sind die 60 Prozent schon fast erreicht, so z. B. an der University of North Carolina in Chapel Hill oder an privaten Universitäten wie der NYU. An der University of Vermont in Burlington studieren so viele Frauen, dass diese ihre Collegestadt scherzhaft Girlington nennen.

Die *New York Times* berichtete, dass die Aussichten für Frauen auf solchen Campus ziemlich trostlos seien. Frauen gehen allein aus und feiern allein:

> »Letzte Woche zwängte sich an einem regnerischen Abend in Chapel Hill, N. C., eine große Gruppe von Verbindungsstudentinnen der University of North Carolina nach Mitternacht in die Ecknische einer düsteren Kellerbar. Im Neonlicht spritzten sie mit Bier aus Krügen herum, erzählten sich Witze und schmetterten eine Herzschmerzhymne von Taylor Swift, die aus den Lautsprechern über ihren Köpfen dröhnte. Dem Abend fehlte es an nichts – außer an Männern.«[7]

Wo also sind all die Männer? Hierzu die *New York Times*:

> »Laut einem vor kurzem erschienenen Artikel des American Council on Education sind mindestens seit dem Jahr 2000 rund 57 Prozent der Studenten an amerikanischen Colleges Frauen. Die dortigen Forscher nennen hierfür mehrere Gründe: Frauen haben in der Regel bessere Noten; eine unverhältnismäßig hohe Anzahl von Männern neigt dazu, das College zu schmeißen; und die Zahl der immatrikulierten

Frauen ist höher unter älteren Studenten, Studenten mit einem geringen Einkommen sowie schwarzen und hispanoamerikanischen Studenten.«[8]

Dieser *New-York-Times*-Artikel ist ein typisches Beispiel für Medienberichte zu der Frage, warum weniger Männer als Frauen ein College besuchen. Sie beleuchten kaum, warum das so ist, oder warten mit einem männerfeindlichen, frauenfreundlichen Grund auf, der darauf hinausläuft, dass Männer faul und dumm seien, Frauen hingegen klug und fleißig. Warum bekommen Männer schlechtere Noten? Warum neigt eine unverhältnismäßig hohe Anzahl von ihnen dazu, das College zu schmeißen? Wären die Medien und die Eliten nicht so offensichtlich darüber erfreut, dass Frauen Männer im College hinter sich lassen, hätten sie vielleicht mehr Interesse daran, zu ergründen, warum Männer vom Campus flüchten. Seit Jahren schon schreiben sie sich politische Korrektheit auf ihre Fahne, und die Leidtragenden sind Männer und ihre Ausbildung und in vielerlei Hinsicht die Gesellschaft. Erwarten Sie also nicht, dass die Medien oder die Eliten die Kultur verändern. Das müssen wir selbst tun. Um herauszufinden, wie wir Männer dazu motivieren können, aufs College zu gehen, müssen wir zuerst verstehen, warum sie überhaupt in den Streik getreten sind und was sich ändern muss, um das Collegeumfeld männerfreundlicher zu gestalten.

III. DER COLLEGE-STREIK

Findet ein Krieg gegen Männer und Jungen im Bildungswesen statt?

Wann wird es gerecht zugehen? Wenn Frauen 60 oder 75 Prozent der Collegestudenten ausmachen? Vielleicht dann, wenn gar keine Männer mehr da sind.

Diane Ravitch, Fellow der Brookings Institution und ehemalige stellvertretende Bildungsministerin[9]

Zum College-Streik kam es nicht über Nacht. Er begann vor Jahren, als nach der feministischen Ära der Krieg gegen die Jungen einsetzte. Ursprünglich wurde der Feminismus so präsentiert, als gehe es um Gleichberechtigung der Geschlechter. Jetzt geht es oft um Rache und spezielle Privilegien für Frauen und Mädchen. Christina Hoff Sommers ist Wissenschaftlerin am American Enterprise Institute in Washington, D. C., und hat sich intensiv mit der Misere amerikanischer Jungen beschäftigt. In ihrem Buch *The War Against Boys* erklärt sie detailliert die Bemühungen der Feministinnen und ihrer Speichellecker, das Bildungssystem zugunsten der Mädchen und auf Kosten der Jungen zu verändern. Jungen, deren männliche Eigenschaften und Bedürfnisse in US-amerikanischen Schulen oft verpönt sind, werden dort nun als »unvollkommene Mädchen« betrachtet, die einer Generalüberholung bedürfen.

Laut Sommers glauben »Genderexperten der Harvard University, des Wellesley College und der Tufts University sowie der großen Frauenorganisationen, dass Jungen und Männer in unserer Gesellschaft sexistisch (und potentiell gefährlich) bleiben werden, solange man sie im Sinne des traditionellen Männerbildes sozialisiert. [...] Der Glaube, dass Jungen auf falsche Weise ›vermännlicht‹ werden, regt dazu an, ›die Kindheit von Jungen so zu gestalten‹, dass sie weniger konkurrenzbetont, gefühlsstärker, fürsorglicher – kurz gesagt, mehr wie Mädchen werden.«[10] Jungen sind das im US-amerikanischen Bildungssystem am stärksten gefährdete Geschlecht, doch es ist wenig Hilfe in Sicht. Sommers verweist in ihrem Buch auf zahlreiche Studien, die nachweisen, dass Jungen mehr Probleme in der Schule haben als Mädchen.

So stellt eine Studie der Versicherungsgesellschaft MetLife fest: »Im Gegensatz zu der weitverbreiteten Auffassung, Jungen seien Mädchen gegenüber in der Schule im Vorteil, scheinen Mädchen, was ihre Zukunftspläne, die Erwartungen der Lehrer, die alltäglichen Erfahrungen in der Schule und die Interaktionen im Klassenzimmer angeht, den Jungen gegenüber im Vorteil zu sein.«[11] Jungen engagieren sich weniger in der Schule; weniger Engagement bedeutet weniger Erfolg im Klassenzimmer; tatsächlich ist das Engagement der wichtigste Faktor für schulischen Erfolg.[12] Das Bildungsministerium dokumentierte das mangelnde schulische Engagement der Jungen bereits in den 1980er- und 1990er-Jahren. Jungen kommen eher als Mädchen ohne Unterrichtsmaterial und ohne ihre Hausaufgaben gemacht zu haben zur Schule.[13] Sommers berichtet, dass mehr Mädchen als Jungen ein College besuchen werden, solange es uns nicht gelingt, die Lerngewohnheiten von Jungen zu verbessern und ihr Interesse am Lernen sowie ihre Leistungsmotivation zu verstärken.

Warum engagieren Jungen sich nicht stärker in der Schule? Laut Sommers »werden die heutigen Schulen oft von Frauen geleitet und sind auf Mädchen ausgerichtet. Klassenzimmer können für Jungen feindliche Umgebungen sein. Sie mögen Action, Wettstreit und Abenteuergeschichten. Das stößt auf Ablehnung. Spiele wie Fangen, Völkerball und Tauziehen sind out und männliche Helden durch Girl Power ersetzt worden.«[14] Laut

III. DER COLLEGE-STREIK

Forschungen, die für das Centre for Economic Performance der London School of Economics durchgeführt wurden, erhalten Jungen von Lehrerinnen auch schlechtere Noten.[15] Sie fühlen sich heutzutage nicht mit der Schule verbunden, weil sie sich dort völlig fehl am Platz vorkommen. Sicherlich gibt es auch Mädchen, denen es so ergeht.

Doch wenn Mädchen kein Interesse an der Schule haben, gibt es immer einen Aufschrei, so wie es ihn über Jahre hinweg wegen ihres »Mangels an Selbstbewusstsein« in den Schulen gegeben hat – obwohl das Selbstbewusstsein der Mädchen, ehrlich gesagt, nie höher gewesen zu sein scheint. Und offen gesagt, ist ein *außergewöhnlich hohes* Selbstbewusstsein nicht unbedingt etwas Gutes. Die Psychologieprofessorin Robyn Dawes sagt: »Der falsche Glaube an Selbstwertschätzung als wichtige Kraft, die Gutes bewirkt, kann nicht nur potentiell, sondern tatsächlich schädlich sein.«[16] Das Desinteresse der Jungen an der Schule kann jedoch ein echtes Problem sein. So stellte ich im Rahmen meiner eigenen Studie zu gewalttätigen Teenagern fest, dass das mangelnde Engagement von Jungen und Mädchen in der Schule zu mehr Gewalt führte.[17]

Bei normalen Jungen kann dieses Desinteresse bewirken, dass sie keine Pläne für ihre weitere Bildung haben, die Schule schmeißen oder einfach nicht aufs College gehen. Niemanden kümmert das wirklich, und einige Feministinnen sagen sogar, es sei gut, dass ältere Jungen sowie Männer keine höhere Schuldbildung erhalten, weil sie es auch ohne schaffen. Vielleicht ist das ja bei einigen der Fall, doch viele andere fallen durch das Raster, hocken zu Hause oder bringen es beruflich zu nichts. Laut Sommers ist »eine höhere Schulbildung entscheidend für die wirtschaftlichen Aussichten junger Menschen. Doch Colleges sind inzwischen wesentlich angenehmere

Orte für Frauen als für Männer. Mittlerweile gibt es eine große und wachsende Gruppe junger Männer, die in der neuen Informationswirtschaft keinen Platz für sich finden werden. Gute Arbeitsplätze im Baugewerbe und im Fertigungsbereich gibt es nicht mehr. Das Militär? Viele junge Männer sind hierfür zu übergewichtig oder zu unmotiviert.«[18]

Und obwohl eine fehlende Hochschulbildung nicht eindeutig der *Haupt*grund dafür ist, dass Männer wirtschaftlich an Boden verlieren, hilft es nicht weiter, wenn auf gute Verdienstmöglichkeiten verzichtet wird, indem man nicht zur Schule geht. Mit einem Collegeabschluss verdient man in der Regel mehr als ohne einen. Sehen Sie sich einmal das folgende Schaubild (Abbildung 1) zum mittleren Jahresverdienst von Männern an und achten Sie auf die generell geringer werdenden Einkommen.

Mittleres Jahreseinkommen von Männern

— Mittleres Einkommen von männlichen Vollzeitbeschäftigten
— Mittleres Einkommen aller Männer

Quelle: Stichprobe umfasst Männer im Alter von 25–64. Einkommensdaten stammen aus dem Current Population Survey: 1964–2011, veröffentlicht von IPUMS-CPS. Daten über die institutionalisierte Bevölkerung stammen aus dem US Census 1960, 1970, 1980, 1990 und 2000 und dem American Community Survey 2006–2010, veröffentlicht von IPUMS-USA.

Abbildung 1. Mittlere Einkommen der männlichen Bevölkerung zwischen 25 und 64 Jahren. *Quelle:* The Hamilton Project at the Brookings Institution.[19]

III. DER COLLEGE-STREIK

Dazu die Brookings Institution, die die Einkommen von Männern schon länger beobachtet:

»Das Diagramm zeigt die mittleren Einkommen der männlichen Bevölkerung im Alter von 25–64 zusammen mit der konventionelleren Darstellung, die nur die Männer im Alter von 25–64 berücksichtigt, die in Vollzeit arbeiten.
Diese Analyse verweist darauf, dass die Einkommen nicht stagniert, sondern stark abgenommen haben. Das inflationsbereinigte mittlere Einkommen des amerikanischen Mannes ist in den vier Jahrzehnten seit 1969 um fast $ 13 000 gesunken. Dies bedeutet eine Verringerung um 28 Prozent!«[20]

Dieses stagnierende oder fallende Einkommen der Männer hat vielerlei Gründe; einer davon ist der, dass weniger Männer eine höhere Schulbildung haben. Die Brookings Institution berichtet: »Die Beschäftigung von Männern, die lediglich einen Highschool-Abschluss haben, ist beträchtlich gesunken – von einem Höchststand von 97 Prozent im Jahr 1976 auf nur noch 76 Prozent heute.«[21] Selbst NPR (National Public Radio) bringt Berichte darüber, dass das mangelnde Ausbildungsniveau der Männer ein Grund für sinkende Löhne ist. »Ein großes Problem ist, dass der heutige amerikanische Durchschnittsarbeitnehmer dasselbe Ausbildungsniveau hat wie sein weiblicher Gegenpart im Jahr 1973. Er hat nur einen Highschool-Abschluss – keinen College-Abschluss –, sodass er nicht gut darauf vorbereitet ist, sich um bessere Stellen zu bewerben.«[22]

Statt sich jedoch genau anzusehen, warum Männer weder das Rüstzeug dafür erhalten noch die erforderliche Motivation haben, im College voranzukommen, verkünden sowohl die Medien als auch Experten wie die in der Einleitung erwähnten einfach nur, dass die Jungen selbst schuld an ihrer Misere, einfach unreif und auf dem besten Weg sind, die Kindmänner von morgen zu werden. »Frauen übernehmen die Führung, weil sie das Zeug dazu haben. Sie streben eher danach, aufs College zu gehen, als Männer«, sagt Kay Hymowitz, die Autorin von *Manning Up*.[23] Doch die Frage lautet heute nicht, warum Frauen so gute schulische Leistungen bringen, sondern, warum Männer dies nicht tun? Sie sind diejenigen, die die Schule schmeißen. Was hat sich in den letzten Jahrzehnten so verändert, dass sie die Schule abbrechen oder in den College-Streik treten? Vielleicht sind die Schulen und die Kultur das Problem und nicht unbedingt die Männer.

Sind Colleges feindselige Umgebungen für Männer?

Was erklärt die Flucht der Männer? Lassen Sie mich ein wenig spekulieren und einen Grund anbieten, den man im heutigen Klima politischer Korrektheit nicht beim Namen zu nennen wagt: Universitäten werden zunehmend feminisiert, und viele Männer verabscheuen das dortige feindselige Arbeitsumfeld, um einen Begriff aus dem Vokabular der Antidiskriminierungsbewegung zu verwenden. Mit einem Wort: Männer fühlen sich an den Universitäten von heute zunehmend entmannt.

Robert Weissberg, Professor für Politikwissenschaft[24]

In einem Artikel auf der Website *Minding the Campus* erklärt Weissberg, warum so viele Männer von den Campus des Landes fliehen. Er konzentriert sich in diesem Artikel zwar auf weiße Männer, doch Männer, die Minderheiten angehören, sind dort ebenso selten anzutreffen, wenn nicht gar noch seltener. So schreibt Christina Hoff Sommers:

III. DER COLLEGE-STREIK

»Als der Wirtschaftswissenschaftler Andrew Sum und seine Kollegen vom Center for Labor Market Studies der Northeastern University Geschlechterunterschiede in den öffentlichen Schulen von Boston untersuchten, stellten sie fest, dass beim Absolventenjahrgang 2008 unter Schwarzen auf 100 Männer 188 Frauen kamen, die ein vierjähriges College oder eine Universität besuchten. Unter Hispanoamerikanern kamen auf 100 Männer 233 Frauen. Bei weißen Studenten war der Unterschied kleiner, aber immer noch signifikant: 123 Frauen auf 100 Männer.
Die Fakten sind unstrittig: Junge Frauen aus sozial schwachen Vierteln in Boston, Los Angeles oder Washington, D. C., schlagen sich viel besser als junge Männer aus diesen Vierteln. Es gibt inzwischen Dutzende Studien mit Titeln wie ›The Vanishing Latino Male in Higher Education‹ und ›African-American Males in Education: Endangered or Ignored?‹ Eine neuere Studie des College Board über Männer, die Minderheiten angehören, stellte fest, dass die Hälfte der Afro- und Hispanoamerikaner zwischen 15 und 24, die nach der Highschool ihre Ausbildung nicht fortsetzen, ›am Ende arbeitslos, inhaftiert oder tot sind‹.«[25]

Doch kein Mann, ob er einer Minderheit angehört oder nicht, ist sicher vor Sexismus auf dem Campus. So äußerte sich ein gewisser Marcus zu Weissbergs Artikel auf *Minding the Campus* folgendermaßen: »Als Schwarzer kann ich bezeugen, dass dies auf dem College-Campus tatsächlich geschieht. Weiße Männer sind dem akademischen Sexismus ausgesetzt, doch alle anderen Männer sind noch stärker davon betroffen. Das können Sie mir glauben.«[26] Diese feindselige Umgebung gibt es schon seit Jahren. Viele Professoren sind Onkel Timm-Typen (männliche Verräter), die versuchen, sich bei den Feministinnen in ihrer Mitte in ein gutes Licht zu rücken, und die männlichen Studenten wehren sich nicht, weil sie Angst haben, dass ihre Noten darunter leiden werden. Der Männeraktivist Glenn Sacks erfuhr dies an der University of Florida (UF) Ende der 1990er-Jahre, als eine große Feindseligkeit gegenüber Männern herrschte, am eigenen Leib. Er fasste seine Gedanken in einer Kolumne zusammen, die ein Schlaglicht auf die Frage wirft, die viele Männer sich heute mehr denn je stellen:

> »Ich dachte an die feministischen Lehrkräfte (weibliche und männliche), die ihre Studenten in dem Wissen verspotteten, dass diese sich nicht effektiv wehren konnten. Ich dachte an die ängstlichen männlichen Professoren, die mit ihrer eigenen Karriere so zufrieden waren, dass sie es bereitwillig zuließen, dass 18-jährige Jungen fertiggemacht wurden, statt die Stimme zu erheben und ihre Komfortzone zu verlassen. Und ich stellte mir eine Frage, die Hunderttausende von Collegestudenten sich oft stellen: ›Was tue ich eigentlich hier?‹«[27]

Viele andere Männer haben sich angesichts des derzeitigen männerfeindlichen Klimas diese Frage gestellt. Der 28-jährige »Michael« schrieb mir:

> »Ich war ein ziemlich kluges Kind, zumindest zeigten das die Tests. Ich erreichte immer 99 Prozent beim FCAT, Floridas standardisiertem Leistungstest. In meinem vorletzten Jahr an der Highschool machte ich den PSAT und bekam ein Leistungsstipendium. Ich bekam auch ein Bright Futures Scholarship, was bedeutete, dass ich im Grunde einen Freifahrtschein fürs College hatte. Ich schrieb mich

III. DER COLLEGE-STREIK

an der University of Florida ein, ließ mir die mehr als 60 Semesterwochenstunden, die ich an meinem Community College belegt hatte, anrechnen und setzte mein Studium fort. Wieder war alles kostenlos: Der Unterricht, die Bücher, das Zimmer und die Verpflegung wurden bezahlt, und ich bekam sogar Taschengeld. [...]
Einer meiner Professoren war auf eine Weise von mir fasziniert, wie man dies vielleicht von einem bizarren Tier ist, das man nicht versteht. Eines Tages verkündete er (vor der gesamten Klasse), dass ich sicherlich sozial unangepasst sei, weil ich als Kind von meinen Eltern geschlagen worden wäre. Ein anderes Mal machte ich während eines gemeinsamen Abendessens gegen Ende des Semesters den Fehler, beiläufig zu erwähnen, dass ich vorhabe, mir eine Schusswaffe zu kaufen, wenn ich das College beendet habe und auf eigenen Füßen stehe. Angesichts der großen Augen, die alle am Tisch machten, hätte man denken können, ich hätte gesagt, dass ich regelmäßig Babys essen würde. Unnötig zu erwähnen, dass der Professor dies für einen weiteren Beweis meiner Unangepasstheit hielt.
Ich konnte nicht zu den Lehrveranstaltungen gehen, ohne täglich an mindestens einer Gruppe von griesgrämigen Demonstranten vorbeizukommen. Manchmal an mehr als einer. Sie protestierten gegen Taco Bell, gegen Israel, gegen dies und das, sodass ich das Gefühl hatte, ständig von allen Seiten belagert zu sein – und das, noch bevor ich zum Unterricht kam und meine tägliche Dosis Propaganda erhielt. Schließlich konnte ich es nicht mehr ertragen. Auch wenn ich ein Stipendium hatte, der Preis war einfach zu hoch. Also schmiss ich das College. Auf der Rückfahrt von der UF bemerkte meine Mutter, in deren Jeep ich meine Habseligkeiten verstaut

hatte, sie habe mich seit dem Tag vor über einem Jahr, an dem sie mich zum College gebracht habe, nicht mehr so glücklich gesehen. Diese Erfahrung überzeugte mich davon, dass das College – zwar nützlich für die exakten Wissenschaften, die Präzision und Jahre des Studiums und der Praxis erfordern –, wenn auch nicht direkt ein Schwindel, so doch zumindest ein überschätztes Phänomen war. Ich ging nur aus einem Grund dorthin: weil ich wirklich klug war und weil kluge Leute ein College besuchen. Es war von dem Moment an vorgezeichnet, als ich mich dem ersten standardisierten Test unterzog. Zu meinem Entsetzen fand ich schnell heraus, was für ein intellektueller Sumpf das geisteswissenschaftliche College war. Heute arbeite ich für eine große Telefongesellschaft und verdiene rund 50 000 Dollar pro Jahr. Ich bin gewiss nicht reich – ich gehöre kaum der Mittelschicht an –, doch da ich außer für mich selbst für niemanden sorgen muss, habe ich einen guten Lebensstandard. Mir fehlt es an nichts, ich kann meine Rechnungen problemlos bezahlen, und – vielleicht das Wichtigste für mich – ich bin absolut schuldenfrei. Ich muss mich nicht mein Leben lang mit der Rückzahlung von Studiendarlehen herumschlagen. Ich bin sehr glücklich mit dem, was ich jetzt habe, und ich bereue es überhaupt nicht, die UF verlassen zu haben. Nichts, was sie mir in meinem Studienbereich hätten beibringen können, hätte meine Jobaussichten verbessert oder mein unverkennbares Talent zum Schreiben gefördert.«[28]

Auf meinem Blog fragte ich nach College-Erfahrungen – negativen oder positiven –, und die E-Mail des 25-jährigen »Andy«, der das Wheelock College in Boston besuchte, zeigt, dass auch er das College als feindselige Umgebung empfand:

III. DER COLLEGE-STREIK

»Die Zusammenarbeit mit dem Lehrkörper des Colleges war seltsam. Ich erkannte schnell, dass ich als Mann einer absoluten Minderheit an dieser Schule angehörte. Ich bin ziemlich konservativ und würde mich als Liberalen bezeichnen, wenn der Begriff heutzutage nicht so stark negativ besetzt wäre. Mit dieser Einstellung war ich während der zweiten Amtszeit von Bush an einem in der Mehrzahl von Frauen besuchten Bostoner College, das fast ausschließlich auf Leute ausgerichtet ist, die Lehrer werden wollen, nicht gerade willkommen. Es gab ziemlich viele Kurse zu Frauenfragen und zur Frauengeschichte, ziemlich viele frauenorientierte Freizeitaktivitäten und Clubs, und wenn ich mich richtig erinnere, mussten wir uns an unserem ersten Tag einen Vortrag über das Vermeiden sexueller Gewalt auf dem Campus anhören, bei dem ich mich sehr unbehaglich fühlte.

Ich belegte einen Soziologiekurs, und wir diskutierten regelmäßig über soziale Fragen. In fast jeder Debatte befand ich mich auf der einen Seite und der Rest des Kurses, lauter Frauen, auf der anderen. Bei einer dieser Debatten ging es um das Thema Abtreibung, bei dem ich die Ansicht vertrat, dass ›ich persönlich sie um jeden Preis würde vermeiden wollen, wenn ich eine Beziehung mit einer Frau führen und sich die Frage stellen würde; dass es jedoch nicht meine Entscheidung sei, sondern die der Frau, und ich kein Recht hätte, jemand anderem zu sagen, wie er mit dieser Situation umgehen solle‹. Ich fand diesen Standpunkt fair und nicht anstößig, doch der Rest des Kurses gab mir deutlich zu verstehen, dass ich unrecht habe und ein schrecklicher Mensch sei, weil ich überhaupt eine Meinung zu diesem Thema hatte.

Auf dem Wheelock College herrschte eindeutig die Meinung: Männer = schlecht, sodass ich mich dort zuweilen sehr unwohl fühlte und eine schwere Zeit hatte. Ich verbrachte nur ein Jahr dort, bevor ich dann nach Kalifornien zog und versuchte, im TV-Business Fuß zu fassen (am nächsten kam ich diesem Vorhaben, als ich betrunken eine Synopsis für eine Show schrieb, in der Rob Lowe einen PR-Berater für eine Militärfirma spielte). Ich hatte die Nase einfach voll vom College. Ich habe viele Erinnerungen an meine Zeit am Wheelock. Die meisten haben damit zu tun, dass ich als rechter Fanatiker bezeichnet und aus meinem Schlafsaal geworfen wurde und für eine örtliche Pizzakette gearbeitet habe. Es gibt auch gute Erinnerungen, von denen jedoch nur wenige dem Lehrkörper des Wheelock zu verdanken sind.«[29]

Auch »John« berichtete mir per E-Mail von seinen College-Erfahrungen. Er hatte den Fehler gemacht, zusammen mit seiner Verlobten ein Seminar zu besuchen:

»Meine Verlobte und ich beschlossen, als Wahlfach ein Seminar zu besuchen, das nicht ganz so stressig sein sollte. Dachten wir jedenfalls. Wir belegten – und ich kann kaum fassen, dass ich das zugebe – das Seminar ›Frauen und ethnische Studien‹. Nur nebenbei: Ich bin ein weißer, blonder Mann und sie ist eine weiße, schwarzhaarige Frau.
Das Seminar setzte sich aus 75 Prozent Schwarzen und 97 Prozent Frauen zusammen und war zu 100 Prozent Schwachsinn. Der zweite Weiße im Kurs und ich erfuhren schon früh, dass wir bei allen Diskussionen die Zielscheibe von Feindseligkeiten waren. Ich beteiligte mich an den Diskussionen, argumentierte gegen die Indoktrination und begriff nicht, dass ich mir bei dem Seminarleiter nur mein eigenes Grab schaufelte. [...]

III. DER COLLEGE-STREIK

Ein ständiges Thema war, dass ich, da ich keiner Minderheit angehörte, unmöglich verstehen könne, was sie durchmachten, und mich als Weißer von Natur aus in einer privilegierten Position befände. Ein weiteres Dauerthema war, dass Minderheiten nicht rassistisch sein können. Ich habe in diesem Seminar des öfteren gesagt, ihre Theorien seien lächerlich und beleidigend. [...]
Vor allem eine der Frauen schien meine Ansichten persönlich zu nehmen und begann, mich nicht nur verbal im Unterrichtsraum anzugreifen, sondern mich auch im Internet-Diskussionsforum des Kurses zu stalken. Ich gab ihr und meinem Seminarleiter zu verstehen, dass dies ein inakzeptables Verhalten sei. Der Seminarleiter unternahm nichts, und die Frau, eine Afrikanerin, die über Deutschland in die USA eingewandert war, sah nichts Falsches in ihrem Verhalten.
Ich erklärte der Dekanin der Universität die Situation, nachdem ich monatelang versucht hatte, mit ihr Kontakt aufzunehmen, und musste mir von ihr sagen lassen, dass es nicht ihre Sache sei und sie nichts dagegen unternehmen könne. Als ich versuchte, aus gesundheitlichen Gründen eine Auszeit zu nehmen, bestrafte die Universität mich mit einem ›Aggressionsbewältigungs‹-Kurs, bevor ich das Seminar wieder besuchen durfte, weil eben diese Irre sich beschwert hatte, dass sie sich in meiner Gegenwart unbehaglich fühle.
Unnötig zu sagen, dass ich bereits vorsichtig mit Frauen war, da ich mit dem Fall Tawana Brawley und Storys über sexuelle Belästigung aufgewachsen war und immer auf Nummer Sicher ging. Aber das spielt keine Rolle. Die einzige Möglichkeit, nicht zu verlieren, ist, nichts zu tun. Also bin ich raus.
Ich bin Galt.«[30]

»Jeff« traf folgende interessante Feststellung:

> »Es läuft auf eines hinaus: Männer müssen auf dem Campus ein Doppelleben führen. Um Erfolg zu haben, müssen sie gegen ihre eigenen Überzeugungen handeln. Männer wollen sich messen, gewinnen, auftrumpfen, sich im Erfolg sonnen, ja sogar gegen die Besten ehrenhaft verlieren. Das ist ihnen auf dem Campus nicht erlaubt. Dort werden Gewinner ausgewählt, nicht ermittelt. Mir war klar, dass die Gewinner fast immer Frauen sein würden und gelegentlich Männer, die das Doppelleben führen. Also verließ ich das College.«[31]

Obwohl die meisten der Männer, die mir zum Thema Ausstieg aus dem College schrieben, ihr Leben ohne einen College-Abschluss gut zu meistern schienen, gibt es auch viele, die sich zurückgezogen haben, arbeitslos oder unterbeschäftigt sind und denen es nicht so gut geht. Ein Großteil derer, die das College schmeißen oder im Gefängnis landen, gehört Minderheiten an, die in der Schule ins Hintertreffen gerieten, was zum Teil daran lag, dass sie dem männlichen Geschlecht angehörten und dass die Fertigkeiten, die sie brauchten, vom Schulsystem oder der Kultur nicht für wichtig genug erachtet wurden, um sie zu fördern. Wenn Organisationen wie die American Association of University Women Programme schaffen, um Mädchen zu helfen, die Bedürfnisse von Jungen jedoch als unwichtig abtun, kommt dies dabei heraus. Männer, die das Interesse am College verlieren oder Zweifel haben, ob sie eines besuchen sollen, gehen entweder nicht hin oder stellen fest, dass eine Hochschulbildung nichts für sie ist.

Sind die Erfahrungen dieser vier Männer typisch für Studenten, die auf dem Campus eintreffen? Diese Frage konnte meiner Ansicht nach am besten Christina Hoff Sommers

III. DER COLLEGE-STREIK

beantworten. Ich nahm per E-Mail Kontakt mit ihr auf, und sie war freundlicherweise bereit, sich von mir interviewen zu lassen. Im Folgenden sind einige meiner Fragen sowie ihre Gedanken zum Thema Männer und College aufgeführt:

HELEN SMITH: Heute besuchen sogar noch weniger Männer das College als im Jahr 2000, in dem Sie Ihr Buch schrieben. Warum steigen sie Ihrer Meinung nach aus? Sind sie in den Streik getreten? Steht die sinkende Zahl von Collegestudenten in Zusammenhang mit fehlendem schulischem Engagement in einem früheren Alter? Was halten Sie von der Ansicht, dass Männer einfach zum Militär gehen oder bessere Jobs ohne einen College-Abschluss bekommen können? Klingt das glaubhaft für Sie?

CHRISTINA HOFF SOMMERS: Von dem Augenblick an, in dem ein junger Mann auf dem College-Campus eintrifft, wird er als Mitglied einer verdächtigen Gruppe behandelt. Ein beliebtes Orientierungsprogramm für Studienanfänger heißt »Sie hat Angst vor dir«. Es folgen die »Erobert die Nacht zurück«-Märsche, Aufführungen der *Vagina-Monologe* – anklagende Plakate, mit denen der Campus zugepflastert wird – und viele Vorlesungen, in denen unmissverständlich klargemacht wird, dass Frauen von der Venus und Männer aus der Hölle stammen. Mit Ausnahme von Schreibseminaren für Studienanfänger sind nur wenige Kurse obligatorisch. Wenn der Student nicht gut organisiert ist (und welcher junge Mann ist das schon?), wird er zu spät dran sein für die vernünftigen Kursangebote und in einem Kurs landen, in dem er Chick-Lit[*] wie *Joy Luck*

---

[*] »Mädels-Literatur«, eher anspruchslose Belletristik von Frauen für Frauen. (Anm. d. Verl.)

Club oder *Girl Interrupted* lesen muss. Für viele junge Männer ein Alptraum.

Sind Jungen in den Streik getreten? Das ist eine interessante Frage. Junge Männer jammern nicht über ihre missliche Lage. Sie organisieren keine Workshops oder Selbsthilfegruppen. (Gott sei Dank.) Jungen im Teenageralter sind die einzige Gruppe von Amerikanern, die nicht gern Gesprächskreise bilden und über ihre Sorgen und Ängste reden. Was werden sie also tun? Ich schätze, dass sehr viele von ihnen sich einfach nicht mehr bemühen und sich zurückziehen werden. Es wäre kein organisierter Streik – es würde einfach geschehen. Es ist bereits soweit.

H.S.: Können Sie Title IX* erklären und warum es wichtig sein könnte, dieses Gesetz im Zusammenhang mit dem Desinteresse der Männer am College zu verstehen? Glauben Sie, dass fehlende Sportangebote, vor allem fehlender Mannschaftssport, dafür verantwortlich sind, dass Männer dem College fernbleiben?

C.H.S.: Colleges und Universitäten mit starkem Männermangel suchen nach männerfreundlichen Innovationen, um für die Jungs wieder attraktiv zu sein. Eine todsichere Methode ist die, eine Footballmannschaft ins Leben zu rufen. Mehrere Colleges tun genau das – z. B. Utica in New York, Seton Hill in Pennsylvania und Shenandoah in Virginia. So sagte Shenandoahs sportlicher Leiter der *New York Times* 2006 in einem Interview: »Sie würden Schwierigkeiten haben, [...]

---

* Gesetz von 1972, das jede Diskriminierung aufgrund des Geschlechts sowie sexuelle Gewalt und Belästigung an Hochschulen und Schulen verbietet. Seine Umsetzung führt immer wieder zu grotesken Überspitzungen. (Anm. d. Verl.)

III. DER COLLEGE-STREIK

fünf Marketingexperten zu finden, die Ihnen 100 neue, zahlende Studenten in einem Jahr garantieren könnten. Engagieren Sie hingegen fünf Footballcoaches, dann klappt es. Die können Ihnen sogar 200 Studenten bringen, wenn Sie möchten.« Doch hierin liegt das Dilemma: Wenn Sie eine Footballmannschaft ins Leben rufen, um junge Männer anzuwerben, läuft Ihr College Gefahr, einen Title-IX-Prozess am Hals zu haben. So wie das Gesetz derzeit interpretiert wird, dürfen Schulen mit relativ wenigen Studenten nur vergleichsweise wenige Männermannschaften haben. Doch Männer sind im allgemeinen wesentlich interessierter an Sport als Frauen. Title IX hindert Colleges daran, eine der effektivsten Marketingtechniken einzusetzen, um männliche Bewerber anzulocken.

H.S.: Halten Gesetze gegen sexuelle Belästigung und negative männliche Stereotype Männer davon ab, sich im College wohlzufühlen? Glauben Sie, dass Männer sich angesichts von Aktivitäten wie »Erobert die Nacht zurück« unwohl fühlen oder sich wie Raubtiere vorkommen?

C.H.S.: Die »Erobert-die-Nacht-zurück-Märsche« und die »Fact Sheets«, wonach eine große Anzahl von Collegestudentinnen von den Männern auf ihrem Campus geschlagen oder vergewaltigt werden, sind Teil einer ideologisch motivierten Kampagne. Es ist sinnvoll, Studenten vor Alkoholexzessen zu warnen und jungen Männern beizubringen, dass sie sich wie Gentlemen verhalten müssen – doch was derzeit auf dem Campus abläuft, ist etwas völlig anderes. Dort werden nun alle Männer der Erbsünde beschuldigt. Infolge des Drucks von Frauengruppen hat das Bildungsministerium die Vorschriften geändert. Es ist nun leichter für Colleges, junge Männer der Vergewaltigung während einer Verabredung für schuldig zu befinden – das trifft auch viele Unschuldige.

H.S.: Glauben Sie, dass wir an einigen Colleges Männerzentren brauchen?

C.H.S.: Ich stehe Männerzentren skeptisch gegenüber. Falls die Geschichte ein Indiz für die Zukunft ist, würden sie von Gender-Aktivisten geleitet, die Männer von ihrer Männlichkeit »befreien« wollen. Nur wenige Männer sind an dieser Art von Hilfe interessiert.

H.S.: Was haben Sie in den letzten zehn Jahren seit *The War Against Boys* gelernt? Hat sich, was den Krieg gegen Jungen und Männer angeht, vieles verbessert oder verschlechtert?

C.H.S.: Ursprünglich dachte ich, dass unsere Schulen versuchen würden, den Unterricht mehr auf Jungen auszurichten, sobald die Pädagogen, die Gesetzgeber und die Eltern erkannt hätten, dass Jungen in puncto Bildung in Schwierigkeiten stecken. Das ist nicht passiert.
Das Problem sieht kurz gesagt folgendermaßen aus: Da Frauen historisch gesehen das »andere Geschlecht« sind und diskriminiert wurden, gibt es nun ein kompliziertes und mächtiges Netzwerk privater und bundesstaatlicher Agenturen, die die Interessen von Frauen schützen und fördern. Jungen haben keine Lobby, die sie schützt. Schlimmer noch: Die Lobby der Frauen (vor allem Hardliner wie die American Association of University Women – AAUW) bekämpft alle Bemühungen, Jungen zu unterstützen.

Frauengruppen verfolgen eine Doppelmoral: Wenn Frauen hinter Männern zurückbleiben, ist dies eine Ungerechtigkeit, gegen die man sich vehement wehren muss. Doch wenn Männer hinter Frauen zurückbleiben, ist dies ein Triumph der Gerechtigkeit, der gefeiert werden muss.

Diese Doppelmoral erstreckt sich auch auf das Sexualleben der Collegestudenten. Frauen werden, ohne dass es irgendwelche Folgen hat, dazu ermutigt, ihre Sexualität zu erforschen, Männer hingegen für ihr sexuelles Handeln verantwortlich gemacht, oft ohne faires Gerichtsverfahren. Junge Männer denken, dass sie auf dem College junge Frauen kennenlernen und Spaß haben werden, doch manche von ihnen haben keinerlei Vorstellung davon, was sie in einigen dieser Einrichtungen erwartet.

Die Kontrolle des Sexuallebens von Collegestudenten

Die Folgen für einen zu Unrecht verurteilten Studenten sind verheerend: Er wird wahrscheinlich nicht nur vom College verwiesen werden, es wird ihm auch verwehrt bleiben, eine Graduierten- oder Fachschule zu besuchen und in bestimmten Behörden zu arbeiten. Sein Ruf wird auf nicht wiedergutzumachende Weise geschädigt werden, und er wird weiterhin einer strafrechtlichen Verfolgung ausgesetzt sein.

Peter Berkowitz im *Wall Street Journal*
zur Beschneidung des Rechts von Collegestudenten auf ein
faires Gerichtsverfahren durch die Obama-Regierung[32]

Männer sind heute auf dem Campus so vielen Schikanen und Strategien hinsichtlich ihrer Sexualität ausgesetzt, dass sie sich scheuen, viel mit den Scharen an Frauen zu tun zu haben, von denen sie auf dem durchschnittlichen Campus umgeben sind. Frauen mögen sich darüber beklagen, dass ihnen keine Männer zur Verfügung stehen, doch abgesehen davon, dass es einen Männermangel gibt, zögern Collegestudenten auch oft, sich auf ihre Kommilitoninnen einzulassen, weil man ihnen die Rechte verwehrt, die sogar einem gewöhnlichen Kriminellen von einem ordentlichen Gericht gewährt werden. So gab es 2006 den berüchtigten Fall an der Duke University, wo drei junge Männer der Lacrosse-Mannschaft von einer Stripperin namens Crystal Mangum und anschließend von den Professoren der Universität und einem Großteil der Gemeinschaft zu Unrecht der Vergewaltigung beschuldigt wurden.[33]

Es schien, dass die einfache Tatsache, dass sie Männer waren, ausreichte, um diese Studenten zu verurteilen, noch bevor es einen Prozess gab oder eindeutige Beweise erbracht worden waren. Ich hörte damals sogar eine Kollegin sagen: »Alle Männer, die mit Sport zu tun haben, sind schuldig.« Nur weil sie Männer sind, gilt für sie in den heutigen Bastionen akademischer Freiheit die Schuldvermutung. Doch neben den diskriminierenden Praktiken im oben beschriebenen Fall gibt es viele andere Praktiken, die für Männer einen Collegebesuch zu einem ihrer Gesundheit und Freiheit abträglichen Unterfangen machen, selbst wenn sie keiner Sportmannschaft angehören.

Man sollte meinen, die Colleges hätten seit dem Fall an der Duke University ihre Lektion gelernt und erkannt, dass es ein Fehler ist, junge Männer ohne Beweise zu verurteilen. Doch weit gefehlt! Es scheint im Gegenteil alles nur noch schlimmer geworden zu sein. Viele Colleges – und nun auch die Obama-Regierung – haben es auf ganzer Linie weiterhin auf Männer und ihre Sexualität abgesehen – egal, ob schuldig oder nicht schuldig. So schreibt das *Wall Street Journal*:

»Unsere Universitäten beeinträchtigen eine liberale Erziehung nicht nur durch das, was in den Seminarräumen gelehrt oder nicht gelehrt wird, sondern auch durch die engstirnigen Vorschriften zur Wortwahl und zum Verhalten außerhalb der Lehrveranstaltungen.

Die Obama-Regierung hat das Problem verschlimmert. Am 4. April [2011] versandte Russlynn Ali, die Assistant Secretary for Civil Rights und Leiterin des Office for Civil Rights (OCR)* des Bildungsministeriums, einen 19-seitigen Rundbrief, um ›die Empfänger mit Informationen zu versorgen, die ihnen helfen sollen, ihren Verpflichtungen nachzukommen‹.

So sind Colleges und Universitäten, wollen sie die Unterstützung aus Bundesmitteln nicht verlieren – von denen alle großen höheren Bildungseinrichtungen abhängig sind –, gemäß Title IX des Civil Rights Act (der Diskriminierung aufgrund des Geschlechts verbietet) verpflichtet, alle Anschuldigungen sexueller Belästigung und sexueller Gewalt auf dem Campus, einschließlich des Verbrechens der Vergewaltigung, gründlichst zu untersuchen. Sie sind laut Ms. Ali auch dazu verpflichtet, die Rechte des Beschuldigten auf ein faires Gerichtsverfahren einzuschränken.

Gemäß der neuen Interpretation von Title IX durch das OCR wird Universitäten ›dringend davon abgeraten‹, es dem Beschuldigten zu erlauben, während der Anhörung ›die Klägerin zu befragen oder ins Kreuzverhör zu nehmen‹. Falls die Universitäten dann auch noch einen Einspruch zulassen, muss dies für beide Parteien möglich sein – sodass der Beschuldigte einer doppelten Strafverfolgung ausgesetzt ist.«[34]

---

* Bundesbehörde zur Einhaltung der Bürgerrechte. (Anm. d. Verl.)

In einem Artikel des *Chronicle of Higher Education* schreibt Sommers:

»Dekane an Universitäten wie Yale, Stanford, Brandeis sowie Georgia und Oklahoma haben bereits mit Nachdruck begonnen, ihre Disziplinarverfahren zu ändern, um der Anordnung des Bildungsministeriums Genüge zu leisten. Auf jedem Campus des Landes müssen wir nun wahrscheinlich mit der Bildung von akademischen Ausschüssen rechnen – ausgestattet mit vagen Definitionen von sexueller Gewalt, niedrigen Beweisanforderungen und der offiziellen Billigung der Vorstellung, dass Sex unter Alkoholeinfluss ipso facto Körperverletzung oder Vergewaltigung ist –, die über das Schicksal von Studenten entscheiden, die eines schweren Verbrechens beschuldigt werden.
Die neuen Vorschriften sollten als das gesehen werden, was sie sind. Sie sind keine vorurteilsfreien neuen Verfahren, um Studenten vor Verbrechen zu schützen. Sie rufen, gerechtfertigt durch einen imaginären Notfall, zum Krieg gegen Männer auf und sind ein Verrat am Title-IX-Gleichstellungsgesetz.«[35]

Viele dieser Vorschriften sind angeblich nötig, weil die Vergewaltigungen an den Colleges der Nation »zunehmen«. Diese Zunahme ist jedoch größtenteils auf die Art der Kategorisierung von Vergewaltigung und sexueller Gewalt zurückzuführen.

»Die von Ali zitierte Studie basierte auf einer vom Justizministerium finanzierten Online-Umfrage, in der Collegestudentinnen nach ihren sexuellen Erfahrungen auf dem Campus und außerhalb davon befragt wurden, wobei die

III. DER COLLEGE-STREIK

Forscher – und nicht die Frauen selbst – entschieden, ob die Studentinnen angegriffen worden waren oder nicht. Die Forscher verwendeten eine weite Definition sexueller Gewalt, die ›erzwungenes Küssen‹ und sogar ›versuchtes‹ erzwungenes Küssen mit einschloss. Die Probandinnen wurden auch gefragt, ob sie sexuellen Kontakt mit jemandem gehabt hätten, als sie betrunken gewesen seien und deshalb diesem Kontakt nicht hätten zustimmen können. Eine ›Ja‹-Antwort wurde automatisch als Vergewaltigung oder Körperverletzung gezählt. Nach Aussage der Autoren ›kann eine betrunkene Person nach dem Gesetz einem sexuellen Kontakt nicht zustimmen‹.«[36]

Können also nur Männer in betrunkenem Zustand in Sex einwilligen? Wenn ein Mann betrunken Sex hat, trägt er dafür die Verantwortung, eine Frau hingegen nicht? Ist das nicht sexistisch gegenüber Frauen? Wie Sie sehen, gelten Frauen jedoch immer als schwach und verletzlich, wenn es darum geht, in Sex einzuwilligen, und Männer immer als Täter – selbst wenn sie erst fünfzehn Jahre alt sind wie der Junge im vorangegangenen Kapitel, der auf Anordnung der Gerichte für das Kind einer 34-Jährigen Unterhalt zahlen musste. In puncto Sex sind Jungen im Teenageralter offensichtlich sehr weit für ihr Alter, während erwachsene Frauen vor allen sexuellen Entscheidungen geschützt werden müssen, sobald ein Mann oder Junge dabei mit im Spiel ist.

Letztlich läuft all dies jedoch auf die Kontrolle der Sexualität und Freiheit von Männern hinaus. Das scharfe Vorgehen von Frauengruppen und der Regierung gegen Studentenverbindungen, Sportmannschaften und ganz normale Collegestudenten hat zur Folge, dass Männer auf der Hut sind und Angst davor haben, einer Vergewaltigung oder sexueller Gewalt beschuldigt zu werden. Schließlich wollen diese Organisationen nicht, dass Männer allzu viel Spaß haben, und falls sie ihn doch haben, bekommen sie kein faires Gerichtsverfahren und gelten trotz fehlender Beweise als schuldig. Es geht auch um Rache an Männern für die Diskriminierung, die Frauen früher erlitten haben. Und es ist für diese Gruppen sogar in Ordnung, wenn unschuldige Männer den Preis bezahlen.

Ein Blogger namens Futurist schrieb: »Misandrie (Männerhass) ist der neue Jim Crow*.«[37] In Anbetracht einiger der Vorschriften der Regierung und der Colleges, die männliche Sexualität betreffend, scheinen wir uns in milderer Form in diese Richtung zu bewegen. Selbstverständlich sollten Männer zur Verantwortung gezogen werden, wenn sie eine Frau *tatsächlich* vergewaltigen oder sexuell missbrauchen, doch davon auszugehen, dass Männer allein aufgrund ihres Mannseins schuldig sind, und so voreilig Schuldvermutungen anzustellen, ist unamerikanisch und widerspricht dem Grundsatz, dass Justitia blind ist. Der neue Slogan scheint zu lauten: »Justitia ist blind – es sei denn, der Beschuldigte ist ein Mann oder Junge.«

Colleges sind heutzutage privilegierte Mädchenpensionate. Nur dass dort keine Umgangsformen vermittelt werden, sondern Frauen beigebracht wird, dass der Mann der Feind ist. So wird er auch auf dem Campus behandelt, es sei denn, er duckt sich oder gibt sich politisch korrekt. Viele Männer haben einfach entschieden, dass sie nicht ins College gehören, und streiken, bewusst oder unbewusst. Welche Auswirkungen wird dies in den kommenden Jahrzehnten auf ihre Löhne und

---

* »Jim, die Krähe«, Symbolfigur für die Geschichte der Rassendiskriminierung in den USA. Die zwischen 1876 und 1964 dazu erlassenen Gesetze werden auch als Jim-Crow-Gesetze bezeichnet, der gesamte Zeitraum als Jim-Crow-Periode. (Anm. d. Verl.)

ihren Lebensstil haben? Wie wird sich die Gesellschaft verändern, wenn immer mehr Männer ihr Studium abbrechen oder gar nicht erst aufs College gehen? Wird man Männer noch stärker als Menschen zweiter Klasse behandeln und zu denjenigen machen, vor denen Frauen und die Gesellschaft Angst haben, sodass sie schließlich zögern, uneingeschränkt am öffentlichen Leben teilzuhaben? Geschieht dies bereits? Das nächste Kapitel beschäftigt sich mit diesen Fragen.

IV.
WARUM BLEIBT DAD IM KELLER?

Perverse, Raubtiere und Spinner, o mein Gott!

Tief verwurzelt in meinem Unbewussten saß die Vorstellung, dass alle Männer potentielle Raubtiere seien. Dass es etwas grundsätzlich Unheimliches habe, als Mann geboren zu werden. Mein Verstand akzeptiert das nicht. Alle Männer als potentielle Raubtiere zu beschreiben führt dazu, dass sie nicht gerne Männer sind und Frauen ihnen misstrauen. Es ist ein unfairer Gedanke, der schlechtes Verhalten verstärkt. Ich weiß, dass ich mich nicht wohl in meiner Haut fühlen würde, wenn die Hälfte der Bevölkerung mich ständig schräg von der Seite ansähe. Doch solange ich eine Therapeutin hatte und eine Lehrerin, die mich bei der Yogaübung »der Krieger« korrigierte, war es leicht, nicht allzu viel darüber nachzudenken.

Rachel Rabbit White im Blog *The Frisky* über ihre Angst vor Männern[1]

Leider haben viele Frauen wie White Angst vor Männern. Diese Angst und sogar ein unverhohlener Hass haben im öffentlichen Bewusstsein Fuß gefasst, und Männer werden von der Gesellschaft oft als Perverse, mögliche Raubtiere oder bestenfalls als schusselige, spinnerte Dads gesehen, die man in den Keller verbannt, wo sie nicht allzu viele Probleme machen können. Wie ist es dazu gekommen? Warum haben Männer dies zugelassen? Das sind gute Fragen, die ich im Laufe dieses Kapitels zu beantworten versuchen werde.

Laut Kathleen Parker, der Autorin von *Save the Males*, »sind Historiker sich des genauen Datums nicht sicher, doch irgendwann um 1970 trank jeder in den Vereinigten Staaten säurehaltiges Kool-Aid, batikte sein Gehirn und entschied, dass Väter nicht länger nötig seien.«[2] Viele westliche Gesellschaften haben darüber hinaus auch noch verfügt, dass die meisten

Männer Perverse, Raubtiere oder Spinner sind, die sowohl im öffentlichen als auch im privaten Bereich überwacht werden sollten. Es ist so sehr üblich geworden, Männer als Raubtiere zu betrachten, dass sie nicht einmal mehr in einem Flugzeug sitzen können, ohne potentiell als Perverse bezeichnet zu werden:

»Ein Geschäftsmann verklagt British Airways wegen einer Verordnung, die es männlichen Passagieren verbietet, neben Kindern zu sitzen, die sie nicht kennen – selbst wenn sich die Eltern des Kindes im selben Flugzeug befinden.
Mirko Fischer hat die Fluggesellschaft beschuldigt, alle Männer als potentielle Sexualverbrecher abzustempeln, und macht geltend, unschuldige Reisende würden öffentlich gedemütigt.
Gemäß dieser Verordnung geht das Bordpersonal von BA vor dem Start durch die Gänge und kontrolliert, ob neben Kindern, die allein reisen oder nicht in derselben Reihe wie ihre Eltern untergebracht sind, Fremde sitzen.
Wenn es einen Mann neben einem Kind oder Teenager findet, bittet es ihn, sich zu einem anderen Sitz zu begeben. Das Flugzeug startet erst, wenn der Passagier dieser Bitte Folge geleistet hat. [...]
Mr. Fischer, der mit seiner Frau und seiner Tochter Sophia in Luxemburg lebt, sagte: ›Dieses Vorgehen brandmarkt alle Männer grundlos als Perverse. Die Verfahrensweise und die Behandlung männlicher Passagiere sind absolut empörend.‹
›Ein Flugzeug ist ein öffentlicher Ort – das Bordpersonal geht regelmäßig durch die Gänge und die Passagiere sitzen sehr dicht beieinander. Das Risiko eines Missbrauchs ist praktisch gleich null.‹«[3]

IV. WARUM BLEIBT DAD IM KELLER?

Gut, dass Fischer British Airways verklagt und deutlich gemacht hat, dass er und seine Geschlechtsgenossen von der Fluggesellschaft wie ein Haufen Perverser behandelt wurden, doch so weit hätte es gar nicht erst kommen dürfen. Und sicherlich ist er nicht der Erste, dem dies passiert ist. Was ist mit den anderen? Haben sie einfach brav ihren Platz geräumt und mit einem Sitz hinten im Flugzeug vorliebgenommen? Vielleicht denken Sie, dies sei keine so große Sache. Wer will schon neben einem Kind sitzen? Doch der Gedanke, dass Unternehmen und die Öffentlichkeit Männer so leicht diskriminieren können, ist, gelinde gesagt, beunruhigend.

In unserer Kultur gibt es unzählige von diesen negativen Stereotypen, und die Menschen werfen sorglos damit um sich, ähnlich wie White in dem Zitat zu Beginn dieses Kapitels. White mag glauben, dass ihre Gedanken über Männer in ihrem Unterbewusstsein bleiben, aber dieses Misstrauen tritt auf eine Weise zutage, die die Kultur durchdringt und das Verhalten der Männer beeinflusst. Wenn wir Angst vor Frauen haben oder uns über sie ärgern, schlucken wir es. Männer hingegen sind Freiwild, und für sie steht damit viel auf dem Spiel: Ein falscher Schritt, und ein Mann findet sich möglicherweise im Gefängnis wieder oder landet in einem Register für Sexualstraftaten.

Die Gesellschaft bezahlt jedoch einen hohen Preis für dieses Männerbild. Da Männer sich aus Angst vor möglichen Folgen in vielen Bereichen des öffentlichen Lebens und der Arbeit, vor allem Bereichen, die mit Kindern zu tun haben, nicht länger engagieren wollen, haben Kinder immer weniger männliche Vorbilder und können Schaden nehmen, schlimmstenfalls sogar sterben. »Eine von NCH, einer Wohltätigkeitsorganisation für Kinder, und der Freiwilligengruppe Chance UK durchgeführte Umfrage förderte den Grund dafür zutage, warum so viele

Wohltätigkeitsorganisationen Schwierigkeiten haben, Männer für die Arbeit mit Kindern zu gewinnen. Wie sich herausstellt, haben viele Männer Angst davor, als pädophil abgestempelt zu werden.«[4]

Die zweijährige Abigail Rae ertrank in einem Dorfteich in England. Ihr Tod löste eine Debatte aus, weil »bei der gerichtlichen Untersuchung eine brisante Tatsache aufgedeckt wurde. Ein Mann, der am Unfallort vorbeikam, hatte Angst, das Mädchen ans Ufer und in Sicherheit zu bringen, weil er befürchtete, als ›Perverser‹ gebrandmarkt zu werden.«[5]

Das Verhalten des Mannes namens Clive Peachey wurde Gegenstand einer lebhaften Diskussion. Auch wenn es schrecklich ist – kann man ihm wirklich einen Vorwurf daraus machen, dass er weitergegangen ist? Einige taten dies, vor allem Frauen, doch sie sollten versuchen, sich in seine Lage zu versetzen. Vielleicht würden sie, was Interaktionen mit Minderjährigen angeht, ebenfalls in den Streik treten. So sagte die Autorin Wendy McElroy zu diesem Fall: »Kindesmisshandlung muss thematisiert werden, doch es ist völlig aberwitzig, jene zu bestrafen, die Kindern helfen. Unsere Gesellschaft bringt Männer wie Clive Peachey hervor – anständige Männer, die wegschauen, wenn Kinder in Not sind. Abby Rae starb nicht nur durch Ertrinken, sondern auch aufgrund einer falschen Politik.«[6]

Diese im Fokus der Öffentlichkeit stehenden Fälle veranlassen andere Männer, Kindern, die nicht ihre eigenen sind, aus dem Weg zu gehen, weil sie Angst haben, irgendwelcher Dinge beschuldigt zu werden. Doch zuweilen kommt es vor, dass ein Mann einfach nur in seinem Auto sitzt und sich um seine eigenen Angelegenheiten kümmert und es doch mit einer Minderjährigen zu tun bekommt, obwohl er das gar nicht wollte. Wendy McElroy erklärt:

IV. WARUM BLEIBT DAD IM KELLER? 125

»Letzten Sommer verlor ein Mann aus Illinois, der als Sexualstraftäter verurteilt wurde, weil er ein 14-jähriges Mädchen am Arm gepackt hatte, ein Berufungsverfahren. Das Mädchen war direkt vor seinen Wagen gelaufen, sodass er seitlich hatte ausscheren müssen, um sie nicht anzufahren. Der 28-jährige Fitzroy Barnaby war daraufhin aus seinem Wagen gesprungen, hatte das Mädchen am Arm gepackt und es darüber belehrt, wie es solche Gefahrensituationen künftig vermeiden könne. Das war alles. Dennoch wurde er »der widerrechtlichen Freiheitsberaubung einer Minderjährigen« für schuldig befunden, was in Illinois als Sexualstraftat gilt. Sowohl die Geschworenen als auch der Richter glaubten ihm. Trotzdem musste Barnaby sich jahrelang durch die gerichtlichen Instanzen kämpfen, mit dem Ergebnis, dass sein Name in einem Register für Sexualstraftaten landete, wo sein Foto und seine Adresse öffentlich einsehbar sind. Er muss sich regelmäßig bei den Behörden melden. Seine beruflichen Möglichkeiten sind stark eingeschränkt, und er darf nicht in der Nähe von Schulen oder Parks wohnen.«[7]

Als Teenager fuhr ich einmal in Kalifornien auf dem Bürgersteig einer verkehrsreichen Straße mit dem Rad und fiel vor ein Auto. Der Wagen hätte mich beinahe erfasst, und der Fahrer war sehr aufgebracht. Er tat dasselbe wie Barnaby; er packte mich am Arm und schrie mich an, ich solle vorsichtiger sein. Er war sichtlich erschrocken und vermutlich einfach aufgebracht, dass ich ihn in eine Situation gebracht hatte, in der er mich hätte zu Tode bringen können. Ich war dankbar für die Warnung und fuhr auf derart verkehrsreichen

Straßen nicht wieder mit dem Rad. Der Mann tat mir einen Gefallen. Jetzt wird einer wie er vor Gericht gezerrt und als Sexualstraftäter angeklagt. Das ist mehr als erbärmlich; es sollte strafbar sein.

Wenn Männer von Fällen wie diesen hören, reagieren sie verständlicherweise mit Angst und Rückzug. Hier haben wir es nicht mit einem Streik *per se* zu tun, sondern eher mit einem zögernden Sichzurückziehen. Auf einer Parent Dish genannten Site für Eltern berichteten Männer von ihrer Verletzlichkeit beim Umgang mit Kindern.[8]

Iggy schreibt:
»Ich als Mann habe Angst, mit kleinen Kindern zusammen zu sein. Ich werde demnächst Vater, habe bis jetzt aber keine Kinder gehabt und werde dieses Jahr 31. Vor kurzem lud die Stiefmutter meiner Frau die Familie zu einem Fest ein, und ich war SCHOCKIERT, als eins der kleinen Mädchen, das sich den ganzen Tag an mich gehängt hatte, zu mir kam und erklärte: ›Meine Mom hat gesagt, dass ich nicht mehr mit dir spielen darf, weil sie nicht weiß, was du mir antun wirst.‹ Das hat mich tief getroffen, weil ich Kinder liebe und auch sie mich einfach gern haben. Ich bin Mitglied der Freiwilligen Feuerwehr und immer der Erste, der sich meldet, wenn es darum geht, Kinder in Sicherheitsfragen zu unterweisen. Dieser eine Vorfall war ein gewaltiger Rückschlag....«[9]

NV berichtet:
»Früher war ich zusammen mit meiner Verlobten (jetzt Frau) Trainer für Mädchenfußball. Ich hörte auf, weil eines der Mädchen (die alle acht Jahre alt waren) sagte:

›Ich muss nicht auf dich hören. Ich kann dich in Schwierigkeiten bringen, indem ich den Leuten einfach erzähle, dass du mich angefasst hast.‹

Jetzt, wo ich Vater eines Sohnes bin, weiß ich nicht, wie ich mich beteiligen soll, wenn er Sport treiben oder anderen Aktivitäten nachgehen will.

Man hat mich bereits in dem Jahr, in dem ich Hausmann und Vater war und ihn die ganze Zeit mit mir herumkarrte, auf dem Spielplatz schräg angesehen.«[10]

Es verwundert nicht, dass Kinder und ihre Eltern Männer für gefährlich halten – obwohl die Erwachsenen es besser wissen sollten. Männer werden von den Medien als Schurken dargestellt, die Kinder entführen, als Pädophile oder Perverse. Frauengruppen regen sich gewaltig darüber auf, dass Frauen, wie die Medien suggerieren, schön sein oder an Schönheit interessiert sein müssen, doch es ist viel schlimmer, als verdächtiger Perverser gesehen zu werden, der gelyncht oder von der Gesellschaft weggesperrt werden sollte.

Dieses Männerbild macht die Menschen argwöhnisch gegenüber dem Durchschnittsmann, der ständig befürchten muss, im Gefängnis zu landen, wenn er einen falschen Schritt macht und beispielsweise einem Kind hilft. Frauen, denen eingeimpft wird, möglichst viele Schönheitsprodukte zu verwenden, verlieren der Eitelkeit wegen vielleicht ein paar Dollar. Doch raten Sie mal, welches Geschlecht Fürsprecher hat, die gegen das Bild wettern, das die Medien von ihm zeichnen? Schülerinnen werden Dokumentarfilme wie *Miss Representation* gezeigt, um sie darüber aufzuklären, wie negativ Mädchen in den Medien dargestellt werden und wie sie mit negativen Stereotypen umgehen können. Für Jungen gibt es ein solches Angebot nicht.

Und wenn doch, dann nur, um ihnen zu sagen, dass sie Sexisten sind, und ihnen einzuhämmern, wie sie sich ändern können, um Mädchen und Frauen zu gefallen.

Ein Leser berichtete mir per E-Mail von den Erfahrungen mit der Schule seiner Tochter. Bobby, dem Vater einer Highschool-Schülerin, wurde in einem Brief von der Schuldirektorin mitgeteilt, dass »die Schülerschaft und der Lehrkörper sich gemeinsam Jennifer Siebel Newsoms Dokumentarfilm *Miss Representation* ansehen werden«. Bobby informierte sich über den Film und fürchtete, dass seine Tochter von der Schule einer Gehirnwäsche unterzogen und sich wie ein Opfer fühlen würde, da der Film Mädchen vermittelte, sie seien weniger wert und machtlos, während Jungen die Welt zu Füßen liege. Es ist kein Wunder, dass Mädchen durch die Propaganda, der sie in unseren Schulen und unserer Kultur ausgesetzt sind, wütend gemacht werden.

Die Schule schickte den Eltern Links, damit sie sich einen Eindruck von dem Film verschaffen konnten, und pries die Filmvorführung als Chance für die Mädchen der Klasse an, ein stärkeres Selbstwertgefühl zu entwickeln. Ich sah mir über einen der Links ein Video an, in dem die Filmemacherin – die Ehefrau von Gavin Newsom, dem Vizegouverneur von Kalifornien – beschrieb, wie unsere Kultur kleine Mädchen abwerte und Jungen erkläre, die Welt liege ihnen zu Füßen. Sie war verärgert, weil ihr Sohn zur Geburt kleine Shirts und Lätzchen mit dem Aufdruck »Future President« erhalten hatte, ihre Tochter hingegen nicht.[11] Mit Tränen in den Augen kam Newsom dann zu dem Schluss, dass Jungen das große Los gezogen hätten, während Mädchen dank der Gesellschaft und der Medien leer ausgingen. Der Film wird folgendermaßen beschrieben:

IV. WARUM BLEIBT DAD IM KELLER?

»Der Film *Miss Representation* zeigt, wie der amerikanischen Jugend die Vorstellung verkauft wird, dass der Wert von Frauen und Mädchen in ihrer Jugend, Schönheit und Sexualität liegt. Es ist an der Zeit, diesen Teufelskreis von Unwahrheiten zu durchbrechen.
Als Antwort darauf haben wir MissRepresentation.org ins Leben gerufen, eine Kampagne, die Frauen und Mädchen dazu befähigen soll, von den Medien verbreitete Stereotype kritisch zu hinterfragen, um ihr Potential ausschöpfen zu können.
Wir vereinen Individuen um ein gemeinsames, sinnvolles Ziel und setzen Millionen kleiner Aktionen in Gang, die schließlich zu einer generationsübergreifenden Bewegung führen, um Geschlechterstereotype auszumerzen und einen dauerhaften kulturellen und soziologischen Wandel hervorzurufen.«[12]

Es ist schön, dass diese Frau einen solchen Film gemacht hat, doch ich habe folgende Bedenken:

»Schulen setzen *Miss Representation* auf den Lehrplan, um Jugendlichen Medienkompetenz zu vermitteln und sie zum Wandel zu inspirieren. Gemeinden organisieren Vorführungen und Diskussionen, um die in unserer Kultur herrschenden Geschlechterbilder zu verändern und dem Sexismus ein Ende zu setzen.«[13]

Warum treiben Schulen eine derartige Propaganda im Klassenzimmer, ohne zu zeigen, dass Jungen und Männer gleichermaßen diskriminiert werden? Bobby, der Vater der Highschool-Schülerin, schrieb der Direktorin, dass er eine

Diskussion alternativer Sichtweisen zu diesem Film wünsche sowie Informationen dazu, wie Jungen und Männer in den Medien behandelt würden – doch vergeblich. Die Direktorin bestand darauf, dass der Film völlig in Ordnung und es überaus wichtig sei, über Mädchen zu debattieren. Über die Art, wie Jungen behandelt werden, verlor sie kein Wort. Sie bot Bobby an, ihm den Film zu schicken. Er nahm das Angebot an und schrieb mir und der Direktorin Folgendes, nachdem er sich den Film angesehen hatte:

»Hi Helen,
die Direktorin schickte mir eine Kopie von *Miss Representation*. Der Film war noch befremdlicher als erwartet (siehe die Kopie meiner E-Mail an sie mit meinen Kommentaren). Katie Couric im Film (sinngemäß): ›Wenn Frauen das Sagen hätten, würden wir innerhalb weniger Monate alle Probleme der Welt lösen.‹«

Meine E-Mail an die Direktorin:

»Sehr geehrte Frau Direktorin,
danke für die Kopie von *Miss Representation*. Ich werde sie Ihnen in den nächsten Tagen nach Durchsicht des Unterrichtsmaterials zurücksenden.
Ich habe mir den Film angesehen und betrachte ihn lediglich als weiteres Klischee von Frauen als Opfern. Ich möchte Ihnen noch einmal nahelegen, die Links aufzurufen, die ich Ihnen geschickt habe, um alternative Sichtweisen zu finden, die Frauen nicht herabwürdigen.
Nachstehend finden Sie das ›Glamour-Foto‹ von Ms. Newsom von deren Website, das erkennen lässt, dass sie noch immer

nicht das Bedürfnis überwunden hat, die Rolle zu erfüllen, auf deren Geißelung sie einen ganzen Film verwendete.«[14]

»Gut gemacht, Bobby«, dachte ich, als ich den Brief las. Zum Glück war seine Tochter zu klug, um sich indoktrinieren zu lassen. Zudem wurde in ihrer Klasse darüber gesprochen, dass auch Jungen in den Medien negativ dargestellt werden. Es wird den Leser sicher freuen, zu erfahren, dass die Filmemacherin Newsom angekündigt hat, ihr nächstes Projekt werde von Jungen handeln. Ich kann mir gut vorstellen, wie dieser Dokumentarfilm aussehen wird – vermutlich wird es eine Hetztirade in der Richtung sein, dass Jungen sich von Geschlechterstereotypen befreien, noch unmännlicher werden und Mädchen helfen müssen, noch erfolgreicher zu sein, als sie es bereits sind. Wenn Jungen viel »mächtiger« werden, machen sie künftig wahrscheinlich nur noch 30 Prozent der Collegestudenten aus statt wie heute knapp über 40 Prozent.

Was mich an so »edlen« Seelen wie Newsom wirklich beunruhigt, ist, dass sie sich weigern, die Realität zu sehen. Nur wenige Männer befinden sich in Machtpositionen, sehr viele jedoch in der Mitte oder am unteren Ende der Gesellschaft. Frauen sind häufiger der Mittelschicht zuzuordnen. Ich frage mich, ob sie, wenn sie die Wahl hätten, tatsächlich mit Männern tauschen und es akzeptieren würden, dass sich nur wenige Frauen an der Spitze, jedoch sehr viele am unteren Ende befänden. Da habe ich so meine Zweifel. Doch angesichts von Dokumentarfilmen wie *Miss Representation* und der anschließenden Indoktrination in der Schule liegt das Hauptaugenmerk stets auf Mädchen und ihrer Opferrolle. Jungen müssen sich allein durchschlagen oder sich anhören, dass sie der Grund für die Übel dieser Welt sind.

Doch das negative Stereotyp von Männern als Raubtieren und Perversen macht Jungen, die oft in einem Umfeld ohne Männer groß werden, stark zu schaffen. Laut dem U.S. Census Bureau wachsen 24 Millionen Jungen ohne Vater auf.[15] In Grundschulen sind männliche Lehrer selten; sie machen dort nur 16 Prozent des Lehrkörpers aus.[16] Dr. Jim Macnamara, Professor für Öffentliche Kommunikation in Sydney, analysierte zweitausend Darstellungen von Männern und der männlichen Persönlichkeit in den Massenmedien und stellte fest, dass Männer meistens als Schurken, Aggressoren, Perverse und Schürzenjäger porträtiert wurden.[17] Interessant war auch, dass »69 Prozent der Berichte und Kommentare der Massenmedien zu Männern negativ waren, nur zwölf Prozent positiv und 19 Prozent neutral oder ausgewogen«.[18]

»Äußerst negative Ansichten über Männer und die männliche Persönlichkeit bieten Jungen wenig an positiven Vorbildern, die ihnen vermitteln, was es heißt, ein Mann zu sein, und keine Grundlage zur Entwicklung eines Selbstwertgefühls«, erklärte Macnamara. »Da es derzeit in unserer physischen Welt einen eindeutigen Mangel an positiven Vorbildern gibt [...], sollte der Mangel an positiven Identifikationsfiguren in den Medien und das Vorhandensein von überwiegend negativen Bildern Anlass zur Besorgnis geben [...]. Letztlich können solche Darstellungen für die Gesellschaft negative soziale und sogar finanzielle Folgen haben, und zwar mit Blick auf die Gesundheit der Männer, auf steigende Selbstmordraten und den Zerfall der Familie.«[19]

Trauigerweise sind Macnamara zufolge Metrosexuelle die einzigen Männer, die derzeit im Fernsehen nicht negativ dargestellt werden.[20] Vielleicht sind verweiblichte Männer die einzigen ihrer Zunft, in deren Gegenwart sich Frauen wie Ms. White (die Frau vom Beginn des Kapitels, die Angst vor Männern hatte) wohlfühlen. Und wir wissen, dass in unserer Gesellschaft nichts wichtiger ist, als dafür zu sorgen, dass Frauen sich wohlfühlen und ein hohes Selbstwertgefühl haben.

In Kathleen Parkers Buch *Save the Males* findet sich ein ausgezeichneter Abschnitt über die Darstellung von Männern als Dummköpfe und Idioten. »Welche Botschaft erhalten sie [Kinder] heute, wenn TV-Väter in der Regel entweder nicht da oder lächerlich sind? Oder wenn Kinder immer cleverer sind als der alte Herr?«,[21] fragt sie zu Recht, wartet dann jedoch mit folgender Interpretation auf: »Im Lauf der Zeit werden die negativen Stereotype Teil der Kultur, und die Botschaft lautet, dass Männer nicht nur böse, sondern dumm und unzuverlässig sind [...]. Alles in allem stellt das Niedermachen der Männer wohl keine sonderlich große Gefahr für die Zivilisation dar.«[22] Das Niedermachen der Männer ist also halb so schlimm, aber dass es zum Niedermachen von Jungen führt, ist dann doch schlimm?

Ich bin der Ansicht, dass beides schlimm ist und dass das Niedermachen der Männer die Gesellschaft sehr wohl gefährdet, und bin davon überzeugt, dass viele Männer mir zustimmen würden. In einem Blog-Post auf PJ Media bat ich Männer, sich zu negativen Männerbildern in den Medien zu äußern, und erhielt mehr als 240 Antworten. Hier sind einige der Highlights.[23]

Richard Ricardo schreibt:
»Welchen modernen Zeichentrickfilm (ab den 1990er-Jahren) man sich auch ansieht, die Botschaft ist immer dieselbe: dass Männer Frauen unterlegen sind. Es ist Teil einer allumfassenden Verschwörung, unsere Gesellschaft zu schwächen. Schulen vermitteln diese Philosophie/Botschaft den ganzen Tag lang, und an den Wochenenden und nach der Schule erledigt das Fernsehen diesen Job.«[24]

Tex Taylor stellt fest:
»Welchen schnelleren Weg gibt es, die Gesellschaft im Sinne des Progressivismus umzugestalten, als die männliche Rolle herabzumindern, Männer zum schwächeren Geschlecht zu machen und Jungen zu verweiblichen?«[25]

Mac erklärt:
»Ja, das ständige Niedermachen von Männern ist abscheulich und widerwärtig. Doch wenn Frauen dumm genug sind, darauf hereinzufallen, dann haben sie es nicht besser verdient. Bei vielen von ihnen erfüllt sich der Wunsch, geheiratet zu werden, nicht mehr, was zum großen Teil daran liegt, dass immer mehr Männer die Wahrheit in Bezug auf die Rolle erkennen, die Frauen in unserer Gesellschaft spielen. [...]
Langer Rede kurzer Sinn: Frauen haben in einer Welt, in der Männer sie nicht nur nicht respektieren, sondern ablehnen, viel mehr zu befürchten. Darauf läuft es hinaus, und die Frauen sind selbst daran schuld. Die jungen Mädchen von heute werden wegen der Entscheidungen, die ihre Mütter und Schwestern in den vergangenen 30 Jahren getroffen haben, in einer viel raueren Welt leben.«[26]

Bob schreibt:
»Ich erzähle schon seit über 15 Jahren, dass TV-Shows und Werbespots Männer als Idioten und Trottel darstellen und sie zu Objekten des Gespötts und der Demütigung machen usw. ... Ich befinde mich bereits seit Jahren im Streik. Frauen begegnen mir mit so viel Hass und Geringschätzung und sind mit der Idee aufgewachsen, dass sie ›ermächtigt‹ sind, uns in jeder Hinsicht zu beherrschen. Das Familienrecht tut dasselbe; es ist total gegen Männer gerichtet und gibt Frauen

absolute Macht über Beziehungen und die Familie. Es hat einfach keinen Sinn mehr, eine langfristige Beziehung mit einer Frau einzugehen; und die Ehe kann man völlig vergessen. Da die Feministinnen den Frauen einimpfen, dass sie Männer beherrschen sollten (indem sie in Werbespots, Shows und andernorts über sie herziehen), stellt es für einen Mann eine absolute Gefahr dar zu heiraten. Die moderne amerikanische Frau eignet sich nicht für eine sichere Beziehung; das Ganze ist ein einziges Risiko, und man führt im Grunde genommen einen Eiertanz auf. Für Männer steht emotional, psychisch und finanziell einfach zu viel auf dem Spiel. Frauen sind erfüllt von dem Gedanken, Macht über den Mann und Anspruch auf ihn zu haben, was nicht sein dürfte. Wenn man gegen die feministischen Ideen, mit denen sie aufwachsen, angeht, ist man am Arsch ... und wird zum Beweis für all die negativen Dinge, die der Feminismus sie gelehrt hat.

Warum auch heiraten und Kinder kriegen? Wer will schon, dass sein Sohn oder seine Tochter lernt, dass alle Männer Objekte des Spotts und der Demütigung sind? Dass sie fette, tolpatschige, dumme, idiotische Deppen sind? Dass Frauen stark, vernünftig, gutmütig, hübsch und gesund sind? Genau das werden sie lernen, schlicht und einfach. Selbst wenn es hinsichtlich der Vermögenswerte einen Ehevertrag gibt, sind die anderen Risiken für einen Mann einfach zu groß, da Geld nur einer der Aspekte einer Beziehung ist, die schieflaufen können.

Dank der Frauenbewegung und der Obsession, Frauen zu ›ermächtigen‹, damit sie Männer beherrschen können, werden wir in der zweiten Hälfte des Jahrhunderts eine Nation sein, in der vorrangig Singles leben.«[27]

Wie diese Kommentare deutlich machen, führt das Niedermachen von Männern zu einer allgemeinen Feindseligkeit ihnen gegenüber, die wiederum der Gesellschaft schadet. Ja, Ms. Parker, das Niedermachen von Männern bedroht die Zivilisation. Aus diesem Verhalten resultierende Gesetze und Normen verursachen Probleme, die wir im nächsten Abschnitt betrachten wollen, in dem es darum geht, wie unsere Gesellschaft Männer kontrolliert, indem sie ihren Lebensraum beschränkt. Denn das Niedermachen der Männer und die daraus resultierende Feindseligkeit sind der Grund dafür, dass Dad sich in den Keller zurückzieht, einen Ort, wo er zur Ruhe kommen kann. Und weil er sich dort versteckt hält und Angst hat, Ärger zu verursachen, wird unsere Zivilisation vielleicht nie mehr sein, was sie ist.

Das Schwinden des männlichen Lebensraums

Fantastisches Thema. Es gibt keine traurigere Filmszene als in »Juno«, wo der verheiratete Jason Bateman erkennt, dass er in seinem riesigen Haus nur einen großen Wandschrank hat, in dem er all die Dinge, die er liebt, aufbewahren kann. Das war für mich wie ein Schlag ins Gesicht.
Kommentar von Playstead zu »The Decline of Male Space«
auf der Website *The Art of Manliness*.[28]

Haben Sie sich je gefragt, wo all die Männer geblieben sind? Frauen scheinen einen Großteil des öffentlichen Raums erobert zu haben (vielleicht mit Ausnahme von Sportveranstaltungen) und jetzt sogar die Herrinnen des Hauses zu sein. Wenn Sie sich auf HGTV Serien wie *House Hunters* ansehen, wird Ihnen auffallen, dass Frauen sich darin oft so verhalten, als sei das Haus aus-

IV. WARUM BLEIBT DAD IM KELLER?

schließlich ihr Reich: Die Frau stößt aufgeregt hervor, wie groß der Wandschrank ist, und fragt ihren Ehemann dann beiläufig: »Wo wirst du deine Sachen aufbewahren?« Klar, das ist sicherlich überspitzt, um die Show interessant zu machen, doch es ist ärgerlich und bezeichnend dafür, wie wenig Raum Männern in ihrem eigenen Zuhause zugestanden wird.

Und wie sieht es mit der öffentlichen Sphäre aus? Männer scheinen sich nicht mehr so oft zu treffen. Erinnern Sie sich noch, dass Männer früher nach der Arbeit in Bars oder Clubs gingen, um miteinander auszuspannen und zu reden? Wann haben Sie oder Ihre Freunde dies das letzte Mal getan (vor allem, wenn Sie über vierzig sind)? Ich weiß noch, dass ein Bekannter einmal schockiert war, weil mein Mann einen freien Tag hatte, um einfach auszugehen, sich mit Freunden zu treffen oder sich einem Hobby zu widmen, während ich unser Kind hütete. Offenbar ist es völlig ungewöhnlich, wenn ein Mann mit Familie die Freiheit besitzt, auszugehen und Spaß zu haben.

Brett McKay, der zusammen mit seiner Frau Kate *The-Art-of-Manliness*-Bücher schreibt, veröffentlichte im Web einen großartigen Artikel mit dem Titel »The Decline of Male Space«. Während wir Gott sei Dank Fortschritte in Bezug auf die Integration von Berufs- und Privatleben gemacht haben, so McKay, »ist das Pendel zu weit ins andere Extrem ausgeschlagen, sodass Männer keinen eigenen Raum mehr haben«.[29] Als immer mehr Menschen in die Vorstädte zogen, lag die Konzentration mit einem Mal stärker auf dem Familienleben, für das Frauen zunehmend verantwortlich wurden:

> »In der Zeit nach dem Zweiten Weltkrieg vollzog sich in Amerika ein tiefgreifender Wandel. Zu den wichtigsten Veränderungen gehörte die Migration weißer Familien der

Mittelschicht aus den Städten in die Vororte. Große Siedlungen wie Levittown boten Kriegsveteranen die Chance, sich für einen relativ erschwinglichen Preis ein Stück des amerikanischen Traums zu kaufen und eine Familie zu gründen.
Die Entstehung der Vorstadtkultur mit ihrem Fokus auf dem Nestbau bedeutete in der Regel den Verzicht der Männer auf einen eigenen Raum zum Wohl der Familie. In den 1950er-Jahren wurden beim Bau der Häuser die zahlreichen kleineren Zimmer des viktorianischen Heims gegen weniger, doch dafür größere Zimmer eingetauscht. Das Ziel war, mehr offenen Raum zu schaffen, in dem Familien zusammenkommen und mehr Gemeinsamkeit herstellen konnten, während sie sich im Fernsehen die *Honeymooners* ansahen.
Ohne eigenes Zimmer waren Männer gezwungen, sich ihre Zufluchtsstätten in den unbewohnbarsten Teilen des Hauses zu schaffen. Garagen, Dachböden und Keller wurden schnell zum Männerraum, während Frauen und Kinder den Rest des Hauses frei zur Verfügung hatten.«[30]

Nicht nur das Leben in den Vorstädten, sondern auch der Druck von Frauengruppen, der Gesellschaft und der Regierung hat zum Schwinden des männlichen Raums geführt:

»Neben Verbindungslogen dienten Männerclubs und -restaurants als Ort, an dem ein Mann mit seinen Kumpels ein schönes Ribeye-Steak genießen und ehrlichen Rat zu seinem Berufs- und Familienleben erhalten konnte. Doch Männerclubs begannen den Druck zu spüren, als das Oberste Bundesgericht 1987 entschied, dass Staaten und Städte per Verordnung die Geschlechterdiskriminierung durch geschäftsorientierte Pri-

IV. WARUM BLEIBT DAD IM KELLER? 139

vatclubs untersagen dürften. Nachdem das Gericht grünes Licht gegeben hatte, begannen viele Staaten und Städte, hart gegen Männerclubs und -restaurants vorzugehen. New York City verfolgte Männerclubs besonders beflissen. Das vielleicht berühmteste Beispiel eines ehemaligen Männerclubs, der gezwungen wurde, auch Frauen als Mitglieder aufzunehmen, war der New York Athletic Club. Der 1868 gegründete Club verfügte über Speiseräume, Bars, eine Schwimmhalle und eine riesige Turnhalle. Angesichts des gesetzlichen Drucks ließ der New York Athletic Club 1989 auch Frauen zu, was seine Mitglieder mit gemischten Gefühlen betrachteten. Trotz des gesetzlichen und gesellschaftlichen Drucks gibt es in den USA noch immer ein paar reine Männerclubs.«[31]

Ich begrüße es zwar, dass Frauen im angemessenen Rahmen öffentliche und private Einrichtungen nutzen können, doch wir scheinen eine Grenze überschritten und es zugelassen zu haben, dass Männer von der Regierung und der Gesellschaft ausgesondert und voneinander isoliert werden. Nicht erst seit dem scharfen Vorgehen gegen Privatclubs im Jahr 1987 entwickelt sich unsere Kultur dahin, dass es schon fast als obszön gilt, wenn Männer einmal unter sich sein wollen. Die Menschen scheinen Angst davor zu haben, dass Männer, wenn sie sich in Gruppen zusammenfinden, zu dem Schluss kommen könnten, dass ihnen das, was in unserer Gesellschaft vor sich geht, missfällt, und möglicherweise etwas dagegen unternehmen. Der männliche Raum wird nun aus politischen Gründen kontrolliert.

Frauen und ihre Lobbys wollen, dass Männer isoliert bleiben, damit sie sich nicht politisch zusammenschließen und im häuslichen Bereich weiterhin unterm Pantoffel stehen. Wenn ein

Mann zu Hause etwas tut, was seiner Frau gegen den Strich geht, läuft er Gefahr, dass die Polizei oder die Sozialdienste mit einer einstweiligen Verfügung oder noch Schlimmerem einschreiten und ihm die Kinder wegnehmen. Oder er muss befürchten, aus seinem eigenen Haus geworfen zu werden. Ich kannte einmal einen Kriminalbeamten, der Angst vor seiner Frau hatte, weil sie ihn ständig kontrollierte und nicht wollte, dass er Zeit mit seinen Freunden und seiner Familie verbrachte. Als ich ihn fragte, warum er dies mit sich machen lasse, erklärte er mir, dass er in seinem Elternhaus lebe und fürchte, dass seine Frau ihm die Hälfte seines Besitzes wegnehmen könne, wenn er Ärger mache, was seine Familie sehr enttäuschen würde. Wäre er eine Frau gewesen, hätte er sich hilfesuchend an jemanden wenden können. Da er ein Mann war, schlief er auf dem Sofa und hatte schließlich ein Herzleiden, das durch Stress verschlimmert wurde. Er glaubte, keine andere Wahl zu haben, als allein mit der Situation fertigzuwerden. Hätte er eine Loge oder Freunde gehabt, an die er sich hätte halten können, hätte er vielleicht eine Lösung gefunden, die seiner Gesundheit förderlicher gewesen wäre.

In seinem Buch *Coming Apart: The State of White America, 1960–2010* beschreibt Charles Murray die Rolle der weltlichen Bruderschaften. »Heute kennen die meisten Menschen Organisationen wie Elks, Moose und Odd Fellows (wenn sie sie überhaupt kennen) als Geselligkeitsvereine für Männer der unteren Mittelschicht. Tatsächlich sind sie die Überreste eines Mosaiks von Organisationen, die ein zentrales Merkmal des amerikanischen Gemeindelebens darstellten [...]. Eines springt in diesem Zusammenhang besonders ins Auge: Ihre Mitglieder stammten aus allen Gesellschaftsschichten und sicherten eine regelmäßige, enge Interaktion zwischen Angehörigen verschiedener Schichten.«[32]

IV. WARUM BLEIBT DAD IM KELLER?

Eine andere wichtige Rolle dieser Bruderschaften war etwa, Angehörige verschiedener Schichten miteinander über ihre Vorstellungen und Probleme ins Gespräch zu bringen und sie zu gegenseitiger Hilfe anzuregen. Brauchte ein Geschäftsmann Hilfe bei einem mechanischen Problem, fand er dort vielleicht einen erfolgreichen Mechaniker, der ihm sagen konnte, was er tun sollte, oder aber ein Mechaniker fand einen erfolgreichen Geschäftsmann, der ihn in Geldfragen beraten konnte. Die Zusammenkünfte boten auch die Möglichkeit, sich über die Gesellschaftsschichten hinweg mit anderen Männern darüber auszutauschen, wie man bestimmte häusliche Probleme besser lösen kann, oder einfach zusammenzukommen und politische Themen sowie die Frage zu diskutieren, wie sich die Bedrohung von Gerechtigkeit und Freiheit verhindern lässt.

Heute werden Männer entmutigt, durch den Kakao gezogen und qua Gesetz oder aufgrund der Missbilligung von Teilen der Gesellschaft daran gehindert, reine Männergruppen zu bilden. Sehen Sie sich z. B. an, wie es Verbindungsstudenten an Colleges ergeht; sie werden mit Argwohn beäugt und behandelt, als seien sie nur einen Schritt davon entfernt, das nächstbeste Mädchen, das an ihrem Verbindungshaus vorbeikommt, zu überfallen und zu vergewaltigen. Sollten Sie mir nicht glauben, dann erwähnen Sie in einem Gespräch einmal Verbindungsstudenten und beobachten Sie die Reaktion von Frauen über dreißig. Die meisten betrachten sie mit Angst und Abscheu und hätten es am liebsten, dass ihnen jeglicher Spaß verwehrt würde. Und je älter Männer werden, desto schlimmer wird die Isolation und Verunglimpfung. Ich frage mich, inwieweit die Dämonisierung von Männern zu deren extrem hoher Selbstmordrate beiträgt. Männer nehmen sich viel öfter das Leben als Frauen: auf eine Frau kommen vier Männer. Es ist politisch korrekt, über Männer zu lachen, sie zu schlagen und zu beleidigen. Männer schweigen dazu und ziehen sich einfach in den Keller zurück, um die Welt auszublenden. Wer wollte es ihnen verdenken?

Ein verwundetes Tier verkriecht sich in seine Höhle, und nun tun Amerikas Männer dasselbe: Sie ziehen sich in ihre »Männerhöhlen« zurück. Ja, es ist schön, dass sie wenigstens einen Ort im Haus haben, den sie ihr Eigen nennen können. Doch diese Höhle ist in Wirklichkeit nichts weiter als ein Trostpreis für Männer, die ihre Männlichkeit ablegen müssen, nach unten gehen, um ein bisschen Ruhe zu haben, und hoffen, dass die Frauen und die Regierung ihnen aus dem Weg bleiben. In einem Artikel mit der Überschrift »Why He Needs a Man Cave« behandelt die Autorin ihren Ehemann wie einen Teenager, dem sie erlaubt, ein Zimmer im Haus zu gestalten, statt als gleichwertigen Partner, der sicherlich für mindestens die Hälfte des Hauses bezahlt hat. Sie hat für Frauen ein paar kleine Tipps bezüglich der »Konstruktion« der Männerhöhle parat, unter anderem:

> »Nachdem Sie sich für einen Raum entschieden haben, sollten Sie ihm die Ausgestaltung überlassen. Keine Sorge, in puncto Dekor haben Männer keinen so teuren Geschmack wie Frauen. Männer mögen Höhlen und kommen mit einem Minimum an Ausstattung aus ... normalerweise [...].
> Ich würde meinem Mann nie beim Bau einer Männerhöhle helfen, wenn ich kein Vertrauen zu ihm hätte. Ja, ich würde mein Heim mit niemandem teilen, dem ich nicht vertraue. Wir werden dieses Jahr keine Männerhöhle bauen, aber ich werde ihm dabei helfen, ›seinen Raum‹ in unserem Haus gemütlicher zu machen. Er wünscht sich einen neuen

IV. WARUM BLEIBT DAD IM KELLER?

Computertisch. Er wählte einen aus, der nicht zur Ausstattung passte, doch es ist seine Männerhöhle in unserem Haus.«[33]

Wow, einen ganzen Tisch im Haus durfte dieser Mann sich auswählen. Wie egalitär! Der Ehemann dieser Autorin wäre froh, wenn er zumindest einen Keller hätte. Doch selbst das wäre wahrscheinlich zu viel verlangt!

Männern bleibt heute nur noch die Flimmerkiste im Keller, wo sie sich anschauen können, wie sie als Perverse, Raubtiere und Idioten charakterisiert werden. Dazu gibt's dann noch Erdnussflips und ein paar Flaschen Bier, um den Schmerz zu betäuben, und schon setzt die Trägheit ein. Einige Männer behaupten, dort unten glücklich zu sein, aber wenn man von anderen verletzt wird, ist man oft blind für das Offensichtliche.

Wenn ein Mann seine Ehefrau isoliert und von Freunden, Kollegen und dem öffentlichen Leben fernhält, spricht man von häuslichem Missbrauch. Widerfährt dies einem ganzen Geschlecht, nennt man es Feminismus. Es ist zwingend notwendig, diesem Missbrauch von Männern ein Ende zu setzen und vernünftigere Gesetze zu schaffen. Im nächsten Kapitel werden wir die Auswirkungen betrachten, die der Krieg gegen Männer auf unsere Gesellschaft hat. Wenn wir nichts gegen diesen Krieg unternehmen, wird er eines Tages zum Selbstmord der Gesellschaft führen, so wie wir sie kennen.

V.
WARUM ES DRAUF ANKOMMT

»Alter, wo ist mein Rettungsboot?«
Rich Lowry in der *National Review*
zur neuen Haltung von Männern im 21. Jahrhundert[1]

Am 13. Januar 2012 kenterte das italienische Kreuzfahrtschiff *Costa Concordia* mit 4252 Menschen an Bord vor der Küste der Toskana. Dreißig Menschen starben, vierundsechzig wurden verletzt und einige werden noch immer vermisst.[2] Der Kapitän, Francesco Schettino, wurde beschuldigt, »hilflose Menschen im Stich gelassen und die Seefahrtsbehörde nicht informiert zu haben«.[3] Die Besatzungsmitglieder waren keine viel größere Hilfe als der Kapitän, denn die Passagiere berichteten, dass viele von ihnen sie ihrem eigenen Schicksal überlassen hätten. Rich Lowry verglich in der *National Review* das Kentern der *Costa Concordia* mit dem Untergang der *Titanic* und beschrieb, wie Männer in beiden Fällen reagierten:

»›Jeder ist sich selbst der Nächste‹ ist eine Redewendung, die mit dem Verhalten bei dem verheerenden Unglück der *Costa Concordia* assoziiert wird, was aber keine bewusste Reaktion in letzter Minute war. Vielmehr scheint es die natürliche Ordnung der Dinge gewesen zu sein. So heißt es in einem Zeitungsbericht: ›Eine australische Mutter und ihre kleine Tochter haben erzählt, dass sie von hysterischen Männern beiseite geschubst wurden, als sie versuchten, Rettungsboote zu besteigen.‹ Die Männer der *Titanic* würden sich vor Scham im Grab umdrehen, wenn sie dies lesen könnten. Sie hätten sicher gedacht, dass die Hysteriker es verdienten, auf der Stelle erschossen zu werden – und sich hierfür freiwillig zum Dienst gemeldet.

Frauen und Kindern wurde in der Theorie Vorrang eingeräumt, aber nicht unbedingt in der Praxis. Die australische Mutter sagte: ›Wir konnten es einfach nicht glauben – vor allem die Männer, sie waren schlimmer als die Frauen.‹ Eine andere Passagierin stimmte ihr zu: ›Kräftige Männer, Besatzungsmitglieder, drängten sich an uns vorbei in die Rettungsboote.‹ Eine Großmutter klagte: ›Ich stand neben den Rettungsbooten, und Männer, kräftige Männer, schubsten mich beiseite und stießen die Mädchen um.‹
Die Männer an Bord der *Costa Concordia* ließen offenbar keinen Zweifel daran, dass das Zeitalter der Ritterlichkeit endgültig passé war, denn sie traten diese bei ihrem kopflosen Ansturm auf die Notausgänge mit Füßen.«[4]

Mit seiner Aussage, die Männer an Bord hätten keinen Zweifel daran gelassen, dass die Ritterlichkeit endgültig passé sei, scheint Lowry sie für das, was auf der *Concordia* geschah, verantwortlich zu machen, doch er trifft nicht den Punkt, um den es eigentlich geht. Das Verhalten dieser Männer ist der Kulminationspunkt eines jahrelangen Prozesses. Unsere Gesellschaft, die Medien, die Regierung, die Frauen, weißen Ritter und Onkel-Tim-Typen haben dafür gesorgt, dass Männern alle Anreize genommen wurden, sich wie Männer zu benehmen, und Männlichkeit als Übel verunglimpft. Jetzt sehen sie, was dabei herausgekommen ist. Männer haben sich mehr als vierzig Jahre lang anhören müssen, dass die Gesellschaft sie für Perverse, Warmduscher, Feiglinge, Arschlöcher, Trottel, Taugenichtse, tolpatschige Versager und entbehrlich hält. Die Botschaft ist bei ihnen angekommen; jetzt verhalten sie sich entsprechend. Man erntet, was man sät.

Und jetzt sind die Leute überrascht, wenn Männer zu den Ausgängen eilen? Das sollten sie nicht sein. Männer werden schon seit einiger Zeit in diese Richtung gedrängt. Es sollte uns eher überraschen, dass es so lange gedauert hat.

Die *Concordia* ist nur ein Mikrokosmos dessen, was in unserer Gesellschaft insgesamt geschieht. Als Reaktion auf den Angriff auf ihr Geschlecht steigen Männer aus und treten in den Streik. Eine Gesellschaft kann nicht über vierzig Jahre lang fast die Hälfte der Bevölkerung niedermachen und dann erwarten, dass diese ewig mit »Hau weiter drauf!« reagiert. Schon bald werden noch weitaus mehr Männer dem Beispiel von Kapitän Schettino folgen und vorzeitig das sinkende Schiff verlassen – wovon dann wesentlich mehr Menschen betroffen sein werden als bei der *Costa-Concordia*-Katastrophe. Der Krieg gegen Männer ist für unsere Gesellschaft in vielerlei Hinsicht selbstmörderisch und Männer wie den Feind zu behandeln gefährlich, sowohl für die Männer als auch die Gesellschaft, die deren positive Mitwirkung als Väter, Ehemänner, Vorbilder und Führungspersönlichkeiten braucht.

Ja, wir brauchen Frauen als Vorbilder und Führungspersönlichkeiten, doch das ist seit über vierzig Jahren das Thema. Zudem erfahren Mädchen und Frauen hierbei Unterstützung und schlagen sich gut. Mehr Frauen als Männer besuchen ein College,[5] die Berufe mit den am schnellsten wachsenden Beschäftigtenzahlen werden in erster Linie von Frauen ausgeübt,[6] und Frauen nehmen mehr Geld für Gesundheitsfürsorge in Anspruch als Männer.[7] Unsere Gesellschaft baut Frauen seit Jahrzehnten auf und macht Männer bereits genauso lange nieder, und Letztere schlagen sich nicht so gut als Gruppe. Frauen sind ermächtigt; Männer sind Arschlöcher, die dich vergewaltigen könnten. Diese Botschaft ist nicht förderlich für eine gesunde Gesellschaft, wie der nächste Abschnitt zeigt.

Negative Männerklischees schaden der Gesellschaft

Doch diese Klischees vergiften auch unseren öffentlichen Diskurs, verzerren unser Verständnis für die wahren Unterschiede zwischen uns und verringern die Chance, diese Unterschiede wenigstens teilweise zu überwinden. Diese Klischees zersetzen das Band gegenseitigen Interesses und Respekts, das eine pluralistische Gesellschaft zusammenhält. [...] Es ohne Not zu zerstören ist ein gefährliches Unterfangen.

Douglas Laycock in »Vicious Stereotypes in Polite Society«[8]

Als sie Ende der 1980er-Jahre mit Freunden in der Sierra Nevada war, begegnete Wendy Brown, Professorin für Frauenstudien, einem Mann mit einem anderen kulturellen Hintergrund als dem ihren. Sie hatte eine Autopanne und nahm die Hilfe eines Jägers in Anspruch, der eine Kappe der National Rifle Association* trug, ein Bier trank, ein Pornoheft las und für seinen Jagdverein die Gegend erkundete. Dieser freundliche Mann half der Professorin zwei Stunden lang, ihren Wagen wieder in Gang zu kriegen. Den Rest der Geschichte können Sie sicherlich erraten. Natürlich stempelte Brown ihn zum Dank für seine Bemühungen in einem Artikel des *Yale Law Journal* als potentiellen Vergewaltiger ab und war so unverfroren zu schreiben: »Während der Stunden, die ich mit ihm verbrachte, konnte ich nicht feststellen, dass er tieferen Respekt vor der Persönlichkeit von Frauen hatte als vor dem Leben des Wilds in der Sierra.«[9]

Glücklicherweise reagierte Juraprofessor Douglas Laycock auf diesen Artikel und legte dar, warum Brown unrecht hatte,

---

* 1871 in den USA als Organisation für Sportschießen und Schusswaffentraining gegründet. Heute eine der mächtigsten Interessengruppen von bedeutendem politischem Einfluss. (Anm. d. Verl.)

einen Mann in ein Klischee zu pressen, der zwei Stunden seiner Zeit geopfert hatte, um ihr zu helfen – einer Frau! Doch hier geht es um mehr als das Aufeinandertreffen zweier Fremder in einem Wald. Laycock schließt von dieser Begebenheit auf die Gesellschaft im allgemeinen:

»Doch diese Klischees vergiften auch unseren öffentlichen Diskurs, verzerren unser Verständnis für die wahren Unterschiede zwischen uns und verringern die Chance, diese Unterschiede wenigstens teilweise zu überwinden. Diese Klischees zersetzen das Band gegenseitigen Interesses und Respekts, das eine pluralistische Gesellschaft zusammenhält. Dieses Band wird bereits genug strapaziert durch ehrliche Meinungsverschiedenheiten und durch einfache Forderungen nach Veränderung. Im Lauf unserer Geschichte wurde es einmal völlig zerstört, und einige Minderheiten wurden für lange Zeit nicht mehr von ihm geschützt. Doch im allgemeinen hat dieses Band gehalten. Deswegen überrascht es übrhaupt nicht, wenn Amerikaner von ›gegensätzlichen Enden des politischen und kulturellen Universums‹ einander helfen.

Dieses Band unnötig zu zerstören ist ein gefährliches Unterfangen. Und wir sollten uns keine Illusionen darüber machen, wer am meisten gefährdet ist. Bei jedem Ausbruch von Intoleranz, jeder Verringerung des gegenseitigen Interesses und Respekts leiden die Schwachen und Unterdrückten mehr als die Starken und Dominanten. Diejenigen, die am meisten durch Klischees und Vorurteile gefährdet sind, sollten es tunlichst vermeiden, ihre eigenen Klischees und Vorurteile gegen andere ins Feld zu führen.«[10]

Wie Laycock zeigt, gründet unsere Gesellschaft auf der stillschweigenden Voraussetzung, dass wir zwar alle verschieden sind, als Amerikaner jedoch Gemeinsamkeiten haben, die uns verbinden. Und mit diesem Band geht die Bereitschaft einher, einander zu helfen. Was geschieht, wenn dieses Band zerreißt und wir so wie einige der Passagiere der *Concordia*, die ihr Leben verloren, ohne Rettungsboot dastehen? Wenn wir Männern und Jungen weiterhin beibringen, dass »jeder sich selbst der Nächste ist«, indem wir sie in Klischees zwängen, sie isolieren und für das Verbrechen bestrafen, im 21. Jahrhundert als Mann zur Welt gekommen zu sein, werden sie sich sträuben, Frauen oder anderen, die möglicherweise eine Gefahr für sie darstellen, zu helfen oder mit ihnen gemeinsam zu handeln. In unserer Kultur wird dann eher ein Kampf jeder gegen jeden stattfinden, der unser Überleben gefährden könnte. Männer wie Frauen werden nicht mehr wissen, wem sie vertrauen können, und unsere Gesellschaft kann auf den Stand eines Dritte-Welt-Lands zurückfallen.

Warren Farrell erklärte in einem Interview für *Forbes*, warum wir uns unbedingt auf Männerbelange konzentrieren und uns fragen müssen, welchen Dienst Männer der Gesellschaft leisten:

»Praktisch jede Gesellschaft, die überlebte, tat dies, indem sie ihre Söhne dazu erzog, verfügbar zu sein. Verfügbar im Krieg; verfügbar als Arbeitskraft. Wir brauchen Kämpfer und freiwillige Feuerwehrleute, die wir als Helden bezeichnen. Männer brauchen Anerkennung und wollen heiraten und Vater werden dürfen, sodass wir alle ein ureigenes Interesse daran haben, diese Sozialisierung zur Verfügbarkeit nicht infrage zu stellen. Und so erheben Männer nicht ihre Stimme, und Frauen hören nicht, was Männer nicht sagen. Da die Haltung der Männer gegenüber ihren eigenen Problemen jedoch nach wie vor ›Jetzt erst recht!‹ lautet und nur wenige von ihnen erkennen, dass ihre Fassade der Stärke ihre Schwäche ist, ist es umso wichtiger, auf das schweigende Geschlecht zuzugehen.«[11]

Warren Farrells Beobachtung unterstreicht zwei ganz wichtige Punkte. Erstens, dass die Gesellschaft starke, fähige Männer *braucht*, die jene unverzichtbaren Dinge tun, zu denen, offen gesagt, nur wenige Frauen bereit oder fähig sind. Zweitens, dass Männer aufgrund ihrer Erziehung zum Übernehmen dieser Rollen davon abgehalten werden, es frei heraus zu sagen, wenn sie schlecht behandelt werden oder wenn ihr Tun als selbstverständlich betrachtet wird. Vielleicht fiel es den italienischen Seeleuten leichter als dem Durchschnittsamerikaner, sich zu wehren – aber wollen wir wirklich in einer Welt leben, in der gilt: Frauen und Kinder zuletzt? Damit wären sicherlich auch die meisten Männer nicht glücklich. Eine bessere Lösung für Männer wäre es, sich ihre männlichen Tugenden zu bewahren und gleichzeitig zu lernen, wenn nötig, für sich selbst einzutreten. Möglicherweise würde dies der Gesellschaft missfallen – oder zumindest den profeministischen Teilen der Gesellschaft –, doch es ist ein Wandel, den die Gesellschaft vollziehen muss.

Warum der Ausstieg der Männer der Gesellschaft schadet

Männer entdecken allmählich, dass das Bemühen, die Aufmerksamkeit von Frauen mithilfe ihrer Arbeit zu gewinnen, nicht auf die Weise belohnt wird, wie es bei ihren Vätern und Großvätern der Fall war, und dass ihnen heute nur übermenschliche Anstrengungen, wesentlich mehr zu verdienen als Frauen, einen Vorteil auf dem Paarungsmarkt verschaffen.

Blogger Chateau Heartiste zu der Frage,
warum Männer aussteigen[12]

Männer steigen nun ganz aus ihrem Job und der Ehe aus oder bemühen sich in vielen Fällen einfach nicht mehr so stark. Dies mag zwar für die einzelnen Männer gut sein, schadet aber der Gesellschaft als Ganzem. Unser gegenwärtiges System bringt Männern wenig oder gar keinen Respekt entgegen und bestraft sie dafür, dass sie das tun, was die Gesellschaft von ihnen erwartet, statt sie dafür zu belohnen. Frauen scheint es im allgemeinen nicht zu gefallen, dass Männer nun in den Streik treten. So schrieb Lisa Belkin, eine Kolumnistin der *Huffington Post*, in ihrem Artikel »Why Men Opting-Out Should Make You Angry«, dass Frauen in der Tat wütend über den Ausstieg der Männer sein sollten:

»Ich habe mich immer gefragt, ob eine Geschichte über Männer, die beruflich den Rückwärtsgang einlegen – weniger arbeiten, weniger verdienen, weniger Ehrgeiz in die Karriere stecken – dieselbe Wut hervorrufen würde. [...]
In Liza Mundys neuem Buch *The Richer Sex: How the New Majority of Female Breadwinners is Transforming Sex, Love and Family* geht es um vielerlei. Wie der Titel nahelegt, beginnt es mit der Vorhersage, dass eine Umkehr der wirtschaftli-

chen Beziehungen zwischen den Geschlechtern bevorsteht. In manchen Berufen übersteige die Zahl der Frauen bereits die der Männer, so Mundy, und der derzeitige Wandel, den sie mit ›der Entstehung der Agrargesellschaft, dem Beginn des Industriezeitalters, dem Aufstieg des Büroangestellten‹ vergleicht, werde dazu führen, dass Frauen sich zu den Hauptverdienern in den USA entwickeln. [...]
Es gibt eine Menge zu verarbeiten – Mundy braucht ein ganzes Buch dafür –, also lassen Sie uns mit dem Abschnitt ›The Opt-Out Revolution – Among Men‹ beginnen. Ja, offenbar sind sie jetzt an der Reihe. 1970 hatten nach Mundy noch 80 Prozent der Männer im arbeitsfähigen Alter eine Vollzeitbeschäftigung, inzwischen sind es nur noch 66 Prozent. Einige der Gründe sind schmerzlich: Arbeitslosigkeit, Inhaftierung. Doch ein Teil der Männer ist aus Gründen, die Mundy bejubelt, aus dem Arbeitsleben ausgestiegen – gebildete Männer, die von sich sagen, dass sie weniger ehrgeizig sind, nicht glauben, dass Männer mehr verdienen sollten als Frauen, mehr Zeit mit ihren Kindern verbringen möchten und sich zunehmend der Tatsache bewusst werden, dass die heutige Arbeitswelt es viel zu beschwerlich macht, ihre Wünsche und Gedanken umzusetzen. [...]
Amy Vachon schrieb zusammen mit ihrem Mann Marc das Buch *Equally Shared Parenting: Rewriting The Rule For A New Generation Of Parents*. Auch sie gingen davon aus, dass die Zukunft anders aussehen würde, als es tatsächlich der Fall ist – nämlich so, wie ihr eigenes sorgsam eingerichtetes Leben, in dem Mann und Frau einer erfüllenden Arbeit nachgehen (die jedoch nicht 70 Stunden pro Woche in Anspruch nimmt), die einigermaßen gut bezahlt wird (wenn auch nicht unbedingt so gut, dass man davon ohne ein zweites Einkommen eine

Familie ernähren kann) und beide Partner sich die Arbeit im Haushalt sowie die Kindererziehung teilen, aber auch Zeit für sich haben.

Indem wir eine Art der Ungerechtigkeit durch eine andere ersetzt haben, glauben wir, weit gekommen zu sein. Doch wir haben nichts erreicht, so die Autoren. ›Wenn wir die Macht zugunsten der Frauen verschieben, wird – wenn auch mit umgekehrten Vorzeichen – schließlich wieder ein Geschlecht die Hauptlast der Verantwortung tragen‹, sagte Amy zu mir.«[13]

»Willkommen in der Realität, Ms. Belkin«, dachte ich. Ich hatte mein Vergnügen daran, die Kommentare zu ihrem Artikel zu lesen, die vor allem eines deutlich machten – dass Männer sich schon seit geraumer Zeit in einer schwierigen Situation befinden:

Rudy in la fragt:
»Sind Männer ausgestiegen oder wurden sie rausgeworfen? Das ist ein Unterschied, und ich frage mich, was von beidem die Ursache für dieses ›Phänomen‹ ist.«[14]

Afkbrad schreibt:
»Männer machen gegenwärtig den Galt, und das zu Recht. Es ist an der Zeit, dass die Damen siebzig bis achtzig Stunden pro Woche arbeiten, uns ein paar Generationen lang unterstützen, früh sterben und Männern nach einer Scheidung die Hälfte ihres Besitzes geben. Und wo wir schon dabei sind: Ich bin der festen Überzeugung, dass auch Frauen in Kriegen Kopf und Kragen riskieren müssen. Amerikas Söhne sollten nicht die einzigen sein, die gut genug dafür sind, im Krieg ge-

opfert zu werden. Ein paar Millionen unserer Töchter brauchen ein Militärbegräbnis, damit es so etwas wie Gleichheit gibt. Ihr könnt den Stress haben, während wir ausspannen, Ladys, und zur Abwechslung uns einmal ernähren.«[15]

Egal, ob Männer vom Stellenmarkt und aus der Ehe vertrieben wurden oder ob sie ausgestiegen sind: Es sollte uns alle beunruhigen, wohin uns dies als Gesellschaft führt. Lassen Sie mich noch einmal sagen, dass es für den einzelnen Mann eine hilfreiche Option sein mag, auszusteigen oder in den Streik zu treten, eine, die ihm vielleicht gute Dienste leistet. Ich werde sie im nächsten Kapitel sogar als Möglichkeit, sich zu wehren, zur Diskussion stellen. Für eine Gesellschaft ist es jedoch schädlich, wenn so viele Männer, vor allem junge Männer, nicht länger bereit oder fähig sind, sich voll zu engagieren, ob in puncto Arbeit oder Ehe. In einem Artikel für das *Wall Street Journal* weist Charles Murray darauf hin, dass Arbeiter sogar in wirtschaftlich guten Zeiten ihren Job und ihre Ehe hingeschmissen haben. Er erklärt, warum:

»Wenn Veränderungen des Arbeitsmarktes die Entwicklung der neuen Unterschicht nicht erklären, was dann? Meine eigene Erklärung ist kein Geheimnis. In meinem Buch *Losing Ground* von 1984 gebe ich unserem wachsenden Wohlfahrtsstaat und den perversen Anreizen, die er schuf, die Schuld daran. Ich habe auch argumentiert, dass die zunehmende wirtschaftliche Unabhängigkeit von Frauen, die in den 1970er- und 1980er-Jahren den Arbeitsmarkt überschwemmten, eine wichtige Rolle spielte.
Meiner Meinung nach sind die entscheidenden Ursachen, etwas vereinfacht, folgende: In den Jahren zwischen 1960

und 2010 wurde es Frauen viel leichter gemacht, ohne Ehemann ein Kind zu ernähren, sei es aufgrund staatlicher Unterstützung oder eines eigenen Einkommens. Da Frauen die Männer weniger brauchten, schwand der soziale Status dahin, den Arbeiter genossen, wenn sie eine Familie ernährten. Die sexuelle Revolution verschlimmerte die Situation noch, denn sie machte es Männern leicht, an Sex zu kommen, ohne sich Gedanken über eine Ehe machen zu müssen. Unter solchen Umständen überrascht es nicht, dass der gesellschaftliche Nutzen von Männern stark abnahm, vor allem derjenigen der Arbeiterklasse.«[16]

Natürlich besteht die Lösung des weißen Ritters Murray darin, Männer moralisch zu zwingen, »das Richtige« zu tun, doch wie viel Druck kann die Gesellschaft noch ausüben? Sie sperrt Männer doch bereits ein, weil sie nicht heiraten und sich nicht die Finger wund arbeiten, und stellt sie überdies bloß. Jeder kennt das Wort »Kindmann«, mit dem in Büchern, Zeitschriften und den Medien herumgeworfen wird. Ein Blogger namens Chateau Heartiste beschreibt, warum diese Männer in Wirklichkeit aussteigen:

»Männer reagieren, so wie Männer es immer tun, einfach auf die Bedingungen, die Frauen schaffen.
Murray sieht das, zieht jedoch die falschen Schlüsse daraus. Die steigende Zahl berufstätiger Frauen, ihre verbesserte Ausbildung und Erwerbskraft (die teilweise der Großzügigkeit der Regierung zu verdanken ist) haben zur Folge, dass der für Frauen akzeptable Dating-Pool VERRINGERT wird. Materielle Mittel und berufliches Ansehen stellen für Frauen eine Möglichkeit dar, den Wert von Männern als Partner zu beurteilen (nicht die einzige Möglichkeit, aber diejenige, die

V. WARUM ES DRAUF ANKOMMT

den meisten Beta-Männern instinktiv am wichtigsten ist). Die Frauen angeborene Neigung, sich von Männern angezogen zu fühlen – ANIMALISTISCH ANGEZOGEN ZU FÜHLEN –, die einen höheren Status und ein höheres Einkommen haben als sie selbst, bedeutet, dass finanziell unabhängige Frauen und vom Staat unterstützte Frauen weniger Männer in ihrem sozialen Umfeld attraktiv finden werden.
Das Ergebnis? Männer entdecken allmählich, dass das Bemühen, die Aufmerksamkeit von Frauen mithilfe ihrer Arbeit zu gewinnen, nicht auf die Weise belohnt wird, wie es bei ihren Vätern und Großvätern der Fall war, und dass ihnen heute nur übermenschliche Anstrengungen, wesentlich mehr zu verdienen als Frauen, einen Vorteil auf dem Paarungsmarkt verschaffen. Die Nutzlosigkeit der Männer, die Murray anprangert, ist in Wirklichkeit deren rationale Reaktion auf einen sich verändernden Sexualmarkt, auf dem charmante, unnahbare Trottel im Gegensatz zu den dürftigen Beta-Ernährern von Frauen unverhältnismäßig stark sexuell belohnt werden.«[17]

Der mangelnde berufliche Enthusiasmus zeigt sich in den Erwerbsstatistiken. So war vor kurzem in der britischen Tageszeitung *Daily Mail* zu lesen: »Die Erwerbsquote von Männern ist mit 69,9 Prozent auf dem niedrigsten Stand, der je verzeichnet worden ist.«[18] Dies überraschte mich derart, dass ich die Leser meines Blogs fragte: »Warum ist die Erwerbsquote von Männern so niedrig?«[19] Dies sind ihre Antworten:

JKB schreibt:
»Warum arbeiten? Warum noch mehr tun, sobald man seinen Lebensunterhalt verdient hat? Die »Gewinne« wer-

den entweder von deinen Angehörigen aufgezehrt, was gut ist, oder jetzt von der Regierung, was schlecht ist. Sind die Männer vollständig aus dem Berufsleben ausgestiegen, oder arbeiten sie einfach nicht mehr kontinuierlich? Oder haben weiße Männer einfach alternative Wege gefunden, für ihren Unterhalt zu sorgen, statt unter ständigen Mühen an einem Spiel teilzunehmen, das andere begünstigt? Ich glaube nicht, dass so viele Männer vollständig ausgestiegen sind, doch sie sind möglicherweise aus den Regierungsstatistiken herausgefallen, die geschaffen wurden, um eine große industrielle Arbeiterschaft im Auge zu behalten, die unter der Fuchtel eines Arbeitgebers oder einer Gewerkschaft stand.«[20]

Oso Pardo sagt:
»Ich persönlich bin nicht aus dem traditionellen Berufsleben ausgeschieden, bin aber nahe dran, diese Entscheidung zu treffen. Die Kinder haben das College hinter sich und sind berufstätig, meine Frau ist halb pensioniert, und ich bin kurz davor zu sagen ›Scheiß drauf!‹ und wieder als Berater tätig zu werden (ich bin Ingenieur), doch dieses Mal nur für kleine Jobs und bares Geld. Das ›Sicherheitsnetz‹ scheint zu einer schönen bequemen Hängematte geworden zu sein. Warum soll ich weiterhin malochen, nur um andere zu unterstützen, die mit Geringschätzung auf mich herabsehen?«[21]

Vic sagt:
»Männer überlegen es sich genau. Wenn du siehst, wie deine Freunde im Familiengericht von ihren ›christlichen‹ Ehefrauen diffamiert werden, musst du einen Schritt zurückgehen und dir eine Frage stellen. Wenn dieser beliebte Pfarrer,

der seit dreißig Jahren im Amt ist und Gemeindedienst leistet, seine Kinder, sein Einkommen und seine Pfarrstelle verliert, weil seine Frau nicht mehr glücklich ist, welche Chance habe dann ich?«[22]

Und schließlich tobytylersf:
»Ich arbeite in einer Anwaltskanzlei, wo ich eine Stabsstelle habe. Ich habe seit über 17 Jahren keinen Mann mehr als Chef gehabt. Das ist in den meisten Büros der Fall, weil die Stellen im mittleren Management nun weitgehend von Frauen besetzt sind. Da die meisten Leute, die Personal einstellen, Bewerber nehmen, die so aussehen wie sie, kann man sich vorstellen, was passiert. Managerinnen stellen eher Frauen ein. So einfach ist das, glaube ich. Auch wenn die Demokraten behaupten, es würde ein ›Krieg gegen Frauen‹ stattfinden, kontrollieren diese doch den Großteil des Reichtums in diesem Land, und da sie in Unternehmen den Hauptanteil des mittleren Managements bilden, treffen sie auch die meisten Einstellungsentscheidungen. Da ist es nicht schwer, sich auszumalen, was passiert.«[23]

Männer scheiden zuhauf sowohl gezwungenermaßen als auch freiwillig aus dem Berufsleben aus, und unsere Gesellschaft schert sich nicht darum, es sei denn, Frauen wie Lisa Belkin nehmen diese Tatsache zum Anlass, darüber zu klagen, dass das weibliche Geschlecht hierdurch in Mitleidenschaft gezogen wird. Vielleicht werden die Leute es endlich zur Kenntnis nehmen, wenn überhaupt keine Männer mehr arbeiten, doch bis dahin werden sie einfach weiterhin über den »Krieg gegen Frauen« diskutieren, bis es nirgendwo mehr Männer gibt. Vielleicht ist das ja genau das, was die Feministinnen schon immer wollten. Eines ist klar: Würden so viele Frauen aus dem Berufsleben ausscheiden, würde man es als nationale Krise einstufen. Doch wenn Männer dies tun, nimmt man es klaglos hin. Aber vielleicht wird die Gesellschaft ja auf diese Weise untergehen, nämlich sang- und klanglos.

Die Aufgabe, die Erwartungen der Frauen zu erfüllen, scheint so gewaltig zu sein, dass viele Männer ihr nicht gewachsen sind. Sie geben einfach auf und suchen ein Leben, das ihnen ein akzeptables Maß an Annehmlichkeit beschert. Ja, der Keller mit seinen Videospielen und Pornos mag nicht das Nonplusultra sein (oder doch), aber zumindest ist dort niemand, der ihnen vorwirft, dass sie die Anforderungen nicht erfüllen. Das Problem der Gesellschaft ist, dass selbst gute Frauen – die Männer mögen und froh wären, einen Ehemann oder Partner zu haben – oft den Kürzeren ziehen, weil so viele Männer (vor allem die Betas) sich so wie Ernie und seine Mitbewohner zu Beginn von Kapitel 1 über den Heiratsstreik aus dem Dating Pool zurückgezogen haben.

Da weniger heiratswillige Männer zur Verfügung stehen, leben viele Frauen allein oder ziehen ohne Mann ihre Kinder auf. Laut der *New York Times* »bringt mehr als die Hälfte aller amerikanischen Frauen unter dreißig ihre Kinder außerhalb der Ehe zur Welt«.[24] Welchen Preis werden diese Kinder und die Gesellschaft dafür zahlen, dass die Kids ohne Vater oder sogar ohne männliches Vorbild aufwachsen, weil Männer sich aus Angst, als Perverser verschrien zu werden, weigern, als Kindertrainer tätig zu werden? Und wenn mehr Frauen ihre Kinder ohne Vater großziehen, werden sie wahrscheinlich weniger Nachwuchs bekommen. Es ist schon schwer genug, ein Kind allein großzuziehen, geschweige denn zwei oder mehr. So stellt die *L. A. Times* fest:

V. WARUM ES DRAUF ANKOMMT 163

»Die Geburtenrate fiel zwischen 2007 und 2009 um 4 Prozent, das ist der höchste Rückgang seit Mitte der 1970er-Jahre in einem Zeitraum von zwei Jahren, wie die am Donnerstag veröffentlichten Daten der Bundesregierung zeigen.
Die Rate – 66,7 Geburten auf 1000 Frauen im Alter von 15 bis 44 Jahren – ist nicht die niedrigste in den letzten Jahren. Die niedrigste überhaupt war mit 63,6 die von 1997. Doch den Autoren des Berichtes zufolge zeigen vorläufige Daten, dass die Geburtenrate während der ersten Hälfte des Jahres 2010 noch weiter gesunken ist.«[25]

Doch nicht nur in den USA ist die niedrige Geburtenrate ein Problem. Tatsächlich ist sie dort gar nicht so schlecht. In anderen Ländern sieht die Situation schlimmer aus. In seinem Buch *Media and Male Identity*[26] erwähnt Jim Macnamara einen Leitartikel im *Sydney Morning Herald* mit dem Titel »So Who Wants to be a Father?«, der Australiens sinkende Geburtenrate untersuchte. Die Autorin des Artikels, Leslie Cannold (die keine Männer interviewte), beschrieb darin das Leid und die Angst von Frauen, die Kinder haben möchten. Sie erklärte dann, die sinkende Geburtenrate sei ein »Männerproblem«, und kam zu dem Schluss:

»Der Typ Mann, der Mangelware ist, ist der, der sich bei dem Gedanken an Liebe oder gar Bindung nicht übergibt, sondern, wenn nötig, durchaus zu beidem fähig zu sein scheint.«[27]

Die Autorin kommt also irrigerweise zu dem Schluss, dass das Problem mit den niedrigen Geburtenraten von Männern *verursacht* wird, die sich einfach nicht binden wollen. Eine korrektere Darstellung des Problems, dass Männer es vermeiden, Vater zu werden, bietet der Brief eines Lesers des Artikels an den Herausgeber des *Good Weekend Magazine*:

»Hat Leslie Cannold je daran gedacht, Männer zu fragen, warum sie eine Vaterschaftsphobie haben? Ein Besuch im örtlichen Pub, in dem viele Männer über vierzig traurige Geschichten über Ehefrauen zu erzählen haben, die sich von ihnen scheiden ließen, wäre sicherlich aufschlussreich. Alles, was ihnen bleibt, sind bittere Erinnerungen und die beträchtliche finanzielle Last, Kindesunterhalt zahlen zu müssen. Kein Wunder, dass die potentiellen Väter von heute vorsichtig sind.«[28]

Gewiß ist der derzeitige Rückgang der Geburtenrate zum Teil der Rezession zuzuschreiben, doch auch 1997 war die Rate in den Vereinigten Staaten niedrig. Das liegt unter anderem sicher auch an der Abneigung der Männer, sich auf ein System einzulassen, das ihnen keinen Anreiz bietet, zu heiraten und Kinder in die Welt zu setzen, und sie bestraft, wenn sie es doch tun. Wie werden sich die sinkenden Geburtenraten auf die Zukunft der Vereinigten Staaten und anderer westlicher Länder auswirken? Und wer wird, wenn die Zahl der Erwerbstätigen in den nächsten Jahrzehnten noch weiter fällt, die Dienstleistungen erbringen, die Arbeit erledigen und in die bereits schrumpfenden Sozialkassen einzahlen?

Wenn Frauen, aus welchem Grund auch immer, ihre Kinder allein großziehen, werden Männer sich zurückziehen und ihr eigenes Ding machen. Viele von ihnen werden Erfolg haben und ein gutes Leben führen, andere hingegen – vor allem jüngere mit weniger Ressourcen – unter Umständen nur wenige berufliche Fertigkeiten erwerben, in Stellungen ohne Aufstiegsmöglichkeiten enden, über eine geringe Bildung verfügen und sich von der Gesellschaft entfremdet fühlen, was zu sozialer Instabilität führen kann. Männer wollen Dinge tun und Risiken eingehen, die Innovation und wirtschaftliches Wachstum vorantreiben, und nicht die ganze Zeit ohne Ziel im Keller herumhängen. Wie David, einer meiner kenntnisreichen Leser, sagte: »Das Problem, dass Männer an den Rand gedrängt wurden, sollte aus folgendem Blickwinkel betrachtet werden: dass an die Stelle von Innovation und Fortschritt eine zum Stillstand gekommene Nation tritt. In solch einer Nation sind die Männer unproduktiv. Hochaktive Männer können in einer Stadt mit 50 000 Einwohnern Erstaunliches bewirken – das hat die Renaissance gezeigt. Was kann eine Kleinstadt tun, wenn an den Straßenecken Männer und verwilderte Hunde herumlungern? Risikoscheu macht ein Land nicht zu einer ›Start-up-Nation‹.« Nein, das tut sie nicht. Wir werden wirtschaftlich und kulturell stagnieren, wenn wir weiterhin diesen Krieg gegen die Männer führen.

Selbst wenn Frauen die entstandene Lücke ausfüllen, wird es unser Land sowohl in wirtschaftlicher als auch in kultureller Hinsicht mehr kosten, als wir uns vorstellen können, die am Rande der Gesellschaft lebenden Männer zu stützen. Wir brauchen den Beitrag der Männer. Ohne sie wird unsere Nation ihren Status als führende Weltmacht, Hoffnungsträger für Freiheit und als ernstzunehmende Wirtschaftsmacht verlieren. Vielleicht werden die Liberalen ein gewisses Vergnügen an diesem Verfall haben, doch die Realität wird ein anderes Gefühl wecken. Wir brauchen für unser Überleben die Arbeitskraft der Männer, ihre Liebe zu unserem Land und ihre Opfer. Ohne all dies sind wir jenen ausgeliefert, die uns schaden wollen.

Vielleicht werden wir auch sang- und klanglos untergehen. Keines von beidem ist gut.

Wie kann unsere Gesellschaft aus einem Vergeltungsbedürfnis heraus entscheiden, dass es in Ordnung ist, das Potential der Männer ungenutzt zu lassen? Und sind die Menschen wirklich bereit, um der Rache willen die emotionale Gesundheit und das Bildungspotential ihrer Söhne zu opfern? Ist das nicht Kindesmissbrauch? Ein Argument für den Feminismus war, wir würden das Potential der Hälfte der Menschheit vergeuden. Es geht uns nicht besser, wenn wir einfach das Potential der *anderen* Hälfte vergeuden.

Seit Erscheinen von Warren Farrells Buch *Mythos Männermacht* sind 23 Jahre vergangen, seit Christina Hoff Sommers' *The War Against Boys* 15 Jahre. Diese beiden eindringlichen Bücher bewirkten etwas und setzten eine Diskussion über den Krieg gegen Männer und Jungen in Gang, doch erreicht ist noch nicht viel. Eher haben die Ungerechtigkeit und die Vergeltungstaktiken gegenüber Männern seit dem Erscheinen dieser Bücher noch zugenommen. Da unsere Gesellschaft, wie in den vorhergehenden Kapiteln beschrieben, das Niedermachen der Männer und den Männerhass akzeptiert, ist es nun an der Zeit, zu handeln statt zu diskutieren, denn ohne Kampf wird sich nichts ändern. Wie Warren Farrell schreibt: »Männer müssen eine neue Stärke entwickeln: Sie brauchen Kraft für den Kampf, der als einziger mit Gefühlen ausgefochten wird.«[29] Wie können Sie sich wehren? Das nächste Kapitel wird es Ihnen zeigen.

VI.
SICH WEHREN, DEN GALT MACHEN ODER BEIDES?

Die Revolution ist ein Prozess, kein Ereignis.

Anonymus

Ich war ein Opfer, das zum Sieger wurde.

Carnell Smith, der als Opfer des Vaterschaftsbetrugs
bis vor den Obersten Gerichtshof der Vereinigten Staaten ging

Nach der Lektüre der vorangegangenen Seiten verstehen Sie hoffentlich, warum Männer (und Frauen) sich wehren müssen. Die Zeit des Schweigens und Händeringens ist vorbei; es ist Zeit zu handeln. In diesem Kapitel werde ich Ihnen erklären, wie Sie Ihr Leben ändern und damit auch die Gesellschaft verändern können. Ich werde Ihnen meine eigenen Ratschläge und Ideen vorstellen, aber auch Männer und Experten zu Wort kommen lassen, die Schritte unternommen haben, um Gerechtigkeit für Männer zurückzugewinnen und ihnen das Streben nach Glück als Individuen in einer freien Gesellschaft zu ermöglichen. Einige sind kleine Schritte gegangen, andere größere, doch alle sind wichtig, um endlich den Krieg gegen die Männer zu beenden, den unsere Gesellschaft schon so lange führt. Sie können sich das Folgende zum Vorbild nehmen oder auf Ihre eigene Weise daran mitwirken, für Männer die Tür zur Freiheit zu öffnen. Unsere Söhne, Brüder, Ehemänner, Väter und Freunde verdienen es wahrlich.

Die Kultur und die politische Landschaft zu verändern ist schwierig. Es erfordert Geduld, Entschlossenheit und viele Mitstreiter, den Kampf gegen die Ungerechtigkeit und die Vorurteile aufzunehmen, denen Männer nun schon seit über vierzig Jahren ausgesetzt sind. Viele Menschen sind der Ansicht, dass Männer kein Recht haben, sich zu verändern; dass sie es vielmehr zu lange zu gut gehabt haben, sodass es nicht nur gerechtfertigt, sondern notwendig ist, es ihnen heimzuzahlen. Obwohl dies jeder Grundlage entbehrt, ist die Gesellschaft bereit, Männer zum »Wohl der Frauen« und der weißen Ritter, die sie unterstützen, den Wölfen zum Fraß vorzuwerfen. Doch wir sollten nicht zulassen, dass eine Art von Ungerechtigkeit durch eine andere ersetzt wird.

Gleichheit ist kein Nullsummenspiel, bei dem einige wenig oder gar keine Macht haben, während andere viel davon besitzen. Wir müssen nach Gleichheit streben, damit alle Menschen – auch die Männer – ein produktiveres, autonomeres Leben führen können. Selbst in einem politisch korrekten Artikel des *Guardian*, in dem es darum ging, dass Jungen und Männer in das Gespräch über Gleichheit mit einbezogen werden müssen (natürlich um Frauen zu helfen!), konstatierte die Autorin: »Eine Vorgehensweise, die einfach eine Ungerechtigkeit durch die andere ersetzt und Macht als Nullsummenspiel betrachtet, hat etwas von einer gefährlichen Vergeltungsaktion.«[1] Männer dürfen sich nicht länger zurücklehnen und zulassen, dass unsere auf Frauen ausgerichtete Gesellschaft weiterhin diesen Weg der Rache und Vergeltung geht, denn das wird, wie Kapitel V. zeigt, nicht gut enden – weder für sie selbst noch für die Gesellschaft.

Aktionsplan

Lassen Sie uns also mit einem Aktionsplan und Tipps dazu beginnen, wie Sie sich in jedem der zuvor angesprochenen Bereiche wehren können. Diese Bereiche umfassten die Ehe, Vaterschaftsrechte und erzwungene Vaterschaft; Bildung, Werbung und eine Kultur, die Männer in einem negativen Licht

VI. SICH WEHREN, DEN GALT MACHEN ...? 171

darstellt, sowie das Schwinden des männlichen Raums. Die folgenden Tipps mögen sehr allgemein erscheinen, und das sind sie auch, doch beim Krieg gegen Männer geht es um ein sehr vielschichtiges Thema, das einige Regeln erfordert. Diese sollten dann von den Lesern dieses Buches entsprechend ihrem eigenen Leben und ihren Fähigkeiten abgewandelt werden. Es würde den Rahmen dieses Buches sprengen (das als Handlungsaufforderung und nicht als Forschungsstudie gedacht ist), jeden Bereich anzusprechen, in dem Männer diskriminiert werden, doch ich habe die meiner Ansicht nach bedeutsamsten Punkte herausgestellt. Lassen Sie uns mit dem wichtigsten Ratschlag beginnen.

TIPP 1.
Hören Sie auf, Frauen die Tagesordnung bestimmen und den Dialog über Sex, Gender, Beziehungen und Reproduktion kontrollieren zu lassen.

Männer haben die Bereiche Sex, Gender, Beziehungen und Reproduktion einfach Frauen überantwortet und sie die Regeln aufstellen lassen. Damit muss Schluss sein. Sie müssen verstehen, wie viel Macht es verleiht, diese Bereiche zu kontrollieren. Wenn Frauen die Entscheidungen treffen, werden es die *Männer* sein, die damit leben müssen. Männer haben keine reproduktiven Rechte, was kein Wunder ist. Wenn diese Macht ausschließlich Frauen zugestanden wird, sollte man nicht überrascht sein, wenn der Mann keine Macht hat.

In seiner Studie über das Männerbild in den Medien stellte Professor Jim Macnamara fest: »Die Debatte über Männer und die männliche Identität, die durch Leitartikel in den

Massenmedien, durch Meinungsbeiträge, Features, Briefe und Kommentare widergespiegelt und propagiert wird, wird weitgehend von weiblichen Autoren, Wissenschaftlern und Forschern geführt. Außerdem sind die Männer, die im Diskurs der Massenmedien zu Wort kommen, in der Regel profeministisch.«[2]

Wenn Feministinnen und die Onkel-Tim-Typen, die mit ihnen mitziehen, die *einzige* Autorität in puncto Männer, Vaterschaft und Sexualität sind, werden die Bedürfnisse und Rechte des Mannes schnell vernachlässigt, und der Ungerechtigkeit wird Tür und Tor geöffnet. Ich behaupte nicht, dass alle Frauen die Geschlechterdebatte auf unfaire Weise führen, doch viele von ihnen sind liberale Wissenschaftlerinnen, die versuchen, die Bedürfnisse der Frauen in den Vordergrund zu stellen und die von Jungen und Männern außen vor zu lassen. Natürlich gibt es Frauen, die fair sind und Verständnis für die Bedürfnisse von Männern haben. In der Medienwelt sind sie jedoch derzeit eine Seltenheit.

Fazit: Schweigen Sie nicht länger, denn wenn Sie dies tun, werden Fragen der Sexualität und Reproduktion von Frauen und ihren Unterstützern, den Onkel-Tim-Typen und weißen Rittern, entschieden. Ergreifen Sie das Wort, auch wenn es Ihnen schwerfällt und sich unnatürlich anfühlt. Und vergessen Sie nicht: Wenn Menschen Sie verspotten, hassen und beschimpfen, sobald Sie Ihre Stimme erheben, zeigt das nur, dass Ihre Botschaft Wirkung zeigt.

Unterstützung beim Bemühen, sich frei zu äußern, bietet Ihnen Richard Driscolls Buch *You Still Don't Understand*,[3] in dem Techniken zur Kommunikation zwischen Männern und Frauen vorgestellt werden. Sie können jedoch auch zu allgemeinen Büchern über effektives Kommunizieren greifen wie dem

VI. SICH WEHREN, DEN GALT MACHEN ...?

schon älteren, aber nach wie vor wertvollen *Besser miteinander reden: das richtige Wort zur richtigen Zeit – die Kunst sich überzeugend mitzuteilen. Ein Leitfaden der Kommunikation in Alltag und Beruf*[4] von Dale Carnegie. Hilfreich könnten auch Bücher sein, die sich darauf konzentrieren, wie man sich politisch engagieren und an der gesellschaftlichen Basis tätig werden kann. Gut sind auch *Take Back Your Government*[5] von Science-Fiction-Autor Robert Heinlein, *How to Beat the Democrats and Other Subversive Ideas*[6] von David Horowitz oder *Die Stunde der Radikalen* von Paul Alinsky.[7] Heinleins Buch stammt zwar aus dem Jahr 1946, enthält aber eine Reihe nach wie vor relevante Ratschläge. Es ist erstaunlich, wie wenig Leute auf regionaler oder staatlicher Ebene nötig sind, um etwas zu erreichen. Die beiden zuletzt genannten Bücher enthalten gute taktische Tipps. Horowitz' Buch richtet sich eindeutig an Republikaner, Alinskys eher an Demokraten, doch es ist gut, beide Sichtweisen zu kennen. Beim Krieg gegen Männer gewinnen bei den Republikanern die Ritterlichkeit oder der Impuls, ein weißer Ritter zu sein, oft die Oberhand, während die Demokraten vielleicht eher unfaire Gesetze erlassen und gegen Männer gerichtete kulturelle Normen fördern. Sie sollten also versuchen, die politische Linie beider Lager zu verstehen.

Wenn Sie meinen, nicht sprechen zu können, dann schreiben Sie. Besuchen Sie Blogs und Foren wie TheFrisky.com[8] und YourTango.com[9], in denen es um Mann-Frau-Beziehungen geht. Wenn dort die Kommentare von Männern und nicht nur von Frauen zu finden sind, werden die Leser eine andere Perspektive kennenlernen als immer dieselbe alte Leier, dass »Männer schlecht und Frauen gut sind«. Ob Sie es glauben oder nicht, diese kleine Veränderung kann dazu beitragen, dass Menschen sich neuen Ideen öffnen. Sie müssen nur oft genug mit ihnen konfrontiert werden. Denken Sie an die Aussage von Mahatma Gandhi: »Zuerst ignorieren sie dich, dann lachen sie über dich, dann bekämpfen sie dich, und dann gewinnst du.«

TIPP 2.
Kämpfen Sie für eine bessere Behandlung von Männern in der Ehe und in Beziehungen.

Dieses Buch ist kein Ehe- oder Beziehungsratgeber, doch es gibt ein paar Dinge, die Sie wissen sollten. Grundsätzlich dreht sich in Beziehungen nun mal alles um emotionale Interaktionen, und Frauen kommen im emotionalen Bereich angeblich besser zurecht. Doch das muss nicht sein. Männer sind im Gegensatz zu dem, was die Medien und die Kultur uns glauben machen wollen, keine emotionalen Krüppel. Oft sind sie aus Furcht davor, Frauen zu verärgern, einfach zu ängstlich oder zu pragmatisch, um etwas zu sagen. Außerdem haben viele Männer Angst vor Sexentzug, wenn ihre Frau oder Freundin verärgert ist. Mit Beschwichtigen wird sich kaum etwas ändern. Warum also sollten sie sich mit emotionalem Missbrauch abfinden, wenn sie weder so noch so zu Sex kommen?

Sie brauchen nicht grob zu werden, sollten Ihrer Frau oder Freundin jedoch *Grenzen setzen*. Je eher, desto besser. Wenn Ihre Partnerin Sie respektlos behandelt, weisen Sie sie zurecht, selbst in Gegenwart von Freunden. Frauen hassen es, öffentlich zur Rede gestellt zu werden. Sagen Sie ihr, dass Sie es nicht dulden werden, wenn Sie sich Ihnen gegenüber respektlos verhält, und dass Sie es als kränkend empfinden. Erklären Sie ihr später unter vier Augen, dass Sie gern mit ihr Probleme oder Streitfragen klären werden, es jedoch nicht akzeptieren, wenn sie Sie beleidigt oder von Ihnen *verlangt*, nach ihrer Pfeife zu tanzen.

Sie kennen das Sprichwort: »Wenn Mama nicht glücklich ist, ist niemand glücklich.« Gut und schön, aber auch Ihre Zufriedenheit zählt. Lassen Sie sich nicht emotional in Geiselhaft nehmen; fangen Sie an, mit Ihrer Partnerin über das zu sprechen, was Sie bewegt. Verkriechen Sie sich nicht länger mit einem Bier im Keller und schlucken Sie nicht Ihren Ärger oder Ihren Schmerz über eine Äußerung von ihr hinunter.

Eine Änderung der Ehe- und Scheidungsgesetze und damit eine fairere Behandlung von Männern zu erwirken ist eine schwierige Angelegenheit. Im Moment halten Frauen in puncto Ehe, Reproduktion und Scheidung die Trümpfe in der Hand. Bis ein Wandel herbeigeführt ist, haben Sie als Mann folgende Möglichkeiten: nicht zu heiraten und Single zu bleiben; mit einer Frau in wilder Ehe zu leben, wobei Sie jedoch das Common Law oder gegebenenfalls die in Ihrem Staat gültigen Gesetze zur Unterhaltszahlung bei Auflösung einer Lebenspartnerschaft beachten müssen; oder zu heiraten und zu lernen, wie Sie dafür sorgen können, in Ihrer Beziehung anständig behandelt zu werden.

Sollten Sie sich für die Ehe entscheiden, beherzigen Sie folgende Ratschläge: Seien Sie sich Ihrer Entscheidung sicher. Lernen Sie Ihre Partnerin zunächst einmal gut kennen und leben Sie mit ihr zusammen, wenn Sie dies mit Ihren Werten vereinbaren können. Mindestens zwei Jahre sind eine gute Zeit, um herauszufinden, ob Sie zusammenpassen, und ein Gefühl für ihre wahre Persönlichkeit zu bekommen. Suchen Sie sich eine Partnerin, die etwa so viel verdient wie Sie oder, wenn möglich, sogar mehr als Sie. Damit stellen Sie sicher, dass nicht Sie derjenige sind, der im Fall einer Scheidung die finanzielle Last tragen muss. Wenn Sie arbeiten und Ihre Frau zu Hause bei den Kindern bleibt, sind Sie verletzbarer, falls die Ehe scheitert. Verbringen Sie gleich viel Zeit mit den Kindern, haben Sie auch nach einer Scheidung bessere Karten, mehr Zeit mit ihnen verbringen zu dürfen. Es ist nicht schön, so denken zu müssen, wenn es um eine Beziehung geht, die eigentlich vertrauens- und liebevoll sein sollte, doch angesichts der hohen Scheidungsrate ist es für Männer nur ratsam, sich während einer Partnerschaft oder Ehe zu schützen. Ich habe mit Männern gesprochen, die erfolgreich aus einer Scheidung hervorgingen, d. h. das Sorgerecht für ihre Kinder bekamen oder mindestens die Hälfte oder mehr von ihrem Besitz behielten. Diejenigen, die recht bekamen, ließen nicht zu, dass ihnen ihr Stolz im Weg stand. Stolz ist gewöhnlich ein Vorwand dafür, nichts tun zu müssen.

Einer der geschiedenen Männer, mit denen ich sprach, erzählte mir, dass seine Frau ihn betrogen habe. Er besorgte sich einen guten Anwalt, ließ seine Frau von einem Detektiv beschatten, erhielt den Beweis für den Seitensprung und sagte ihr ins Gesicht: »Ich werde für alles kämpfen – die Kinder, das Haus und das Bankkonto.« Sie gab nach, und er bekam recht und das Sorgerecht für die Kinder. Viele Männer denken, sie hätten etwas falsch gemacht, oder glauben, dass ihre Frau sich nicht würde scheiden lassen wollen, wenn sie ein ganzer »Mann« gewesen wären. Diese Art von Stolz wird Sie davon abhalten, zu handeln. Werfen Sie Ihren Stolz über Bord.

Erfolgreich war auch Jerry, ein 42-jähriger Afroamerikaner, der als Personal Trainer arbeitet. Jerry berichtete mir, dass seine Exfreundin ihn habe überlisten wollen, sie zu heiraten, indem sie schwanger wurde, obwohl sie gesagt hatte, dass sie die Pille nehme. Die beiden hatten sich getrennt, als sie ihre Schwangerschaft feststellte, und statt zu warten, bis sie den Kindesunterhalt einklagte, handelte er. Er ging nach der

Geburt des Kindes zur Agentur für Kindesunterhalt, zeigte dort die Schecks, die er für die Versorgung des Kindes ausgestellt hatte, und verpflichtete sich zur Zahlung einer zumutbaren Summe an Unterhaltsleistungen. Als die Exfreundin versuchte, mehr von ihm zu bekommen, und ihm drohte, ihn wegen häuslicher Gewalt anzuklagen, nahm er sich einen Anwalt, fand heraus, dass ein früherer Freund von ihr eine einstweilige Verfügung gegen sie erwirkt hatte, und nutzte dies, um zu zeigen, dass in Wirklichkeit sie gefährlich war. Er wies den Vorwurf häuslicher Gewalt zurück und wehrte sich in allen Belangen. Der Richter räumte Jerry das Besuchsrecht ein und erklärte die Unterhaltszahlungen für ausreichend. Jerry gab nicht nach und bekam recht. Viele Männer geben zu leicht auf. Tun Sie es nicht!

Fazit: Setzen Sie Ihrer Freundin oder Frau so früh wie möglich Grenzen. Wenn sie Sie erst einmal schlecht behandelt, lässt sich das nur schwer ändern. Vergessen Sie im Fall einer Scheidung Ihren Stolz. Wehren Sie sich, besorgen Sie sich einen guten Anwalt und scheuen Sie nicht davor zurück, sich das zurückzunehmen, was Ihnen gehört. Lassen Sie sich nicht von Ihrer Ritterlichkeit oder dem Minderwertigkeitsgefühl leiten, das Ihnen suggeriert, Sie seien nicht Manns genug gewesen und schuld daran, dass Ihre Frau Sie verlässt. Es war ihre Entscheidung. Es erschüttert mich immer wieder, von Männern zu hören, sie hätten bei der Scheidung alles verloren, und dann festzustellen, dass sie sich nie richtig gewehrt haben. Wenn Sie es versuchen und dennoch verlieren, haben Sie zumindest nicht die Hände in den Schoß gelegt.

Ich bat den Männerrechtsaktivisten Glenn Sacks um weitere Ratschläge dazu, was Männer auf bundesstaatlicher und nationaler Ebene unternehmen können. Hier ist seine Antwort:

»Es ist wichtig zu verstehen, dass das System sich nicht von selbst ändern wird oder weil es ungerecht ist oder Kindern schadet. Es wird sich nur ändern, wenn Vaterschaftsaktivisten und Verfechter einer gemeinsamen Elternschaft sich zu einer starken nationalen Organisation zusammenschließen, die es in den einzelnen Staatskapitolen und im Washingtoner Kapitol mit der National Organization for Women und ihren zahlreichen Verbündeten aufnehmen kann. Die in Boston ansässige nationale Gruppe Fathers and Families beschäftigt in Vollzeit Mitarbeiter, die als ihre Repräsentanten an der Gesetzgebung mitwirken, beteiligt sich am politischen Prozess und hat so bedeutende Erfolge erzielt. Sie organisiert in vielen Staaten Basisinitiativen.«[10]

Schließen Sie sich solchen Basisorganisationen an und unterstützen Sie sie.

TIPP 3.
Kämpfen Sie für bessere Gesetze, auch zu Vaterschaft und erzwungener Vaterschaft.

Ich nahm mit Carnell Smith Kontakt auf, der eine Website zu Vaterschaftsbetrug, *http://www.paternityfraud.com*, und seine eigene Website, CarnellSmith.com, betreibt.[11] Dieser Mann ist ein Nonstop-Aktivist, der die letzten zehn Jahre unermüdlich für Männer gekämpft hat, die Opfer von Vaterschaftsbetrug geworden sind. Seine Geschichte ist tragisch, fand jedoch ein glückliches Ende.

VI. SICH WEHREN, DEN GALT MACHEN ...?

Hier ein Auszug aus seiner Website:

»Smith fand heraus, dass das Kind, das er seit elf Jahren liebte und ernährte, von einem anderen Mann gezeugt worden war. Überraschenderweise war in den Gerichten, nachdem sie gehört hatten, dass die Mutter des Kindes Smith wissentlich und vorsätzlich wesentliche Informationen vorenthalten hatte, weder von einer Entschädigung die Rede noch davon, dem leiblichen Vater die Verantwortung zuzuweisen.
Stattdessen erklärte man Smith, es sei seine Schuld, dass er nicht eher die Wahrheit herausgefunden habe, und verpflichtete ihn dazu, weiterhin den Kindesunterhalt zu zahlen.«[12]

Smith ging bis vor den Obersten Gerichtshof der Vereinigten Staaten. Während seines langen Kampfes entwickelte er sich vom Ingenieur zum Unternehmer und Männerrechtsaktivisten sowie zum Experten für Vaterschaftsbetrug:

»Während Carnell Smith nach Gerechtigkeit suchte, um seine Familie vor Armut und Obdachlosigkeit zu bewahren, wuchs in ihm auch der Wunsch, anderen zu helfen, die sich in einer ähnlichen Situation befanden.
Als offenkundig wurde, wie hoch die Zahl der von Vaterschaftsbetrug betroffenen Kinder und Eltern war, begann Smith, auf Gesetze zu drängen, die Georgias Familien schützen sollten. Mit Unterstützung des Ehrenwerten Abgeordneten Stanley Watson, von Frauen, Männern, Geistlichen und anderen Abgeordneten gelang es Smith innerhalb eines Jahres, in Georgia das erste Gesetz zum Vaterschaftsbetrug zu erwirken. Entschlossen, Kinder und Eltern auf der ganzen Welt zu schützen, rief Smith auch U.S. Citizens Against

Paternity Fraud ins Leben, eine Basisorganisation, die Wähler mobilisiert und über Vaterschafts-, Kindesunterhalts- und Sorgerechtsgesetze aufklärt.

Carnell Smith gründete das DNA-Zentrum 4TRUTH Identity, das zur Mutterschafts-, Vaterschafts- und Verwandtschaftsfeststellung genetische (DNA-)Tests durchführt, ähnlich dem, der sein Leben veränderte.«[13]

In einem Interview fragte ich Mr. Smith, wie er es geschafft habe, in so vielen Staaten eine Gesetzesänderung zu erwirken, die Männern, die nicht der leibliche Vater sind, eine Aufhebung der Vaterschaft und die Einstellung von Unterhaltszahlungen für das Kind eines anderen Mannes ermöglicht. Er antwortete, dass er den Gerichten und der Legislative das Problem des Vaterschaftsbetrugs als »Bürgerrechtsfrage« vorgetragen habe. Das heißt, dass es de facto Sklaverei sei, einen Mann dazu zu zwingen, für das Kind eines anderen Mannes, das er nicht adoptieren wolle, Unterhalt zu bezahlen. Smith sagte mir auch, dass er diesen Kampf nicht allein geführt habe. »Frauen haben ein ausgeprägteres Sozialleben als wir. Männer gehen im Gegensatz zu ihnen in der Regel nicht raus und knüpfen soziale Kontakte.« Smith erfuhr jedoch sehr viel Unterstützung von anderen, denen sein Fall am Herzen lag. Nach unserem Interview teilte er mir in einer E-Mail nähere Einzelheiten zu seinem Fall mit, die für Sie hilfreich sein könnten:

»Ich wählte ein zweigleisiges Vorgehen und ging zum einen in meinem persönlichen Fall durch alle Instanzen, während ich zum anderen hervorhob, »dass das Familiengericht seine Funktion als ordentliches Gericht nicht erfüllen kann«, wenn es gleichzeitig Lobbying für Reformen in Georgia be-

VI. SICH WEHREN, DEN GALT MACHEN ...? 181

treibt. Ursprünglich dachte ich, dass es anderen Opfern von Vaterschaftsbetrug helfen würde, wenn ich meinen Prozess beim USCT [Oberster Gerichtshof der Vereinigten Staaten] gewinnen würde. Und ich glaubte, dass ein neues Gesetz in Georgia anderen Betroffenen in diesem Bundesstaat helfen würde, Urteile im Fall von Vaterschaftsbetrug revidieren zu lassen. Ich versuchte, die Notwendigkeit zu umgehen, auf einzelne Staaten Einfluss nehmen zu müssen, legale DNA-Tests einzuführen, um eine Aufhebung von Urteilen bei Vaterschaftsbetrug erwirken zu können. Doch traurigerweise bleibt uns nur die Wahl, einzelne Staaten dazu zu bringen, die Vaterschaftsgesetze zu reformieren, da der USCT sich seit mehr als zehn Jahren weigert, Vaterschaftsbetrugsfälle zu verhandeln.

1. Ich ging durch alle Instanzen bis vor den USCT, weil ich glaubte, die Frage der »sachlichen Zuständigkeit« sei ein geeignetes Mittel, um ein Vaterschaftsurteil, das durch Betrug oder sittenwidrige Rechtsgeschäfte erzielt wurde, zu kippen. Der Oberste Gerichtshof beschäftigte sich in zwei Sitzungen mit meinem Fall, da er ihm als repräsentativ für das Problem erschien, dass Bundesstaaten berechtigt sind, Tatsachen (Aussagen der Mutter/Dokumente) und wissenschaftliche Beweise unberücksichtigt zu lassen, um mit Gewalt ein fiktionales Vaterschaftsurteil aufrechtzuerhalten. Resultat: Der USCT wies meine Berufungsklage am 9. Juni 2002 zurück. Smith gegen Odum.
2. Dank kontinuierlicher Lobbyarbeit, nationaler und lokaler PR sowie einer breiten öffentlichen Unterstützung ist es uns gelungen, im Repräsentantenhaus von Georgia ein Abstimmungsergebnis von 163:0 und im Senat von 45:5 zu

erreichen, und Gouverneur Roy Barnes unterzeichnete am 9. Mai 2002 das Gesetz HB369 (OCGA 19-7-54).
3. Ausgleichende Gerechtigkeit: Ich bin der Erste, der mithilfe des neuen Gesetzes 19-7-54 in Georgia am 6. Februar 2003 seinen Prozess gewann.

Ich bin der Überzeugung, dass kein Mann einem willkürlich eingeleiteten Berufungsverfahren ausgesetzt werden sollte, wenn schon der Beweis des ersten Anscheins zeigt, dass der beschuldigte Mann entgegen dem Eid der Kindsmutter die Schwangerschaft nicht verursacht hat.«[14]

Fazit: Suchen Sie einen Abgeordneten, einen Politiker oder jemanden, der Verständnis für Ihren Fall hat, nehmen Sie Kontakt mit ihm auf und vereinbaren Sie ein Treffen, um darüber zu sprechen, was getan werden kann, um ein bestimmtes Gesetz zu ändern. Seien Sie bereit, mit anderen zusammenzuarbeiten, und ignorieren Sie Menschen, die sich engagieren wollen, nicht. Smith sagt, dass 80 Prozent derjenigen, die zu seiner Organisation stoßen, Frauen sind: die Mütter, Ehefrauen, Schwestern und sogar Großmütter von Männern, die über die Vaterschaft eines Kindes getäuscht wurden. Schließen Sie niemanden aus.

Was können Sie im Fall einer unfreiwilligen Vaterschaft durch Betrug tun? Selbst wenn Sie das längst nicht mehr kümmert – was ist mit Ihrem Sohn? Ich besuchte an der University of Tennessee Professor Higdon, der sich auf Familienrecht spezialisiert hat, um mir von ihm ein paar Ratschläge zu holen. Während eines hochinteressanten einstündigen Gesprächs über den harten Kampf, den Männer in Bezug auf die Verantwortlichkeiten für Kinder führen müssen, deren Zeugung sie nicht zugestimmt haben, erfuhr ich auch einiges über die fehlenden Rechte von Männern in Bezug auf Kinder, die ihre eigenen *sind*.

Professor Higdon sprach auch über den Ehestand der Frau, der während des gesamten 19. Jahrhunderts in England und den Vereinigten Staaten Teil des Common Law war, »eine Rechtslehre, der zufolge die Rechte einer Frau mit der Eheschließung unter die Rechte des Ehemannes subsumiert wurden«,[15] etwas, das heute, so Higdon, für Männer gilt. »Welche Rechte ein Mann besitzen wird, entscheidet heute die Frau.« Als Beispiele führte er Männer an, die für den Unterhalt von Kindern aufkommen müssen, die durch eine List oder sogar durch Kindesvergewaltigung gezeugt wurden (ein Junge, der von einer älteren Frau sexuell missbraucht wurde), oder Frauen, die ein Kind ohne Zustimmung zur Adoption freigeben können und wegen des Schutzes ihrer Privatsphäre den Namen des Vaters nicht angeben müssen. Der Mann kann sich in ein Register für mutmaßliche Väter eintragen lassen, wenn er glaubt, dass eine Frau sein Kind zur Adoption freigibt, sollte dies jedoch in jedem Bundesstaat tun, da es für Frauen ein leichtes ist, mit *seinem* Kind in einen anderen Staat zu gehen. Das Register soll den Mann davon unterrichten, wenn die Mutter ihr Kind zur Adoption freigeben will, doch es ist Aufgabe des Mannes, herauszufinden, in welchem Staat sie das tut. Professor Higdon wies auf die Website www.babyselling.com hin, wo über die emotionale Achterbahnfahrt eines Vaters berichtet wird, der versuchte, sein Kind aufzuspüren und zu verhindern, dass es adoptiert wurde.

Higdon zufolge »sind wir zu diesem alten System zurückgekehrt, über das die Feministinnen sich früher beklagt haben, einem System, bei dem ein Geschlecht alle Trümpfe in der Hand hielt [...], nur dass es jetzt einen Rollentausch gegeben hat. Das ist die Ironie des Ganzen. Es bewirkt auch, dass Frauen wie verlogene Huren erscheinen, und lehrt Männer, sie so zu sehen. Es lehrt sie, immer einen Vaterschaftstest zu machen, selbst wenn sie mit dieser Frau seit der Highschool zusammen waren. Es lehrt Männer, ihre Exfreundin zu stalken, damit sie nicht wegziehen und das Kind zur Adoption freigeben kann, da Frauen zu so etwas imstande sind. Das ist die Botschaft, die dieses System aussendet.«

Ich fragte Professor Higdon, wie Männer es verhindern können, unfreiwillig zum Vater gemacht zu werden. Hier sind einige seiner Vorschläge:

1. Verzichten Sie auf Sex.
2. Lassen Sie sich sterilisieren.
3. Üben Sie nur geschützten Verkehr aus.
4. Beseitigen Sie nach dem Verkehr das Kondom eigenhändig. Spülen Sie es die Toilette hinunter und vergewissern Sie sich, dass es verschwunden ist. Es gab Fälle, in denen Frauen Kondome aus dem Müll gefischt oder sie an sich genommen und dann dazu benutzt haben, sich selbst zu befruchten.

Joe Pressill zum Beispiel ist jetzt Vater von Zwillingen, weil seine Freundin sein Sperma gestohlen hatte. Sie bewahrte nach dem Sex das Kondom auf und nahm es mit in eine Kinderwunschklinik, um sich dort befruchten zu lassen. Dann verklagte sie ihn auf Kindesunterhalt.[16]

In einem anderen, in Kapitel V. erwähnten Fall besuchte ein Mann namens Emile seine kranken Eltern im Krankenhaus, wo Debra, eine Krankenschwester, anbot, ihn oral zu befriedigen, doch nur, wenn er ein Kondom benutze. Anschließend übernahm sie es, das benutzte Kondom zu entsorgen. Neun Monate später brachte sie sein Kind zur Welt.[17]

Auf AskMen.com fand ich sogar einen Artikel mit der Überschrift »Sperm-Jackers: The Five Types«, in dem Männer aufgefordert werden, bei der Suche nach Sexualpartnerinnen auf der Hut zu sein. Offensichtlich sind nichteinvernehmliche Befruchtungen keine so große Seltenheit.[18]

Fazit: Ignorieren Sie nicht länger die Tatsache, dass der frühere Ehestand der Frau nun der der Männer ist. In vielen Bereichen des reproduktiven Lebens und des Familienlebens liegen die Entscheidungen nun in den Händen von Frauen, ob es Ihnen gefällt oder nicht. Die derzeitigen Gesetze und Familiengerichte geben es so vor. Ich höre Männer darüber reden, wie »männlich« sie sind, da solche Dinge sie »nicht kümmern«, weil sie »Weiberkram« seien. Sie sollten aber bedenken, was Michael Walzer einmal, ein Zitat von Leo Trotzki paraphrasierend, sagte: »Vielleicht interessierst du dich nicht für den Krieg, aber der Krieg interessiert sich für dich.«[19] Ein Mann steckt den Kopf nicht in den Sand. *Ignorieren kann am Ende Versklavung bedeuten.*

Informieren Sie sich über Ihre reproduktiven Rechte in Ihrem jeweiligen Staat. Ja, sie zu verstehen ist kompliziert, sich mit ihnen auseinanderzusetzen jedoch die Mühe wert, da niemand sonst es für Sie tun wird. Wenn Männer mehr Forderungen stellen, werden sich die Pädagogen hoffentlich daranmachen, den Durchschnittsmann über seine reproduktiven Rechte aufzuklären. Sobald Männer ihre Rechte kennen, werden sie es wohl kaum noch länger zulassen, im Grunde genommen Lohnsklaven und Bürger zweiter Klasse zu sein.

Wenn Sie nicht verheiratet sind, sollten Sie einen Vaterschaftstest verlangen, um die Gewissheit zu haben, dass Sie der Vater sind. Und wenn Sie verheiratet und sich nicht sicher sind, sollten Sie dies ebenfalls tun. Vielleicht sollten Männer auf Gesetze drängen, die bei Geburten grundsätzlich einen Vaterschaftstest vorschreiben, auch wenn einige Menschen (einschließlich Männer) dies als Verletzung der Privatsphäre betrachten. Doch wenn man bedenkt, wie wenig Rechte Männer haben und wie wichtig Vaterschaftsrechte sind, ist das vielleicht gar keine schlechte Idee.

TIPP 4.
Wehren Sie sich an Ihren Schulen und Universitäten gegen die Diskriminierung von Männern.

Robert L. Shibley ist der Vizepräsident der Foundation for Individual Rights in Education (FIRE), einer Organisation, die für Freiheit an Colleges und Universitäten kämpft. Auf ihrer Website werden ihre Ziele genauer erläutert:

> »Die Individualrechte an Amerikas Colleges und Universitäten zu verteidigen und zu erhalten. Zu diesen Rechten gehören Redefreiheit, Rechtsgleichheit, faire Gerichtsverfahren, Religions- und Gewissensfreiheit – die grundlegenden Werte individueller Freiheit und Würde. FIRE hat es sich zum Ziel gesetzt, die Schutzlosen zu schützen und die Öffentlichkeit sowie Gemeinschaften betroffener Amerikaner aufzuklären über die Gefährdung dieser Rechte auf unseren Campus und über die Möglichkeiten, sie zu schützen.«[20]

Ich nahm mit Shibley per E-Mail Kontakt auf,[21] um ihn um Ratschläge für Männer zu bitten, die in den heutigen Colleges

VI. SICH WEHREN, DEN GALT MACHEN ...? 187

Männerhass, Diskriminierung und unfairen Gerichtsverfahren ausgesetzt sind. Hier sind meine Fragen und seine Antworten:

HELEN SMITH: Was sagen Sie dazu, dass das Office of Civil Rights auf den Campus jener Colleges, die Bundesmittel erhalten, die Rechte der Beschuldigten auf ein faires Gerichtsverfahren bei sexueller Gewalt beschneidet?

ROBERT SHIBLEY: FIRE hat sich von Beginn an gegen die Beschneidung des Rechts auf ein faires Gerichtsverfahren im Brief des OCR vom 4. April 2011 gewandt. Dieser Brief verpflichtet alle Universitäten, die Title IX unterliegen, dazu, für Fälle von sexueller Belästigung oder Gewalt einen niedrigen Standard in Bezug auf das »Übergewicht der Beweise« einzuführen, und verlangt auch, dass ein Beschuldigter wegen derselben Tat einer doppelten Strafverfolgung ausgesetzt wird. Beides steht in völligem Widerspruch zur jahrhundertealten amerikanischen Rechtstradition und zum Grundsatz der Gerechtigkeit. Die richtige Art, mit dem Problem sexueller Gewalt auf dem Campus umzugehen, ist nicht die, es leichter zu machen, *jeden* zu verurteilen, der sexueller Gewalt beschuldigt wird, sondern die Verfahren zu verbessern, damit die Studenten sicher sein können, dass nur derjenige für das Verbrechen sexueller Gewalt bestraft wird, der es auch tatsächlich begangen hat.

H.S.: Was können Männer tun, um sich hiergegen zu wehren?

R.S.: Männer und Frauen sollten an die Campusverwaltung herantreten und ihr klarmachen, dass Studenten so lange als unschuldig behandelt werden wollen, bis ihre Schuld erwiesen ist, und dass sie nicht zweimal oder öfter für dasselbe Vergehen vor Gericht gestellt werden wollen. Außerdem sollten sich diejenigen, die von Campusgerichten zu Unrecht einer sexuellen Gewalttat für schuldig befunden werden, einen Anwalt nehmen und/oder FIRE kontaktieren.

H.S.: Welches war für Sie bei FIRE der schlimmste Fall, in dem einem Mann seine Rechte verwehrt wurden? Wie wurde er gehandhabt?

R.S.: Der schlimmste Fall war der von Caleb Warner, einem Studenten der University of North Dakota (UND), der von einem Campustribunal mithilfe des »Übergewicht der Beweise«-Standards sexueller Gewalt für schuldig befunden und für drei Jahre vom Campus verwiesen wurde und dem man es untersagte, Seminare an irgendeinem öffentlichen College in North Dakota zu besuchen. Doch nur wenige Monate, nachdem er vom Campus geflogen war, beschuldigte die Polizeibehörde Grand Forks in North Dakota seine Anklägerin, gegenüber der Strafvollzugsbehörde eine Falschaussage bezüglich des angeblichen Übergriffs gemacht zu haben. (Sie wird in diesem Zusammenhang noch immer gesucht und hat Berichten zufolge den Bundesstaat verlassen.) Als Warners Anwalt die University of North Dakota davon unterrichtete, weigerte sich UND, den Fall erneut aufzurollen. Als Warner und sein Anwalt mit FIRE Kontakt aufnahmen und FIRE sich schriftlich an UND wandte, erklärte UND, dass es keine neuen Beweise gebe und man an der Entscheidung festhalte, dass Warner der sexuellen Gewalt schuldig sei, wobei man sich auf dieselben Beweise berief, die die Polizei verwendet hatte, um Warners

Anklägerin der Lüge zu bezichtigen. Erst nachdem FIRE im *Wall Street Journal* über diesen Skandal berichtete, gab UND nach, überprüfte den Fall noch einmal und »hob« die Strafe »auf«. UND hat sich jedoch nie entschuldigt oder auch nur zugegeben, dass in diesem Fall völlig falsch entschieden worden war.

H.S.: Wie können sich Männer im allgemeinen in einer Collegeatmosphäre wehren, in der sie mit Billigung der Collegeverwaltung diskriminiert werden? Zum Beispiel obligatorische Seminare über sexuelle Belästigung o. ä.?

R.S.: Die beste Möglichkeit besteht darin, das Protestrecht wahrzunehmen und sich auf dem Campus gegen diese Maßnahmen zu organisieren. Die Universitäten setzen darauf, dass ihre Studenten sich widerspruchslos an ihre Vorschriften halten, wie orwellianisch diese auch sein mögen. Wenn Studenten ihre Rechte kennen und deren Respektierung verlangen, ist es für eine Universität viel schwerer, diese zu missachten. Das trifft umso mehr zu, als die Universitäten, wenn die Dinge an die Öffentlichkeit oder in die Medien gelangen, es nicht länger als gerechtfertigt hinstellen können, was sie ihren Studenten im Privaten antun.

H.S.: Haben Sie irgendwelche Ideen oder Ratschläge, wie Männer in Colleges oder Universitäten ohne Angst vor schlechten Noten oder einem Rauswurf frei ihre Meinung äußern können?

R.S.: Eine sehr gute Möglichkeit ist, FIRE zu kontaktieren und uns wissen zu lassen, was man vorhat, damit wir im Fall einer Strafe schneller handeln können. Generell ist es jedoch wichtig, sich in größeren Gruppen zu organisieren. Es ist leicht, einen einzelnen Studenten zu bestrafen, vor allem, wenn er nicht von FIRE weiß; viel schwieriger ist es, eine Studentenorganisation zum Schweigen zu bringen – selbst eine kleine. Und wenn man im Fall von Zensur an die Presse geht, sind die Universitäten viel vorsichtiger in dem, was sie tun. Universitäten sind auf eine gute PR angewiesen, um Spendengelder zu bekommen, und nehmen deswegen eine schlechte PR sehr ernst.

H.S.: Wie können Eltern ihre Söhne vor Colleges schützen, die Männer diskiminieren?

R.S.: Eltern sollten von Colleges, an denen Männer (oder wer auch immer) diskriminiert werden, Antworten verlangen. Die Collegeverwaltung nimmt die Ansichten von Eltern ernst, und ein Brief von ihnen wird mit Sicherheit gelesen. Und wenn den Eltern die Antworten, die sie erhalten, missfallen, sollten sie sich ernsthaft überlegen, mit ihren Kindern über einen Collegewechsel zu sprechen, und dem College die Gründe für diesen Wechsel mitteilen. Wie immer regiert Geld die Welt!

H.S.: Glauben Sie, dass es Männern hilft, sich in den Colleges, in denen sie möglicherweise mit Konsequenzen rechnen müssen, frei zu äußern? Oder ist es besser, sich bis zum Ende der Collegezeit unauffällig zu verhalten? Gibt es einen Mittelweg wie z. B. das Schreiben von Referaten oder Facharbeiten, die Männerthemen auf indirektere Weise angehen? Zum Beispiel eine Facharbeit über die Auswirkungen von Vaterschaftsbetrug auf die Gefühle und Emotionen von Männern statt darüber, warum Frauen, die Vaterschaftsbetrug begehen, bestraft werden sollten, usw.?

R.S.: Am hilfreichsten ist es, wenn Männer über die Themen, über die sie sprechen, gut Bescheid wissen. Einfach unausgegorene oder »politisch unkorrekte« Meinungen zu äußern erleichtert es der Universität, einen Mann als Sexisten oder Abweichler zu charakterisieren. Doch es ist für die Verwaltung sehr schwer, gegen Studenten vorzugehen, die mit guten, begründeten Argumenten aufwarten. Die Colleges würden zwar gern vorgeben, dass alle »richtig denkenden« Menschen mit ihren Ansichten übereinstimmen müssen, sind sich aber der Tatsache bewusst, dass es außerhalb des Campus Millionen von Amerikanern gibt, die bei praktisch jedem Thema anderer Meinung sind als sie. Und viele dieser Andersdenkenden bezahlen Steuern oder Studiengebühren, um die Arbeitsplätze auf dem Campus zu erhalten! Es ist eine Sache, einen Streit mit einem weitgehend machtlosen Studenten vom Zaun zu brechen – aber eine ganz andere, der breiten Öffentlichkeit zu erzählen, dass die Hälfte von ihnen Sexisten, Rassisten oder irgendwelche Fanatiker seien.

Fazit: Lehnen Sie sich nicht zurück und lassen Sie nicht zu, dass die Universität willkürlich irgendwelche »politisch korrekten« Vorschriften erlässt. Gründen Sie eine kleine Gruppe von Aktivisten und beziehen Sie, wenn möglich, die Medien ein. Vergessen Sie nicht, dass die University of Dakota erst nachgab, als FIRE den Fall Warren im *Wall Street Journal* bekannt machte.

TIPP 5.
Wehren Sie sich gegen negative Männerbilder in den Medien und im Kulturbereich.
Überprüfen Sie zuerst Ihr eigenes Verhalten. Hören Sie auf zu lachen, wenn ein Mann von einer Frau geschlagen und verletzt wird, weil er sie z. B. betrogen hat oder weil die Frau einfach gewalttätig ist. Ja, Parodien und Slapstick sind lustig, doch wenn Sie über einen anderen Mann lachen, der durch die Hölle geht, verschlimmern Sie die Situation und halten das Klischee aufrecht, dass es in Ordnung sei, Männer zu misshandeln, vor allem wenn Frauen es tun. Ich habe einmal über einen Collegestudenten berichtet, der von seiner Freundin, die ebenfalls Studentin war, mit einem Baseballschläger verprügelt wurde, weil er sich von ihr getrennt hatte. Alle fanden dies urkomisch, sogar andere Männer. Das ist verstörend, und wenn Sie glauben, darüber lachen zu müssen, ist es Ihre eigene Schuld, wenn Männer schlecht behandelt werden.

Wenn Sie mitbekommen, dass andere Männer über derlei Dinge lachen, sollten Sie dies nicht schweigend hinnehmen. Verspotten Sie sie gnadenlos. Ich nenne solche Männer oft Onkel-Tim-Typen, weil sie Verrat an ihrem eigenen Geschlecht begehen. Männer mögen es nicht, wenn man sich über sie lustig macht, doch manchmal ist es die einzige Möglichkeit, sie davon abzuhalten, andere Männer niederzumachen.

Fazit: Wenn Sie auf männerfeindliche Shows oder Werbung stoßen, gehen Sie auf die Website der Firma, die das beworbene Produkt vertreibt, oder suchen Sie deren Telefonnummer heraus und teilen Sie ihr mit, dass Sie dieses Vorgehen nicht gutheißen. Stellen Sie klar, dass Sie ihre Produkte aufgrund des geäußerten Männerhasses nicht kaufen werden. Tun Sie es auch nicht. Geld ist Macht. Sie werden überrascht sein, wie effektiv ein Dutzend Beschwerden von Männern sein können. Der Männerrechtsaktivist Glenn Sacks hat Kampagnen gegen eine Reihe von Shows und Werbespots organisiert, die Männer niedermachen, und war damit sehr erfolgreich.

TIPP 6.
Erobern Sie den männlichen Raum zurück.

Männergruppen sind so weit ins Abseits gedrängt worden, dass Männer oft Angst haben, solche Gruppen zu bilden. Denken Sie an die Universitäten, an denen es oft ein Frauenzentrum, aber so gut wie nie ein Männerzentrum gibt. Deswegen war ich überrascht zu erfahren, dass es an der juristischen Fakultät einer der großen öffentlichen Universitäten eine Männergruppe gab, und machte deren Vorsitzenden Matt ausfindig. Ich fragte ihn, wie es zur Gründung dieser Gruppe gekommen sei.

»Vor ein paar Jahren fiel uns auf, dass es an unserer Uni all diese Gruppen gab – die Black Law Students, die Women Law Students, die Latino Law Students –, und wir waren der Meinung, dass die Verwaltung es nicht ablehnen könne, dass auch wir eine Gruppe gründen. Unser Vorhaben schien ihr zu missfallen, doch sie ließ uns gewähren. Sie hat wohl irgendwelche Vorurteile.« Obwohl es in dieser Gruppe nicht um Männerrechte geht, sondern vor allem um Wohltätigkeitsarbeit und den Zusammenhalt fördernde Aktivitäten wie gemeinsame Abendessen, Schießen und Golf, gab es an der juristischen Fakultät einige Leute, denen diese Männergruppe gegen den Strich ging. »Unsere Gruppe eckt bei den Leuten an«, sagte Matt. »Einige der liberalen Frauen finden sie diskriminierend.«

Auf die Frage nach dem Warum erwiderte Matt, dass er es sich nur damit erklären könne, dass man sie als Sexisten betrachte. »Wir müssen wirklich aufpassen, was wir sagen, um nicht gemaßregelt zu werden. Ich habe gehört, dass dies anderen studentischen Männergruppen passiert ist.«

»Wow«, dachte ich, »diese Universitäten sind echte Schatzhäuser der Redefreiheit« – doch lassen Sie uns mit der Geschichte dieser Jurastudenten fortfahren und ihrer Art, sich den männlichen Raum zurückzuerobern. Ja, Frauen können sich der Gruppe anschließen, so wie Männer jeder Frauengruppe oder anderen Gruppe beitreten können. Die Gruppe hat etwa 86 Mitglieder, darunter zwei Frauen, die gelegentlich zu einem der gemeinsamen Essen kommen oder auf einen Drink mitgehen. Die Mitglieder kümmern sich ehrenamtlich um andere Männer und helfen z. B., Geld für eine örtliche Gruppe junger Männer zu beschaffen, die nach der Schule Freizeitbeschäftigungen anbietet, um Jungen davon abzuhalten, sich Gangs anzuschließen. Die Gruppe machte sogar bei einem Fünf-Kilometer-Lauf mit, um die Herzforschung zu unterstützen, weil einer der Studenten an einem Herzleiden gestorben war. Zu ihren Aktivitäten außerhalb des Campus gehören auch typische Männersachen: in Restaurants gehen, wo es besonders große Steaks gibt, oder Zigarren rauchen. Bei diesen Treffen können sie Witze reißen und Spaß haben, ohne befürchten zu müssen, das Falsche zu sagen. »Man will an der Uni nichts Falsches sagen oder auffallen. Solange man nichts sagt, bietet man keine Angriffsfläche.«

Leider gibt es an den juristischen Fakultäten in unserem Land nur sehr wenige Männergruppen. Und ich war bestürzt, wenn auch nicht überrascht, dass eine Männergruppe aufpassen musste, was sie in der juristischen Fakultät äußerte. Das Erstaunliche dabei ist jedoch, dass es diesen Männern wichtig war, in ihrer Universität Präsenz zu zeigen, und dass sie die Verwaltung dazu brachten, ihren Wunsch zu akzeptieren. Schon das Vorhandensein der Gruppe ist ein Statement: »Wir sind Männer und wir sind hier. Dies ist ein Raum, den wir uns an dieser Universität erkämpft haben.« Dass es an den juristischen Fakultäten nicht mehr Männergruppen gibt, lag Matts Ansicht nach daran, dass Männer nicht fragen, ob deren Gründung erlaubt ist. Wenn man der Verwaltung sein Vorhaben vorträgt, muss sie ihm, auch wenn es ihr missfällt, normalerweise zustimmen, wenn andere Colleges dies bereits tun.

Fazit: Wenn Sie mehr Raum haben wollen, dann fordern Sie ihn. Selbst wenn die Bedingungen nicht die besten sein sollten, wird eine männliche Präsenz einen Unterschied bewirken und dazu beitragen, dass Männer wieder stärker in der öffentlichen Sphäre vertreten sind. Und was Ihr Zuhause angeht: Schleichen Sie sich nicht nach unten in eine Männerhöhle, es sei denn, es handelt sich um einen Raum, der Ihren Bedürfnissen entspricht. Wenn Ihre Frau von Ihnen verlangt, dass Sie sich mit der schmutzigen Garage oder einem schäbigen Kellerraum begnügen, während der Rest der Familie das Haus zur freien Verfügung hat, müssen Sie mit ihr über Ihr Bedürfnis nach Raum reden. Sollte sie sich dagegen sperren, erklären Sie ihr, dass es wichtig für Sie ist und Sie sich vielleicht mehr im Büro oder in Ihrem Wagen aufhalten müssen, um Raum für sich zu haben, wenn er Ihnen zu Hause nicht gewährt wird.

Sollten Männer den Galt machen?

In der Einleitung habe ich über »den Galt machen« gesprochen, eine Metapher dafür, dass Sie der Welt Ihre Talente entziehen und sich nach innen wenden, um nicht ausgebeutet zu werden. In unserer modernen Welt mag »den Galt machen« ein wenig anders aussehen, als Ayn Rand es in *Atlas wirft die Welt ab* im Sinn hatte, doch die Idee ist ähnlich. Warum sollten Sie sich wer weiß wie ins Zeug legen, wenn Ihnen die Früchte Ihrer Bemühungen von der Regierung, dem Staat, Frauen oder Verfechtern des Matriarchats weggenommen werden? Mit Letzteren meine ich jene Politiker und Abgeordneten, die trotz der Tatsache, dass sie Männer sind, auf die Wünsche von Frauengruppen und deren Unterstützern eingehen und Gesetze erlassen oder Privilegien gewähren, die üblicherweise unfair gegenüber Männern sind und Frauen eine geschützte oder privilegierte Stellung einräumen.

Viele Männer machen inzwischen den Galt, indem sie sich weigern zu heiraten, um nicht den hierfür geltenden Gesetzen zu unterliegen, wenn es zum Bruch kommen sollte. Wenn Sie mit einer Frau zusammenleben, sollten Sie darauf achten, welche Gesetze für eheähnliche Gemeinschaften oder für Unterhaltszahlungen bei Auflösung einer Lebenspartnerschaft in Ihrem Staat gelten, damit Sie nicht von rechtlichen Pflichten überrascht werden, die Sie nicht übernehmen wollten. Dies ist eine Möglichkeit, den Galt zu machen.

Ein anderer Weg ist der, Ihren Bedürfnissen entsprechend zu leben, genügend Geld zu verdienen, um über die Runden zu kommen, und dem System aus dem Weg zu gehen. In meiner Heimatstadt sind mir eine Reihe von Männern aufgefallen, die es genießen, herumzufahren, Bier zu trinken und sich in ihrem eigenen Zuhause oder in Wohnungen, die sie mit anderen Männern teilen, ungestört ihren Hobbys zu widmen. Sie brauchen nicht zu befürchten, dass sie sich in die Männerhöhle verkriechen müssen, da sie sich frei im Haus bewegen können,

VI. SICH WEHREN, DEN GALT MACHEN ...?

oder dass sie ihr Hobby aufgeben müssen, weil die Ehefrau sich weigert, ihre Zustimmung dazu zu geben. Für einige Männer funktioniert das. Für andere vielleicht nicht. Doch selbst verheiratete Männer können im angemessenen Rahmen den Galt machen. Wenn Sie eine Familie haben, müssen Sie bei Ihrer Entscheidung, dies zu tun, natürlich die Bedürfnisse aller berücksichtigen.

Auf meinem Blog bat ich Männer um ein paar Beispiele dafür, wie sie in einer auf Frauen ausgerichteten Gesellschaft den Galt machen könnten. Hier sind einige ihrer Beiträge:

Stephenlclark schreibt:
»Es gibt noch immer viele Jobs für Männer. Willst du eine handwerkliche Arbeit, dann sieh dir z.B. den Energieboom in North und South Dakota und andernorts an. Noch immer wird die Welt von Maschinen regiert, die gewartet werden müssen; die Mehrheit derer, die diese Jobs erledigen, sind Männer, und das wird wohl auch so bleiben. Man wird immer Schweißer brauchen! Diese Jobs sind gut bezahlt, und wenn man eine zweite Sprache beherrscht und bereit ist zu reisen, bieten sich ebenfalls Chancen. Einer der rührigsten Typen, die ich hier im ländlichen Missouri kennengelernt habe, arbeitete an Hubschraubermotoren und war ständig zu Jobs unterwegs. Zumindest in den ländlichen Gegenden gibt es Chancen für kleine Unternehmen, die Hausbesitzern Dienstleistungen anbieten, und daran wird sich auch nichts ändern.
Falls die Uni dein Ding ist, dann konzentriere dich auf ein Ingenieurstudium – denn trotz aller Bemühungen, Frauen zu einem solchen Studium zu bewegen, machen sie, abgesehen von seltenen Fällen, immer noch nicht mehr als 30 Prozent aus. Die Beschäftigungslage für Ingenieure ist nach wie vor

gut und wird es auch weiterhin sein, und vor allem hier trifft der Hinweis auf die zweite Sprache und das Reisen zu.

Und schließlich: Öffne die Augen und schau über die Grenzen der USA hinaus: Dort draußen wartet eine tolle große Welt auf dich, ein Grenzgebiet, in dem die Jünger der Political Correctness weder herrschen noch existieren. Eigne dir Fachwissen an, lerne eine andere Sprache und zieh los: Du bist von deinem Schöpfer mit dem unveräußerlichen Recht begabt worden, nach Glück zu streben. Also strebe danach.«[22]

JKB sagt:
»Nicht jede Art, ›den Galt zu machen‹, funktioniert für jeden Mann. Ich finde jedoch, dass Männer sich die Fertigkeiten aneignen sollten, über die traditionell Juden verfügten, die in Gesellschaften lebten und arbeiteten, die ihnen feindlich gesinnt waren oder das Potential dazu hatten. Hierbei handelt es sich um Überlebenstechniken von Gruppen, die sich in ihrer Umgebung nicht sicher fühlen.

Konzentriert euch auf mobilen Reichtum, geht einer selbständigen Tätigkeit nach statt einer, bei der ihr den Launen eines Einzelnen oder einer kleinen Gruppe von Individuen ausgesetzt seid, entwickelt die Fertigkeiten eines Wandergesellen (Wandergesellen im ursprünglichen Sinne, die tageweise oder unter Vertrag arbeiten) und konzentriert euch auf vermarktbare Fertigkeiten, die sich auf euer Fachwissen stützen, das nicht beschlagnahmt werden kann, statt auf irgendwelche Zeugnisse, die nutzlos werden können.«[23]

Eric R. schrieb:
»Es gibt noch eine andere Möglichkeit für Männer, den Galt zu machen: Rückt nicht zum Militär ein. Warum solltet ihr

VI. SICH WEHREN, DEN GALT MACHEN ...?   199

euer Leben für ein System aufs Spiel setzen, das euch wie Bürger zweiter Klasse behandelt?«[24]

Armageddon Rex sagt:
»Ich stimme Eric R. zu, doch sein Gedanke ist nicht zu Ende gedacht. Geht noch einen Schritt weiter. In jeder traditionellen Gesellschaft sind Männer die Beschützer vor äußeren und inneren Feinden. Da sie in unserer Gesellschaft keine vollwertigen Bürger mehr sind, die die gleichen Bürgerrechte genießen wie Frauen, ist es an der Zeit, dass die Gesellschaft das erntet, was sie gesät hat. Ich fordere alle Männer in westlichen Gesellschaften auf, zu tun, was auch ich tun werde: Ermutigt Jungen und junge Männer, mit denen ihr arbeitet und die ihr ausbildet, dazu, NICHT zum Militär einzurücken, NICHT zu irgendeiner Art von Gesetzeshüter zu werden oder im Gesetzes- oder Strafvollzug zu arbeiten und KEIN Feuerwehrmann oder Rettungssanitäter zu werden. Ich würde sie auch dazu ermutigen, keine Geburtshelferausbildung zu machen, doch dafür sorgt bereits unsere derzeitige wucherische, prozessfreudige Gesellschaft [...].«[25]

Dies sind nur einige Vorschläge. Überlegen Sie, was Sie darüber hinaus noch tun könnten. Zu den Vorschlägen von Eric R. und Armageddon Rex möchte ich noch eine Anmerkung machen: Einige Männer denken bereits darüber nach, nicht länger gefährliche Aufgaben zu übernehmen, um andere zu schützen. Warum sollten sie auch für eine Gesellschaft kämpfen und möglicherweise ihr Leben lassen, die sie als überflüssig und Bürger zweiter Klasse betrachtet? So wie der Kapitän und die Crew der *Concordia*, denen wir in Kapitel IV begegnet sind, eilen Männer zu den Ausgängen und fragen: »Alter, wo ist *mein*

Rettungsboot?« Als Männer, die Verantwortung übernahmen, noch als wichtig und heldenhaft galten und mit größerer Fairness und größerem Respekt behandelt wurden, stellten sie sich bereitwillig der Herausforderung. Viele Männer tun dies nach wie vor, aber ich frage mich, wie lange noch.

Wählen Sie eine Vorgehensweise, die Ihrer Persönlichkeit entspricht

Sie können sich für einen dieser Vorschläge oder eine Kombination von mehreren entscheiden – sich wehren, den Galt machen oder beides, und ihre Option gemäß Ihrer Persönlichkeit ausgestalten. Sind Sie jemand, der sich lieber im Hintergrund hält? Lautstark Ihre Rechte zu fordern ist dann vielleicht nicht Ihre Sache, aber Sie könnten politische Kampagnen, von denen Sie überzeugt sind, unterstützen oder Stellungnahmen für das Web und andere Medien schreiben. Suchen Sie nach Medien, die offen für die Ansichten von Männern sind, aber scheuen Sie sich nicht, auch auf jene zuzugehen, die Männerthemen ablehnend gegenüberstehen. Kontroversen bringen ihnen vielleicht neue Leser, sodass sie möglicherweise bereit sind, einen Artikel von einem Mann über Gender und Sexualität zu veröffentlichen.

Stehen Sie dagegen gerne im Rampenlicht, sollten Sie die Medien zu Ihrem Vorteil nutzen. Genau das tat Carnell Smith, der Aktivist für Vaterschaftsrechte, und es funktionierte für ihn hervorragend. Er erzählte mir, dass es ihm einmal gelungen sei – als Reaktion auf unfaire Vaterschaftsbetrugsprozesse, die Männer in den Ruin treiben, weil sie für Kinder zahlen müssen, die nicht ihre eigenen sind –, Männer aus dem ganzen Land in die Hauptstadt von Georgia zu locken, und zwar mit Transparenten, auf denen zu lesen war: »Warum will unsere Regierung, dass Männer obdachlos sind?« Smith verschickte Pressemitteilungen und forderte die Medien auf, zu kommen und den Protest zu filmen.

Wenn Sie in Ihrer Stadt einen Offenen Kanal haben, dann gehen Sie zur Stadtverwaltung. Dort erhalten Sie in der Regel ein paar Minuten Sendezeit, um Ihr Anliegen vortragen zu können – wenn z.B. die örtlichen Schulen Propaganda gegen Männer wie den in Kapitel IV. vorgestellten Film *Miss Representation* in ihren Lehrplan aufgenommen haben und Ihr Sohn oder Ihre Tochter betroffen sind. Sie können auch zu Schulausschusssitzungen gehen und die Mitglieder fragen, warum Ihre Schule (nennen Sie die Schule beim Namen) Jungen diskriminiert, und ihnen einige Beispiele nennen. Wenn Sie die Ausschussmitglieder obendrein noch beschämen, indem Sie sie mit Namen ansprechen, umso besser. Ich hoffe, Sie verstehen, worauf ich hinauswill, und kommen auf eigene Ideen, wie Sie Ihr Leben und das Leben anderer Männer und Jungen in Ihrer Gemeinde erträglicher machen können.

*Der Umgang mit wütenden Frauen, weißen Rittern
und Onkel-Tim-Typen*

Da diese drei Gruppen weit verbreitet sind, widmen wir ihnen einen eigenen Abschnitt. Sie sind das größte Abschreckungsmittel für Männer, die für sich selbst eintreten. Wie also geht man mit ihnen um? Den besten Weg findet man, wenn man versteht, wie sie sind und was sie bewegt.

Frauen, die wütend sind und sich viel beschweren, scheinen Hilfe zu bekommen – sowohl in den Medien als auch in ihren Beziehungen zu anderen. Frauen sind eher bereit, »Beziehungskonflikte auszulösen und den Konflikt zuzuspitzen, eher in der Lage, dann damit umzugehen, und erholen sich auch schneller davon«.[26] Männern bereiten wütende Auseinandersetzungen mit ihren Partnerinnen mehr Stress; deshalb ziehen sie sich gern zurück und blocken ab.[27]

Das Problem bei dieser Art von Auseinandersetzung ist, dass sie zu Unzufriedenheit in der Ehe und damit möglicherweise zur Scheidung führt, denn der Stress des Mannes ist ein maßgebliches Kennzeichen für diese Unzufriedenheit.[28] Wenn Sie es mit einer wütenden Frau zu tun haben, die Ihnen am Herzen liegt, sollten Sie versuchen, mit ihr über Ihre Gefühle zu sprechen. Sagen Sie ihr, dass ihre Worte Sie verärgern und dass Sie ein wenig Zeit brauchen, um sich zu beruhigen. Reden Sie mit ihr, sobald Sie sich wieder besser fühlen. Lassen Sie nicht locker und diskutieren Sie die Sache möglichst aus. Frauen werden oft wütend, weil ihre Wut ihnen Macht über Männer verleiht, die alles nur Erdenkliche tun werden, um sie zu besänftigen oder ihnen zu helfen. Wütend zu werden war früher, als Frauen wenig Macht hatten und von ihren Ehemännern gehört werden wollten, vielleicht nötig. Inzwischen aber sollten Frauen vielleicht ein bisschen besser zuhören.

Was ist mit all jenen wütenden und oft bösartigen Frauen auf der Welt, die Männer als Feinde betrachten und sie erniedrigen und beleidigen? Sprechen Sie sie darauf an. Frauen hassen es, vor anderen zur Rede gestellt zu werden. Wenn eine Frau Sie in der Öffentlichkeit grob behandelt oder erniedrigt, sollten Sie sie vor anderen oder in einem Blog-Kommentar des emotionalen Missbrauchs beschuldigen. Nichts wird sie mehr ärgern, als wenn man ihr sagt, dass sie sich rücksichtslos verhält. Die meisten Frauen halten sich gern für emotional kompetent

VI. SICH WEHREN, DEN GALT MACHEN ...?

und für ein mögliches Opfer, aber niemals für jemanden, der andere schikaniert. Finden Sie Ihre eigene wirksame Methode, auf gedankenlose, erniedrigende sexistische Aussagen zu reagieren. Das könnte ein eiskalter Blick sein, ein Beenden der Unterhaltung oder eine clevere Retourkutsche wie »Meine Güte, du bist ein wahrer Genuss« – etwas, das Ihre Frau oder Freundin wissen lässt, dass ihre Aussagen unter der Gürtellinie sind. Am Arbeitsplatz sieht die Sache anders aus. Dort ist es wohl am besten, solchen Frauen wenn möglich aus dem Weg zu gehen. Alternativ könnten Sie auch in einem rein männlichen Berufszweig arbeiten, wenn Sie die Gegenwart von Frauen wie diesen nicht ertragen können.

Weiße Ritter und Onkel-Tim-Typen wollen beide auf unterschiedliche Weise und aus oft unterschiedlichen Gründen Frauen in eine privilegierte Position erheben. Der weiße Ritter möchte sich um eine Frau kümmern und sieht sie als Jungfrau in Nöten, die seines männlichen Schutzes bedarf, um zurechtzukommen. Sein Status steigt, weil er von Männern als ritterlich und von Frauen als Beschützer angesehen wird. Ist er Politiker, ist er vielleicht eher konservativ und betrachtet gewisse Gesetze, die Männern gegenüber unfair sind, als notwendig, um die kleinen Frauen vor dem großen bösen Wolf zu schützen – Männern natürlich. Männer wie er wollen als Held gesehen werden, doch Sie müssen ihn wie einen Narren behandeln. Das wird ihn demütigen und dazu bringen, seine ritterlichen Neigungen zu überdenken, die oft dazu führen, dass Männern geschadet wird und Frauen Privilegien erhalten. Wenn Sie in Internet-Chatrooms oder draußen in der Welt auf einen weißen Ritter treffen, dann stellen Sie ihn dafür zur Rede, dass er nur ein Werkzeug für Frauen ist, denn genau das ist er.

Ein Onkel Tim ist gewöhnlich ein Verräter an seinem eigenen Geschlecht und mit großer Wahrscheinlichkeit entweder ein Politiker – üblicherweise ein liberaler – oder aber ein Typ, der versucht, an Sex zu kommen, und denkt, dass sein politisch korrektes Verhalten ihm eher dazu verhilft. Stellen Sie dies so oft wie möglich heraus und verspotten Sie ihn. Ihn zu beschämen ist wichtig. Möglicherweise ist der Onkel-Tim-Typ einfach ein junger Mann, dem man eingeredet hat, dass er nach der Pfeife von Frauen zu tanzen hat, weil Männer für die frühere Diskriminierung von Frauen bestraft werden müssen. Ist dies der Fall, dann klären Sie ihn auf, weisen Sie ihn auf Lesestoff im Internet oder andernorts hin, um ihm zu zeigen, dass er sich irrt, oder beten Sie, dass sich das auswächst. Ändert sich sein Verhalten nach Erreichen des 30. Lebensjahrs nicht, sollten Sie auch ihn beschämen. Wenn Sie sich so stark über ihn lustig machen, dass er es als unangenehm empfindet, darüber zu sprechen, dass Männer Frauen nachgeben müssen, wird er wahrscheinlich damit aufhören oder es sich zumindest zweimal überlegen.

Tipps, wie Frauen helfen können

Während meiner Arbeit mit Männern und an diesem Buch habe ich viele Frauen kennengelernt, denen Männer und die Gerechtigkeit sehr am Herzen liegen. Obwohl die Medien uns glauben machen wollen, dass Männer, die es wagen, über ihre Rechte zu sprechen, Frauenhasser sind und dass alle Frauen Opfer mit wenig Rechten und einer Liste von Beschwerden sind, auf die nie eingegangen wird, sehen nicht alle Frauen das so. Viele sind aufgeschlossen, lieben ihre Mitmenschen und wollen, dass es fair zugeht. So setzt sich zum Beispiel meine Freundin und Co-Bloggerin Amy Alkon auf ihrem Blog www.advicegoddess.com für Männer ein. Sie gibt Frauen und Männern

VI. SICH WEHREN, DEN GALT MACHEN ...?

Ratschläge, und ihr Blog ist hilfreich für beide. Wenn eine Frau versucht, sich wie ein Opfer zu verhalten, stellt sie sie zur Rede. Wenn ein Mann Probleme in einer Beziehung hat, unterstellt sie nicht, dass *er* der Böse ist. Wir brauchen in der Beziehungsarena mehr Frauen wie Alkon, die für *beide* Geschlechter eintreten.

Was also können Frauen tun, um die Interaktionen mit Männern zu verbessern? Hier sind meine Top-3-Vorschläge:

1. Überwinden Sie Ihre natürliche Neigung, sich so oft bei ihm zu beklagen. Ja, in unserer Kultur ist es üblich, das zu tun, und die Medien verstärken die Opferrolle der Frau und männerfeindliches Verhalten, *doch lassen Sie es bleiben*. Weisen Sie Ihren Mann oder Freund nicht ständig auf seine Fehler hin. Versuchen Sie, sich auf seine positiven Eigenschaften zu konzentrieren. Wenn er Reparaturen im Haus vornimmt oder nachts als Ihr Bodyguard fungiert, sollten Sie daran denken, dass diese Aufgaben genauso wichtig oder manchmal noch wichtiger sind als Geschirrspülen.
2. *Beklagen Sie sich nicht bei anderen über ihn.* Das ist tödlich für Ihre Beziehung, und wenn er herausfindet, dass Sie ihn vor Ihren Freundinnen schlechtmachen, wird sein Vertrauen in Sie zerstört werden. Wenn Ihre Freundinnen ständig über Männer klagen, sollten Sie ihnen sagen, dass Sie dies nicht gutheißen. Falls Sie befürchten müssen, dass sie Sie dafür aus ihrem Kreis ausschließen, sind sie keine guten Freundinnen. Und wenn Ihnen mehr an den Gefühlen Ihrer Freundinnen liegt als an denen Ihres Ehemanns oder Freundes – wie wichtig kann Ihre Beziehung dann sein?
3. Hören Sie vorurteilsfrei zu, was Ihr Mann zu sagen hat. Es heißt immer, Männer würden nicht frei heraus ihre

Meinung äußern, doch das liegt oft daran, dass sie eine negative Reaktion befürchten, vor allem von Frauen. Männer haben Angst vor verärgerten, voreingenommenen Frauen. Egal also, wie seltsam oder verstörend Sie die Aussagen Ihres Mannes oder Freundes finden, hören Sie ihm zu und unterbrechen Sie ihn nicht mit Bemerkungen, wie er sich fühlen *sollte*. Lassen Sie ihn einfach reden. Versuchen Sie auch nicht, ihn dazu zu bringen, ständig über Ihre Beziehung zu reden; das ist ein Beziehungskiller.

Wohin geht die Reise?

In diesem Buch habe ich dargelegt, warum Männer in unserer Gesellschaft in den Streik getreten sind, und versucht, einige Lösungen anzubieten. Doch so gut es auch ist, sich auf individueller Ebene zu wehren, es muss viel mehr auf gesellschaftlicher Ebene getan werden. Viele der jungen Männer, mit denen ich gesprochen habe, ja sogar die älteren, schienen keine Ahnung von ihrer Rechtlosigkeit in den hier beschriebenen Bereichen zu haben. Sie waren schockiert zu erfahren, dass sie keine oder nur wenig reproduktive Rechte haben, dass es das Familiengericht bei einer Scheidung nicht kümmert, ob ihre Frau sie betrogen hat, oder dass sie am College unfairen Verfahren ausgesetzt sind, sollten sie der sexuellen Gewalt beschuldigt werden.

Und wissen sie Bescheid über so schwierige Rechtsbegriffe wie Ehestand der Frau? Vergessen Sie es. Die meisten Männer, selbst gebildete, haben keine Ahnung. Doch das sollten sie, weil sie die moderne Version davon leben, nur mit vertauschten Rollen. Im modernen 21. Jahrhundert halten Frauen (und der Staat) die rechtlichen und psychologischen Trümpfe in

VI. SICH WEHREN, DEN GALT MACHEN...?

der Hand, was Männer erst allmählich zu verstehen beginnen. Männer mögen so tun, als sei es ihnen egal, oder vorgeben, zu »männlich« zu sein, um sich darum zu scheren, doch das ändert nichts an der Wahrheit – dass sie kaum Kontrolle über ihr rechtliches Schicksal in puncto Reproduktion, Gesetze gegen sexuelle Belästigung oder Ehe haben.

Als erstes müssen die Jungen und Männer über ihre Rechtsansprüche (oder den Mangel daran) aufgeklärt werden. Dies könnte durch Organisationen für Jungen und Männer erfolgen oder auf privatem Wege. Eltern sollten darauf drängen, dass Highschools im Unterricht genauestens darüber informieren, was Männer und Jungen in rechtlicher Hinsicht erwartet und wie sie sich schützen können. Wir brauchen mehr Kurse, in denen zukünftige Anwälte und andere über Männerthemen und -rechte unterrichtet werden, damit sie dann anderen Männern helfen können, die Funktionsweise des Rechtssystems zu verstehen und sich zu wehren. Erziehung ist ein Anfang, aber auch nur der erste Schritt.

Im Gespräch ist die Bildung eines Ausschusses des Weißen Hauses zu Jungen und Männern, wobei man sich jedoch fragen muss, ob die Beteiligung der Regierung nicht vielleicht weitere Probleme verursacht. Ein solcher Ausschuss könnte eine groß angelegte Studie zum Abschneiden von Jungen in der Ausbildung und im College durchführen und den Schulen Empfehlungen geben, wie sie Jungen und junge Männer besser erreichen können. Der Vorschlag für diesen Ausschuss stammt von Warren Farrell, der ein wahrer Freund von Männern und Jungen ist, was Anlass zur Hoffnung gibt. Der Ausschuss wird auf der Website http://whitehouseboysmen.org/blog/ beschrieben. Dort können Sie sich ein Bild davon machen.

Wir brauchen mehr systematische Studien, die untersuchen, wie Männer mit den Problemen fertig werden, die wir hier angesprochen haben. Wie gehen Männer z. B. mit Vaterschaftsbetrug um? Carnell Smith, der an früherer Stelle dieses Kapitels vorgestellte Aktivist, arbeitet zusammen mit einem Soziologen an einer solchen Studie über die Emotionen und Gefühle von Männern, die entdecken, dass ein Kind, dessen Vater sie zu sein glaubten, nicht ihres ist. Diese Studien müssen bei Entscheidungen über Vaterschaftsrechte oder das Familienrecht in die Gespräche mit einbezogen werden, so wie auch die Ansichten und Gefühle von Frauen in Bezug auf Vergewaltigungen einen großen Einfluss auf die öffentliche Politik haben.

Warum gibt es keine *wirklich rührige* National Organization of Men oder American Association of University Men? Die sollte es geben! Warren Farrell ist der Ko-Vorsitzende der National Organization for Men,[29] doch ich erfuhr von dieser Organisation erst, als ich im Internet danach suchte. Sie sollte aber jedem geläufig sein. Vielleicht gab es in der Vergangenheit keinen Grund für eine solche Organisation, doch den gibt es inzwischen, da Männer in den Colleges und vielen Bereichen des amerikanischen Lebens eine Minderheit bilden. Ja, ich weiß, es gibt ein paar Männer in leitenden Positionen, doch nur sehr wenige im Vergleich zur gesamten männlichen Bevölkerung. So sagt Scott Adams, der Autor der *Dilbert*-Cartoons, über Männer in Führungspositionen: »DAS SIND ANDERE MÄNNER.«[30]

Der Durchschnittsmann hat keine Lobby und nur wenige Fürsprecher. Das muss sich ändern. Erst wenn Einzelne sich wehren und Interessengruppen sich für Männer einsetzen, werden wir einen Wandel erleben. So sagte mir der Männerrechtsaktivist Glenn Sacks in einem Interview: »Männer brauchen so wie die Feministinnen effektive, kapitalkräftige, professionelle Organisationen, die in den Staatskapitolen und in Washington, D. C., Lobbying für sie betreiben.«[31] Ich wünschte, es wäre anders und wir würden in einem Land leben, in dem Männer gerecht behandelt werden. Doch das ist nicht der Fall, und nur der Wunsch danach hilft nicht weiter. Im Moment wird Männern einfach nur gesagt, sie sollten »Rückgrat zeigen« oder »ihren Mann stehen«, Schlagwörter, die besagen: »Tut, was wir wollen, und macht uns keinen Ärger.« Hören Sie nicht darauf. Ergreifen Sie das Wort. Wehren Sie sich. Unterstützen Sie eine gute Interessenvertretung für Männer. In einer freien Gesellschaft verdienen Männer nichts Geringeres.

Dieses Buch soll in erster Linie ein Weckruf sein. Es will das Bewusstsein für die Notwendigkeit schärfen, für einen Wandel in den Bereichen Männerrechte und Männerfragen einzutreten. Wenn Sie über dieses Thema diskutieren oder mehr darüber lesen wollen, besuchen Sie meinen Blog unter www.pjmedia.com/drhelen oder senden Sie eine E-Mail an aksdrhelen@hotmail.com.

SCHLUSSBEMERKUNG

Vor vielen Jahren lebte ich in New York City, wo ich ein Aufbaustudium absolvierte und als Psychologin für den Staat arbeitete. Auf dem Weg zur Arbeit oder zur Schule blieb ich gern stehen und sah den Bauarbeitern zu, die überall in der Stadt diese unglaublich hohen Bauten errichteten. Manchmal arbeiteten sie einfach nur an alten Gebäuden, um sie in gutem Zustand zu erhalten. Ich stand dann staunend da und sah zu, wie die Männer auf Trägern balancierten, wie sie mit Wasserschläuchen Bürgersteige abspritzten und mit schweren Bauteilen umgingen, als sei es das Leichteste der Welt. Vielleicht kommt Ihnen jetzt Freud in den Sinn und Sie glauben, ich hätte eine Art Penisneid – die Schläuche und so weiter –, doch mein Gefühl war eines der Bewunderung, nicht des Neids. Ich war dankbar, dass diese Männer bereit waren, solch erstaunliche Bauten zu errichten und dabei ihr eigenes Leben zu riskieren, damit ich und meine New Yorker Mitbürger ein besseres Leben haben.

Meine New Yorker Arbeitskolleginnen oder Kommilitoninnen hatten jedoch nicht so positive Gefühle gegenüber den Bauarbeitern. Sie beklagten sich oft, dass die Männer lüstern gegrinst, mit der Zunge geschnalzt oder ihnen ein anzügliches Kompliment hinterhergebrüllt hätten. Ich kann verstehen, dass die meisten der Frauen, die einfach nur, ohne angemacht zu werden, zur Arbeit oder zur Uni gelangen wollen, dies als unangenehm empfinden. Doch diese Frauen erinnerten sich nur an diese eine Eigenschaft der Bauarbeiter oder der Männer in der Stadt, die täglich Dienstleistungen für sie erbrachten. Deren bessere Eigenschaften und das, was sie taten, entgingen ihnen.

Viele von ihnen waren sehr wütend und wollten, dass etwas gegen die Männer, die sie auf der Straße anstarrten, unternommen werde. Sie festzunehmen und ins Gefängnis zu werfen, nur weil sie sie angeschaut hatten, fanden einige dieser Frauen nur recht und billig.

Ich bewundere jeden Tag diese Männer – von denen viele einen maßgeblichen Beitrag zu unserer Gesellschaft leisten –, wenn sie in der Nähe meines Büros ruhig ihrem Handwerk nachgehen und Bäume pflanzen, Gärten gestalten oder Rasen mähen, Unternehmen leiten, die Leute einstellen, als Ärzte arbeiten, um Menschen zu helfen, wieder gesund zu werden, oder die Gesellschaft einfach durch ihre Beharrlichkeit und ihre Fähigkeiten besser zu machen. Doch unsere Gesellschaft konzentriert sich vor allem auf die negativen Eigenschaften, die sie an Männern wahrzunehmen glaubt. Männerhass ist so verbreitet, dass niemand ihn auch nur infrage stellt. Eine wohltuende Ausnahme bildet hier die Schriftstellerin Camille Paglia, wie Christina Hoff Sommers zeigt:

»Für Paglia sind männliche Aggressivität und männliches Konkurrenzdenken eine treibende Kraft der Kreativität: ›Männlichkeit ist aggressiv, unbeständig und entflammbar. Sie ist auch die kreativste kulturelle Kraft in der Geschichte.‹ Und in Bezug auf die ›moderne Geringschätzung der *patriarchalischen Gesellschaft*, der nie etwas Gutes zugeschrieben wird‹, schreibt sie: ›Doch die patriarchalische Gesellschaft hat mich als Frau befreit. Der Kapitalismus hat mir die Muße beschert, an diesem Schreibtisch sitzen und dieses Buch schreiben zu können. Lasst uns aufhören, in puncto Männer engstirnig zu sein, und offen zugeben, um welche Schätze sie die Kultur mit ihrer Besessenheit bereichert haben.‹ ›Männer‹, schreibt Paglia, ›haben die Welt geschaffen, in der wir leben, und die Luxusgüter, die wir genießen. Wenn ich die George Washington Bridge oder irgendeine andere von Amerikas großen Brücken überquere, denke ich – das haben *Männer* getan. Das Bauen ist die grandiose Poesie der Männer.‹«[1]

Unsere Gesellschaft ist zu der erbosten, mit anzüglichen Blicken bedachten Frau geworden, der es egal ist, dass Männer Gebäude errichten oder so erstaunliche Dinge tun können, wie gute Väter, Ehemänner und Söhne zu sein. Sie konzentriert sich vielmehr auf die kleinen Fehler einiger Männer und schließt von ihnen auf das gesamte männliche Geschlecht. Männer sind Hunde, Vergewaltiger, Perverse, Versager und nutzlos. Wer braucht sie schon?

Wir. Unsere Gesellschaft hat bei ihrem Streben, an Männern und Jungen Rache zu üben, die oft noch nicht einmal auf der Welt waren, als Frauen noch diskriminiert wurden, die erstaunlichen Leistungen der Männer vergessen. Viele Männer begreifen den Krieg, der gegen sie geführt wird. Sie gehen in den Untergrund, entziehen der Gesellschaft ihre Talente und treten in vielen Bereichen in den Streik: in Ehe, Vaterschaft, Ausbildung und in der Gesellschaft generell. Sie reden vielleicht nicht darüber und benutzen auch kein Megaphon, um der Welt ihren Schmerz, ihre Unzufriedenheit und Wut oder auch einfach nur ihre Gleichgültigkeit mitzuteilen, doch das alles ist da – direkt unter der Oberfläche. Wir als Gesellschaft müssen erkennen, was wir Männern antun, bevor es zu spät ist und wir in einer Welt leben, in der das männliche Potential brachliegt.

Unsere Gesellschaft profitiert von Männern, die produktiv und glücklich sind und fair behandelt werden. Es ist allein unsere Schuld, wenn wir den Krieg gegen die Männer nicht beenden, denn ohne die Hälfte der menschlichen Erfahrung wird unsere Gesellschaft in sich zusammenfallen, so wie es sicher auch diese New Yorker Gebäude tun würden, wenn es keine Männer mehr gäbe, die sie mit ihrer Kunstfertigkeit erhalten würden. Möchten Sie in einer solchen Welt leben? Ich nicht.

DANKSAGUNG

Mein Dank gilt den unzähligen Lesern, die im Lauf der Jahre meine Blogs www.drhelen.blogspot.com und www.pjmedia.com besucht, Tausende von Posts kommentiert, mir Hunderte von E-Mails geschrieben und mir damit einen Einblick ermöglicht haben, wie der männliche Verstand tickt. Viele von Ihnen wissen, wen ich meine, und einige, wenn auch nicht alle, haben mich gebeten, ihre Namen nicht zu nennen, aber ich möchte Ihnen danken, denn ohne meine Leser und die Männer, die so liebenswürdig waren, mich an ihrem Leben und ihren Gefühlen teilhaben zu lassen, hätte ich dieses Buch nicht schreiben können. Dankbar bin ich auch all den Klienten, die mir im Lauf der vielen Jahre meiner beruflichen Tätigkeit geholfen haben, besser zu verstehen, was Mannsein in der modernen amerikanischen Kultur bedeutet.

Encounter Books ein herzliches Dankeschön für die Möglichkeit, über die Männerfragen zu schreiben, die mir am Herzen liegen. Mein besonderer Dank gilt Roger Kimball, der nie daran zweifelte, dass Männer an diesem Thema interessiert sein würden, während andere Verleger mir erklärten, nur Frauen würden Themen wie Geschlechterrechte, Beziehungen, Ehe und Kultur wichtig nehmen.»Männer kaufen solche Bücher nicht«, meinten sie. Ich hoffe, dieses Buch beweist ihnen das Gegenteil und, wichtiger noch, ebnet anderen Autoren und Aktivisten den Weg, den nächsten Schritt in diesem Kampf zu unternehmen. Ein großes Dankeschön auch Katherine Wong, Lauren Miklos und Elaine Ruxton von Encounter Books.

Herzlichen Dank meinen Freunden und Kollegen, die mir geholfen und mich ermutigt haben, dieses Buch zu schreiben.

Amy Alkon hat mich über die Jahre hinweg immer ermuntert, mir Mut zugesprochen und mich stets an ihren Ideen zu Männerfragen teilhaben lassen. Vox Day zögerte nicht, mir von seinen Erkenntnissen zur Heiratsunwilligkeit von Männern zu berichten, und bereicherte mit seinen Erläuterungen und Daten die Diskussion darüber, wie Männer die Welt sehen. Dank an Stacy Campfield, Michael J. Higdon, Glenn Sacks und Carnell Smith, die Bewegung in das Thema Männerrechte gebracht, für Gerechtigkeit gekämpft und mich mit Material zu diesem Buch versorgt haben. Mein besonderer Dank gilt Sophia Brown, die mein Manuskript bearbeitet hat.

Zu großem Dank verpflichtet bin ich Christina Hoff Sommers, die mich an ihrem immensen Wissen über Männer und das College teilhaben ließ und schon vor über zehn Jahren wusste, was uns erwarten würde. Stephen Baskervilles Erkenntnisse zur Ehe- und Scheidungsindustrie waren ebenfalls äußerst hilfreich. Dankbar bin ich auch Robert Shibley und seiner Organisation FIRE, die gegen Diskriminierung kämpft und sich für Redefreiheit an Colleges und Universitäten einsetzt.

Schließlich möchte ich meiner Familie danken, die sich jahrelang meine Ausführungen über Männerrechte angehört hat – auch dann, wenn ich manchmal wirklich nervig war. Dank an Janet, Walter, Kathy, Joey und Anne für ihre Geduld.

Allen voran möchte ich jedoch meinem Mann, Glenn Reynolds, und meiner Tochter Julia danken, die sich nicht nur all meine Auslassungen über Männerrechte anhörten, sondern mich auch zur Rede stellten, wenn ich mich nicht nach meiner eigenen Überzeugung verhielt. Nur sie wissen, wovon ich hier spreche, und dabei möchte ich es belassen.

INFORMATIONSQUELLEN FÜR MÄNNER

Im Folgenden sind einige Bücher und Websites aufgeführt, die Männern und ihren Unterstützern Wissen darüber liefern, wie man als Mann im 21. Jahrhundert am besten zurechtkommt.

Buchempfehlungen

Christina Hoff Sommers, *The War Against Boys: How Misguided Feminism Is Harming Our Young Men*, New York 2001.
Dieses Buch bietet einen guten Überblick über die Probleme, mit denen Jungen in der Schule zu kämpfen haben. Wenn Sie einen Sohn haben, der noch zur Schule geht, wird dieses Buch Ihnen einen Eindruck vermitteln, womit er möglicherweise dort fertig werden muss.

Warren Farrell, *Mythos Männermacht*, Frankfurt am Main 1995.
Dieses Buch wird Ihnen zu verstehen helfen, warum Männer entgegen den Behauptungen der Feministinnen gar nicht über so viel Macht verfügen.

Warren Farrell, *Women Can't Hear What Men Don't Say: Destroying Myths, Creating Love*, New York 2000.
Dies ist ein gutes Beziehungsbuch, das Tipps bietet, wie Sie erfolgreicher mit Ihrer Ehefrau oder Partnerin kommunizieren können.

Richard Driscoll, *You Still Don't Understand*, Knoxville, Tennessee, 2009.

Dieses großartige Buch über die Unterschiede zwischen Männern und Frauen in Beziehungen kann dem Leser helfen, besser mit wütenden oder manipulativen Frauen umzugehen.

Stephen Baskerville, *Taken into Custody: The War Against Fathers, Marriage, and the Family*, Nashville, Tennessee, 2007.
Der Politologe Baskerville beschreibt hier die totalitäre Scheidungsindustrie in den Vereinigten Staaten, die Eltern und Kinder missbraucht, die Bürgerrechte missachtet und niemandem Rechenschaft schuldig ist.

Paul Nathanson und Katherine K. Young, *Legalizing Misandry: From Public Shame to Systemic Discrimination Against Men*, Montreal 2006.
Dieses Buch bietet einen detaillierten Überblick über die Diskriminierung, der Männer in unserer Gesellschaft ausgesetzt sind.

Mystery alias Erik von Markovik, *Wie Sie jede Nacht eine andere Frau rumkriegen, egal wie Sie aussehen*, München 2011, oder Neil Strauss, *Die perfekte Masche: Bekenntnisse eines Aufreißers*, Berlin 2013.
Beide Bücher sind hilfreich, wenn Sie Tipps brauchen, wie Sie zu einem Date mit einer Frau kommen und wie Sie sie aufreißen können. Sie eignen sich besonders für Männer, die schüchtern sind oder ein stärkeres Selbstvertrauen brauchen, um Frauen anzusprechen.

Jim Macnamara, *Media and Male Identity: The Making and Remaking of Men*, New York 2006.
Diese hervorragende Studie untersucht die negative Darstellung von Männern in den Medien.

Websites

www.carnellsmith.com und www.paternityfraud.com/
Sites zu Vaterschaftsbetrug. Wenn Sie selbst Opfer eines Vaterschaftsbetrugs geworden sind oder jemanden kennen, dem dies widerfahren ist, sind diese Sites äußerst hilfreich.

www.glennsacks.com
Die Website wird vom Männerrechtsaktivisten Glenn Sacks betrieben und konzentriert sich auf Männer, Vaterschaft, Scheidung und Sorgerechtsfragen.

http://www.marriedmansexlife.com/
Dies ist Athol Kays Website zum Thema, wie verheiratete Männer ihr Sexualleben verbessern können.

www.ArtofManliness.com
Brett McKay und seine Frau Kate liefern einige gute Tipps und Ideen, wie Sie damit umgehen können, in unserer heutigen Gesellschaft ein Mann zu sein.

http://thefire.org/
The Foundation for Individual Rights in Education.
Diese Organisation verteidigt und stärkt Individualrechte an Amerikas Colleges und Universitäten.

http://www.fathersandfamilies.org/
»Fathers and Families treibt ein ambitioniertes Programm zur Gesetzgebung voran und hat dazu beigetragen, dass das Familienrecht in über zwei Dutzend Staaten reformiert wurde.«

Die Autorin

Helen Smith, die als forensische Psychologin in Knoxville, Tennessee, tätig ist, hat sich auf Männerfragen spezialisiert. Sie hat an der University of Tennessee promoviert und an der New School for Social Research sowie der City University of New York den Master gemacht. Smith hat *The Scarred Heart: Understanding and Identifying Kids Who Kill* geschrieben und ist Autorin sowie Produktionsleiterin von *Six*, einem Dokumentarfilm über den Mord an einer Familie aus Tennessee durch Teenager aus Kentucky. Seit über zwanzig Jahren arbeitet sie mit Männern (und auch Frauen und Kindern) in ihrer Privatpraxis.

Sie war Gast in zahlreichen Fernseh- und Radioshows, u. a. *Montel Williams*, und hatte Auftritte bei den Sendern E! Entertainment, Fox News, Discovery, Women's Entertainment, Biography, Oxygen und dem Learning Channel. Smith hat für zahlreiche Publikationen geschrieben, u. a. die *L.A. Times*, den *Christian Science Monitor* und den *Cleveland Plain Dealer*. Hin und wieder moderiert sie auf PJTV.com eine Show zu Männerthemen, Psychologie und Politik. In ihrem Blog www.drhelen.blogspot.com schreibt sie seit 2005 über Männerrechte, Männerfragen und Psychologie und ist jetzt Kolumnistin und Bloggerin bei PJ Media unter www.pjmedia.com.

Ihr Blog findet sich unter www.pjmedia.com/drhelen.

Anmerkungen

Einleitung
1 Siehe www.PJMedia.com.
2 Siehe http://www.pjtv.com/?cmd=mpg&mpid=109.
3 2012 American Foundation of Suicide Statistics, http://www.afsp.org/index.cfm?fuseaction=home.viewPage&page_ID=04ECB949-C3D9-5FFA-DA9C65C381BAAEC0.
4 »American Father Self-Immolates to Protest Against Family Courts«, in: *International Business Times*, 17. Juni 2011, http://www.ibtimes.com/articles/164827/20110617/thomas-ball-self-immolate-child-support.htm.
5 Helen Smith, »On Fire, but Blacked Out: The Thomas Ball Story«, *PJMedia* (Blog), 29. Juni 2011, http://pjmedia.com/blog/on-fire-but-blacked-out-the-thomas-ball-story/-
6 Helen Smith, »Going John Galt«, *Dr. Helen* (Blog), 12. Oktober 2008, http://drhelen.blogspot.com/2008/10/going-john-galt.html.
7 Ayn Rand, *Atlas wirft die Welt ab*, München 1989.
8 Jennifer Burns, *Goddess of the Market: Ayn Rand and the American Right*, New York 2009, S. 149.
9 Sophia Borland, »Business Man Sues British Airlines ›for treating men like perverts‹«, in: *Daily Mail Online*, 16. Januar 2010, http://www.dailymail.co.uk/news/article-1243625/Businessman-Mirko-Fisher-sues-British-Airways-treating-men-like-perverts.html?ITO=1490.
10 Warren Farrell, *Mythos Männermacht*, Frankfurt am Main 1995, S. 439.
11 Ebenda.
12 Ebenda, S. 438 (Hervorhebung im Original).
13 James Q. Wilson, »Angry About Inequality? Don't Blame the Rich«, in: *Washington Post*, 26. Januar 2012, http://www.washingtonpost.com/opinions/angry-about-inequality-dont-blame-the-rich/2012/01/03/gIQA9S2fTQ_story.html.

Kapitel I.
1 Ernie, 31. Oktober 2007 (7.33 Uhr), Kommentar zu Helen Smith, »Should Men Get Married?«, *Dr. Helen* (Blog), *PJMedia*, 31. Oktober 2007, http://pjmedia.com/blog/ask_dr_helen_6/.
2 Kay Hymowitz, *Manning Up: How the Rise of Women Has Turned Men into Boys*, New York 2011, S. 111.

3 Suzanne Venker, »The War on Men«, FoxNews.com, 26. November 2012, http://www.foxnews.com/opinion/2012/11/24/war-on-men/?intcmp=features#ixzz2DeHfewS3.
4 Eduardo Porter und Michelle O'Donnell, »Facing Middle Age with No Degree, and No Wife«, in: New York Times, 6. August 2006, http://www.nytimes.com/2006/08/06/us/06marry.html?pagewanted=all.
5 Betsy Stevenson, »Who's Getting Married? Education and Marriage Today and in the Past«, Council on Contemporary Families, 26. Januar 2010, www.contemporaryfamilies.org/images/stories/homepage/orange_border/ccf012510.pdf.
6 Glenn Sacks und Dianna Thompson, »Have Anti-Father Family Court Policies Led to a Men's Marriage Strike?«, in: Philadelphia Inquirer, 5. Juli 2002, gefunden unter http://www.ejfi.org/Civilization/Civilization-10.htm#strike.
7 Hymowitz, Manning Up.
8 Kathleen Parker, Save the Males: Why Men Matter; Why Women Should Care, New York 2008.
9 Michael Kimmel, Guyland: The Perilious World Where Boys Become Men, New York 2008.
10 Leonard Sax, Jungs im Abseits: die aufrüttelnde Analyse eines Kinderarztes. 5 Gründe, warum unsere Söhne immer antriebsloser werden, München 2009.
11 Richard Whitmire, Why Boys Fail: Saving Our Sons from an Educational System That's Leaving Them Behind, AMACOM 2010.
12 Hymowitz, »Praise for Manning Up«, Manning Up.
13 Jenna Goudreau, »Has the Rise of Women Turned Men into Boys?«, Forbes, 3. März 2011, gefunden unter http://www.forbes.com/sites/jennagoudreau/2011/03/03/rise-of-women-turned-men-into-boys-manning-up-kay-hymowitz/.
14 Hymowitz, Manning Up, S. 118-121.
15 Hanna Rosin, Das Ende der Männer und der Aufstieg der Frauen, Berlin 2013.
16 Jessica Bennett, »It's Not ›The End of Men‹ But They Are in Trouble«, in: The Daily Beast, 12. September 2012, gefunden unter http://www.thedailybeast.com/articles/2012/09/12/new-book-suggests-it-s-not-the-end-of-men-but-they-are-in-trouble.html.

ANMERKUNGEN

17 Donna Britt, »The Rage Behind a Woman's Stare«, in: *Washington Post*, 29. Januar 2012, gefunden unter http:www.washingtonpost.com/lifestyle/style.donna-britt-she-wears-the-death-look-well/2012/01/26/gIQAD1K9aQ_story.html?wpisrc-email-toafriend.

18 Cassie Shortsleeve, »The Sex Secret Live-In Girlfriends Know«, in: *Men's Health News*, 26. Januar 2012, http://news.menshealth.com/sex-and-marriage/2012/01/26/.

19 Nanci Hellmich, »Gain a Spouse and You'll Likely Gain Some Pounds, Too«, in: *USA Today*, 23. Oktober 2007, http://usatoday30.usatoday.com/news/health/2007-10-22-marriage-weight_N.htm.

20 Shortsleeve, »The Sex Secret Live-In Girlfriends Know.«

21 Ebenda.

22 Siehe zum Beispiel »Beware of the Doghouse« von J. C. Penney unter creativity-online.com/work/jc-penney-beware-of-the-doghouse/14501.

23 Lee Dye, »Why Are More Men Waiting to Marry?«, ABC News, 14. August 2011, http://abcnews.go.com/Technology/story?id=97920&page=1.

24 Porter und O'Donnell, »Facing Middle Age with No Degree, and No Wife«, in: *New York Times*, 6. August 2006.

25 Ebenda.

26 Joinson, A. »Causes and Implications of Disinhibition Behaviors on the Internet«, in: J. Gackenbach (Hg.), *Psychology and the Internet*, New York 1998, S. 43–48.

27 Jack, 19. Januar 2006 (15.56 Uhr), Kommentar zu Helen Smith, »Marrying Well ... Make That, Why Marry?«, *Dr. Helen* (Blog), 17. Januar 2006, http://drhelen.blogspot.com/2006/01/marrying-well-make-that-why-marry.html#113770421180100813.

28 Helen Smith, »Marrying Well ... Make That, Why Marry?«, *Dr. Helen* (Blog), 17. Januar 2006, http://drhelen.blogspot.com/200 6/01/marrying-well-make-that-why-marry.html.

29 Helen Smith, »Should Men Get Married?«, *Dr. Helen* (Blog), *PJMedia*, 31. Oktober 2007, http://pjmedia.com/blog/ask_dr_helen_6/.

30 Anonymus, 29. July 2007 (1.16 Uhr), Kommentar zu Helen Smith, »Marrying Well ... Make That, Why Marry?«

31 Anonymus, 7. April 2007 (18.30 Uhr), Kommentar zu Helen Smith, »Marrying Well ... Make That, Why Marry?«

32 Anonymus, 20. Januar 2006 (11.10 Uhr), Kommentar zu Helen Smith, »Marrying Well ... Make That, Why Marry?«
33 Jack, 16. Januar 2006 (15.56 Uhr).
34 Barry, 31. Oktober 2007 (9.32 Uhr), Kommentar zu Helen Smith, »Should Men Get Married?«, *Dr. Helen* (Blog), *PJMedia*, 31. Oktober 2007, http://pjmedia.com/blog/ask_dr_helen_6/.
35 Gefunden unter http://alphagameplan.blogspot.com/.
36 Siehe Beispiele von Blogger Roissy unter http://heartiste.wordpress.com/ oder Athol Kay unter http://www.marriedmansexlife.com/.
37 James Taranto, »The American Shengnu: Why Charles Murray May Be Too Optimistic«, in: *Wall Street Journal*, 14. März 2012, http://online.wsj.com/article/SB10001424052702304692804577281581288138216.html.
38 Vox Popoli, »Roissy and the Limits of Game«, 29. Januar 2010, http://voxday.blogspot.com/2010/01/roissy-and-limits-of-game.html.
39 Vox Day, 21. Februar 2012, »Alpha Game Demographics«, *Alpha Game* (Blog), http://alphagameplan.blogspot.Com/2012/02/alpha-game-demographics.html.
40 E-Mail-Interview der Autorin mit Vox Day, 20. Februar 2012.
41 James Taranto, »Girls Gone Hyper«, in: *Wall Street Journal*, Best of the Web, 14. Februar 2012; gefunden unter http://online.wsj.com/article/SB10001424052970204795304577223342354850200.html.
42 Jena Turner, »10 Female Celebrities with Highest Number of Affairs«, *Women Tribe.com*, http://www.womentribe.com/entertainment/10-female-celebrities-with-highest-number-of-affairs.html.

Kapitel II.
1 Paul Nathanson und Katherine K. Young, *Legalizing Misandry: From Public Shame to Systemic Discrimination Against Men*, Montreal 2006, S. 151.
2 Siehe http://irregulartimes.com/mybodymychoice.html.
3 Warren Farrell, *Mythos Männermacht*, Frankfurt am Main 1995, S. 47 f.
4 Siehe Michelle Oberman, »Sex Lies and the Duty to Disclose«, in: *Ariz. Law Rev.* 47(2005) S. 871 ff.; J. Terrell Mann, »Misrepresentation of Sterility or of Use of Birth Control«, in: *Journ. of Fam. Law* 26 (1988), S. 623 ff.
5 Nathanson und Young, *Legalizing Misandry*, S. 154 f.
6 Helen Smith, »Can a Man be Raped by a Woman?« *Dr. Helen* (Blog),

PJ Media, 30. Juni 2008, http://pjmedia.com/blog/ask-dr-helen-can-a-man-be-raped-by-a-woman/.
7 Higdon, Michael J., *Fatherhood by Conscription: Nonconsensual Insemination and the Duty of Child Support*, (14. Februar 2011). University of Tennessee Legal Studies Research Paper No. 139. Siehe Social Science Resource Network unter http://ssrn.com/abstract=1761333 oder http://dx.doi.org/10.2139/ssrn.1761333.
8 Cnty. of San Luis Obispo vs. Nathaniel J., 57 Cal. Rptr. 2d843-44 (Ct. App. 1996), S. 844.
9 Higdon, *Fatherhood by Conscription*, S. 1 f.
10 Ebenda, S. 2.
11 Farrell, *Mythos Männermacht*, S. 435 (Hervorhebung im Original).
12 Donald C. Hubin, »Daddy Dilemmas: Untangling the Puzzles of Paternity«, in: *Cornell Journal of Law and Public Policy* 13 (Herbst 2003), S. 29–80., hier: S. 51.
13 Higdon, *Fatherhood by Conscription*, S. 13.
14 DCSE/Ester M.C. v. Mary L., No. 38812, 1994 WL 811732 (Del. Fam. Ct., 3. Januar 1994), S. *1.
15 Ebenda, S. *3.
16 Siehe http://www.codemonkeyramblings.com/2008/12/state-sanctioned-paternity-fraud-another-reason-why-men-have-less-incentive-to-marry/.
17 Carnell Smiths Website unter http://www.paternityfraud.com/.
18 Fathers and Families ist eine hervorragende Organisation, die früher vom Männerrechtsaktivisten Glenn Sacks geleitet wurde und derzeit von Dr. Ned Holstein geleitet wird; siehe http://www.fathersandfamilies.org/.
19 Oliver Broudy, »Are You Raising Another Man's Child?«, in: *Men's Health Magazine*, 6. März 2007, unter http://www.mens health.com/best-life/fathers-and-kids-parenting-fraud.
20 Ebenda, S. 1.
21 Ebenda.
22 Ebenda, S. 5.
23 Helen Smith, »How would you feel if you found out you were raising another man's child?«, *Dr. Helen* (Blog), *PJMedia*, 14. Februar 2012, http://pjmedia.com/drhelen/2012/02/14/how-would-you-feel-if-you-found-out-you-were-raising-another-mans-child/.

24 Ebenda.
25 Joe aus Houston, 15. Februar 2012 (16.10 Uhr), Kommentar zu Helen Smith, »How would you feel if you found out you were raising another man's child?«
26 Tiger6, 15. Februar 2012 (7.17 Uhr), Kommentar zu »If you found out tomorrow that your five-year-old son or daughter was not yours and had to pay 13 years of child support, how would you feel?«, Meinungsumfrage, http://poll.pollcode.com/zvkj_result?v.
27 Difster, 15. Februar 2012 (2.07 Uhr), Kommentar zu »If you found out tomorrow that your five-year-old son or daughter was not yours ...«, Meinungsumfrage.
28 Old Guy, 14. Februar 2012 (23.55 Uhr), Kommentar zu »If you found out tomorrow that your five-year-old son or daughter was not yours ...«, Meinungsumfrage.
29 Cthulhu, 14. Februar 2012 (20.18 Uhr), Kommentar zu »If you found out tomorrow that your five-year-old son or daughter was not yours ...«, Meinungsumfrage.
30 TeeJaw, 15. Februar 2012 (11.31 Uhr), Kommentar zu »If you found out tomorrow that your five-year-old son or daughter was not yours ...«, Meinungsumfrage.
31 PJTV-Interview mit Stacey Campfield, 24. Dezember 2008 unter http://www.pjtv.com/?cmd=mpg&mpid=109&load=1046.
32 Jesse Fox Mayshark, »What the Heck Is Wrong with Stacey Campfield?«, in: *Metro Pulse*, 29. September 2010, http://www.metropulse.com/news/2010/sep/29/what-heck-wrong-stacey-campfield/.
33 Ebenda.
34 Ebenda.
35 E-Mail-Korrespondenz mit Stacey Campfield, 2. Dezember 2008.
36 Tina Marie Hodge v. Chadwick Craig No. 2009-00930-SCR11- CV, (in TN, 1. Oktober 2012).
37 Stacey Campfield, 12. Oktober 2012, »Baby Daddy Ruling«, *Camp4u* (Blog), http://lastcar.blogspot.com/2012/10/baby-daddy-ruling.html.
38 Siehe http://www.paternityfraud.com/2002-georgia-paternity-fraud-bill-hb369ap.html.
39 Gefunden auf Carnell Smiths Website, Http://www.carnellsmith.com/Media-Comments/.

40 Interview der Autorin mit Carnell Smith, 31. März 2012.
41 Douglas Galbi, »Persons in Jail or in Prison for Child-Support Debt«, in: *Purple Motes*, 22. März 2011, gefunden unter http://purplemotes.net/2011/03/22/persons-in-jail-for-child-support-debt/.
42 Tim S. Grall, »Custodial Mothers and Fathers and their Child Support: 2009«, Dezember 2011, gefunden unter http://www.census.gov/prod/2011pubs/p60-240.pdf.
43 Mike Brunker, »Unable to Pay Child Support, Poor Parents Land Behind Bars«, 12. September 2011, *MSNBC*, http://www.msnbc.msn.com/id/44376665/ns/us_crime_and_courts/t/unable-pay-child-support-poor-parents-land-behind-bars/.
44 Ebenda.
45 Carl Bialek, »Data on Arrest Records Aren't Always on the Book«, in: *Wall Street Journal*, November 2009, http://online.wsj.com/article/SB125851115456653127.html.
46 Siehe Glenn Sacks, »Passport rules unfair to child support debtors«, http://glennsacks.com/blog/?page_id=1140.

Kapitel III.
1 E-Mail-Interview der Autorin mit Christina Hoff Sommers, 6. März 2012.
2 Christina Hoff Sommers, *The War Against Boys: How Misguided Feminism Is Harming Our Young Men*, New York 2000, S. 30.
3 U.S. Department of Education, National Center for Education Statistics (2011). *Digest of Education Statistics, 2010* (NCES 2011-015), Tabelle 198, http://nces.ed.gov/fastfacts/display.asp?id=98.
4 Ebenda.
5 Kay Hymowitz, *Manning Up*, New York 2011, S. 50 f.
6 U.S. Department of Education, »Table 268: Degrees Conferred by Degree Granting Institutions by Level of Degree and Sex of Student«, Digest of Education Statistics, http://nces.ed.gov/programs/digest/d09/tables/dt09_268.asp.
7 Alex Williams, »The New Math on Campus«, 5. Februar 2010, http://www.nytimes.com/2010/02/07/fashion/07campus.html?pagewanted=all&_r=0.
8 Ebenda.
9 Sommers, *The War Against Boys*, S.14.

10 Ebenda.
11 Metropolitan Life Insurance Company, *The American Teacher,1997: Examining Gender Issues in Public Schools.*
12 Sommers, *The War Against Boys*, S. 29.
13 Ebenda, Zitat aus: *U.S. Department of Education*, National Center for Education Statistics, The Condition of Education 1998, S. 262.
14 E-Mail-Interview der Autorin mit Sommers, 6. März 2012.
15 Lucy Sheriff, »Female Teachers Give Male Pupils Lower Marks, Claims Study«, 16. Februar 2012, unter http://www.huffingtonpost.co.uk/2012/02/16/female-teachers-give-male_n_1281236.html.
16 Robyn Dawes, »The Social Usefulness of Self-Esteem: A Skeptical View«, in: *The Harvard Mental Health Letter*, Band 4, Oktober 1998, S. 5.
17 Helen Smith, *The Scarred Heart: Understanding and Identifying Kids who Kill*, West Palm Beach 2000.
18 E-Mail-Interview der Autorin mit Sommers, 12. März 2012.
19 Michael Greenstone und Adam Looney, »Have Earnings Actually Declined?«, *Brookings Institution*, The Hamilton Project, 4. März 2011, http://www.brookings.edu/opinions/2011/0304_jobs_greenstone_looney.aspx.
20 Ebenda.
21 Michael Greenstone und Adam Looney, »The Problem with Men: A Look at Long-term Employment Trends«, The Brookings Institution, 3. Dezember 2010, http://www.brookings.edu/opinions/2010/1203_jobs_greenstone_looney.aspx.
22 John Ydstie, »Why Some Men Earn Less than They Did 40 Years Ago«, NPR, 17. September 2011, http://www.npr.org/2011/09/17/140554967/median-male-workers-income-lower-than-in-1973.
23 Hymowitz, *Manning Up*, S. 51 f.
24 Robert Weissberg, »The White Male Shortage on Campus«, 12. Februar 2012, *Minding-the-Campus*-Website, http://www.mindingthecampus.com/originals/2012/02/the_academys_shortage_of_white_males.html.
25 E-Mail-Interview der Autorin mit Christina Hoff Sommers, 6. März 2012.
26 Jim, 14. Februar 2012 (18.04 Uhr), Kommentar zu Robert Weissberg, »The White Male Shortage on Campus«, 12. Februar 2012, *Minding-*

the-Campus-Website, http://www.midingthecampus.com/originals/2012/02/the_academys_shortage_of_white_males.html.
27 Glenn Sacks, »Why Males Don't Go to College«, in: *Mensight Magazine*, 2002, gefunden unter http://glennsacks.com/blog/?page_id=2180.
28 E-Mail an die Autorin am 10. März 2012.
29 E-Mail an die Autorin am 11. März 2012.
30 E-Mail an die Autorin am 10. März 2012.
31 E-Mail an die Autorin am 14. März 2012.
32 Peter Berkowitz, »College Rape Accusations and the Presumption of Male Guilt«, in: *Wall Street Journal*, 20. August 2011, http://online.wsj.com/article/SB10001424053111903596904576516232905230642.html.
33 Weitere Informationen zu diesem Fall siehe Stuart Taylor und K. C. Johnson, *Until Proven Innocent: Political Correctness and the Shameful Injustices of the Duke Lacrosse Rape Case*, New York, 4. September 2007.
34 Berkowitz, »College Rape Accusations and Presumption of Male Guilt«.
35 Christina Hoff Sommers, »In Making Campuses Safe for Women, a Travesty of Justice for Men«, in: *Chronicle of Higher Education*, 5. Juni 2011, http://chronicle.com/article/In-Making-Campuses-Safe-for/127766/.
36 Ebenda.
37 Siehe den Blog *The Futurist* unter http://www.singularity2050.com/2010/01/the-misandry-bubble.html.

Kapitel IV.
1 Rachel Rabbit White, »Girl Talk: Why Am I Afraid of Men?«, The Frisky, 27. Januar 2012, http://www.thefrisky.com/2012-01-27/girl-talk-why-am-i-scared-of-men/#undefined.
2 Kathleen Parker, *Save the Males: Why Men Matter; Why Women Should Care*, New York 2008, S. 36.
3 Sophie Borland, »Businessman sues BA ›for treating men like perverts‹«, in: *Daily Mail*, 16. Januar 2010, http://www.dailymail.co.uk/news/article-1243625/Businessman-Mirko-Fischer-sues-British-Airwars-treating-men-like-perverts.html.
4 Sandy Maple, »Men afraid of being labeled as pedophiles«, Parent Dish, 1. Juni 2007, http://www.parentdish.com/2007/06/01/men-afraid-of-being-labeled-pedophiles/.

5 Wendy McElroy, »Did Pedophilia Hysteria Cause Child's Death?«, FoxNews.com, 4. April 2006, http://www.foxnews.com/story/0,2933,190586,00.html.
6 Ebenda.
7 Ebenda.
8 Maple, »Men afraid of being labeled as pedophiles.«
9 Iggy, 4. Juni 2007 (8.53 Uhr), Kommentar zu Sandy Maple, »Men afraid of being labeled as pedophiles.«
10 NV, 1. Juni 2007 (17.23 Uhr), Kommentar zu Sandy Maple, »Men afraid of being labeled as pedophiles.«
11 Gefunden unter http://tedxwomen.org/speakers/jennifer-siebel-newsom/.
12 Miss-Representation-Website; siehe http://www.missrepresentation.org/about-us/.
13 Ebenda.
14 Das Glamour-Foto ist auf der Website der Filmemacherin unter http://www.jennifersiebelnewsom.com/ zu sehen. Diese Frau scheint tatsächlich großen Wert auf Schönheit zu legen, geißelt jedoch gleichzeitig diejenigen in den Medien, die dies ebenfalls tun. Ich verstehe sie zwar, doch wenn auch sie auf diesen Zug aufspringt, welche Art von Vorbild ist sie dann für junge Mädchen?
15 U.S. Census Bureau, Family Living Arrangements, 2011; siehe http://www.census.gov/hhes/families/data/cps2011.html.
16 Lauren Cox, »The Mistrusted Male Teacher«, ABC News, 28. August 2008; siehe http://abcnews.go.com/Health/story?id=5670187&page=1#.UKEkYYXgK3U.
17 Kathleen Parker, S. 20, über die Arbeit von Jim Macnamara, Autor von *Media and Male Identity*.
18 »Men become the main target in the new gender wars«, University of Western Sydney, 27. November 2006, http://www.physorg.com/news83863660.html.
19 Kathleen Parker, S. 20, die aus einem Online-Interview mit Dr. Jim Macnamara zitiert; University of Western Sydney, 27. November 2006, www.physorg.com/news83863660.html.
20 Ebenda.
21 Parker, S. 18.
22 Ebenda.

23 Helen Smith, »How Many Negative Images of Men Do You See on TV in Ten Minutes?«, *PJ Media,* 22. März 2012, http://pjmedia.com/lifestyle/2012/03/23/why-do-ads-that-diss-women-get-removed-while-ads-that-diss-men-are-funny/.
24 Richard Ricardo, 22. März 2012 (5.26 Uhr), Kommentar zu Helen Smith, »How Many Negative Images of Men Do you See on TV in Ten Minutes?«
25 Tex Taylor, 22. März 2012 (13.32 Uhr), Kommentar zu Helen Smith, »How Many Negative Images of Men Do You See on TV in Ten Minutes?«
26 Mac, 22. März 2012 (15.20 Uhr), Kommentar zu Helen Smith, »How Many Negative Images of Men Do You See on TV in Ten Minutes?«
27 Bob, 25. März 2012 (8.19 Uhr), Kommentar zu Helen Smith, »How Many Negative Images of Men Do You See on TV in Ten Minutes?«
28 Playstead, 11. Januar 2010 (3.09 Uhr), Kommentar zu Brett McKay, »The Decline of Male Space«, The-Art-of-Manliness-Website, 10. Januar 2010, http://artofmanliness.com/2010/01/10/the-decline-of-male-space/comment-page-1/#comments.
29 Brett McKay, »The Decline of Male Space«, The-Art-of-Manliness-Website, 10. Januar 2010, http://artofmanliness.com/2010/01/10/the-decline-of-male-space/comment-page-1/#comments.
30 Ebenda.
31 Ebenda.
32 Charles Murray, *Coming Apart: The State of White America, 1960–2010,* New York 2012, S. 239 f.
33 Mary Jo Rapini, »Why He Needs a Man Cave«, *Your Tango.com,* 6. März 2012, http://www.yourtango.com/experts/mary-jo-rapini/man-cave-prevents-communication-problems.

Kapitel V.
1 Rich Lowry, »Dude, Where's My Lifeboat?«, National Review Online, 17. Januar 2012, http://www.nationalreview.com/articles/288253/dude-where-s-my-lifeboat-rich-lowry.
2 Wikipedia, *Costa-Concordia*-Katastrophe, http://en.wikipedia.org/wiki/Costa_Concordia_disaster.
3 Silvia Ognibene, »Prosecutors target cruise ship captain, Costa executives«, Reuters, 23. Februar 2012, http://www.webcitation.org/65mQ7BysG; abgerufen am 28. Februar 2012.

4 Lowry, »Dude, Where's My Lifeboat?«
5 Rosin, *Das Ende der Männer*, S. 157.
6 Ebenda, S. 13.
7 Berhanu Alemayehu und Kenneth E. Warner, »The Lifetime Distribution of Health Care Costs«, in: *Health Services Research*, Juni 2004, 39(3), S. 627–642 unter http://www.ncbi.nlm.nih.gov/pmc/articles/PMC1361028/.
8 Douglas Laycock, »Vicious Stereotypes in Polite Society«, in: *Constitutional Commentary* 8 (1991) S. 395, http://www.saf.org/lawreviews/laycock1.htm.
9 Wendy Brown, »Guns, Cowboys, Philadelphia Mayors, and Civic Republicanism: On Sanford Levinson's ›The Embarrassing Second Amendment‹«, in: *Yale Law Journal*, 99 (1989), S. 661, http://saf.org/LawReviews/BrownW1.html.
10 Laycock, »Vicious Stereotypes in Polite Society.«
11 Rahim Kanani, »The Need to Create a White House Council on Boys to Men«, in: *Forbes*, 5. September 2011, http://www.forbes.com/sites/rahimkanani/2011/09/05/the-need-to-create-a-white-house-council-on-boys-to-men/.
12 Chateau Heartiste, »Charles Murray's One-Sided Shaming«, 19. März 2012, *Chateau Heartiste* (Blog), http://heartiste.wordpress.com/2012/03/19/charles-murrays-one-sided-shaming/.
13 Lisa Belkin, »Why Men Opting-Out Should Make You Angry«, *Huffington Post Women* (Blog), 23. März 2012, http://www.huffingtonpost.com/lisa-belkin/men-opting-out_b_1375355.html.
14 Rudy in la, 27. März 2012 (12.08 Uhr), Kommentar zu Lisa Belkin, »Why Men Opting-Out Should Make You Angry.«
15 Belkin, »Why Men Opting-Out Should Make You Angry.«
16 Charles Murray, »Why Economics Can't Explain Our Cultural Divide«, in: *Wall Street Journal*, 16. März 2012, http://online.wsj.com/article/SB10001424052702304692804577281582403394206.html?mod=WSJ_LifeStyle_Lifestyle_5.
17 Chateau Heartiste. »Charles Murray's One-Sided Shaming.«
18 Toby Harnden, »Are you better off? Just 96,000 jobs added in August as 368,000 people LEAVE the workforce in bleak employment report dealing blow to Obama re-election hopes«, in: *The Daily Mail*, 7. September 2012.

19 Helen Smith, »Why is the participation of men in the workplace so low?«, *Dr. Helen* (Blog), *PJ Media*, 7. September 2012, http://pjmedia.com/drhelen/2012/09/07/why-is-the-participation-rate-of-men-in-the-workforce-so-low/.
20 JKB, 7. September 2012 (10.02 Uhr), Kommentar zu Helen Smith, »Why is the participation of men in the workplace so low?«
21 Oso Pardo, 7. September 2012 (10.15 Uhr), Kommentar zu Helen Smith, »Why is the participation of men in the workplace so low?«
22 Vic, 7. September 2012 (13.02 Uhr), Kommentar zu Helen Smith, »Why is the participation of men in the workplace so low?«
23 Tobytylersf, 7. September 2012 (15.50 Uhr), Kommentar zu Helen Smith, »Why is the participation of men in the workplace so low?«
24 Jason DeParle und Sabrina Taverni, »For Women Under 30, Most Births Occur Outside Marriage«, in: *New York Times*, 17. Februar 2012, http://www.nytimes.com/2012/02/18/us/for-women-under-30-most-births-occur-outside-marriage.html?_r=1.
25 Shari Roan, »Drop in U.S. birth rate is the biggest in 30 years«, in: *Los Angeles Times*, 31. März 2011, http://articles.latimes.com/2011/mar/31/news/la-heb-us-birth-rate-falls-20110331.
25 Jim Macnamara, *Media and Male Identity: The Making and Remaking of Men*, New York 2006, S. 179 f.
26 Ebenda, S. 179.
27 *Sydney Morning Herald*, *Good-Weekend*-Magazin, 12. Februar 2005, Brief an den Herausgeber, S. 8.
28 Warren Farrell, *Mythos Männermacht*, Frankfurt am Main 1995, S. 440.

Kapitel VI.
1 Andrea Cornwall, »Boys and men must be included in the conversation on equality«, Poverty Matters Blog, Guardian, 21. März 2012. http://www.guardian.co.uk/global-development/poverty-matters/2012/mar/21/boys-men-part-of-equality-conversation?INTCMP=SRCH.
2 Macnamara, *Media and Male Identity*, S. 149.
3 Richard Driscoll, *You Still Don't Understand*, Knoxville 2009.
4 Dale Carnegie, *Besser miteinander reden: Das richtige Wort zur richtigen Zeit – die Kunst, sich überzeugend mitzuteilen*, Bern, München, Wien 1996.
5 Robert Heinlein, *Take Back Your Government*, Wake Forest 1992.

6 David Horowitz, *How to Beat the Democrats and Other Subversive Ideas*, Dallas 2003.
7 Saul D. Alinsky, *Die Stunde der Radikalen: ein praktischer Leitfaden für Radikale. Strategien und Methoden der Gemeinwesenarbeit*, Gelnhausen 1974.
8 http://www.thefrisky.com/relationships/.
9 http://www.yourtango.com/what-men-think.
10 E-Mail-Interview der Autorin mit Glenn Sacks, 9. April 2012.
11 Telefoninterview vom 31. März 2012 mit Carnell Smith, dessen Motto lautet: »Wenn die Gene nicht passen ... muss ein Freispruch her«; siehe auch seine Website www.CarnellSmith.com.
12 Biografie von Carnell Smith unter http://www.carnellsmith.com/Biography/.
13 Ebenda.
14 E-Mail-Interview mit Carnell Smith, 2. April 2012.
15 http://en.wikipedia.org/wiki/Coverture.
16 Paul Thompson, »Unwitting father sues fertility clinic after his girlfriend ›stole his sperm and got pregnant with twins via IVF‹ – then sued him for child support«, in: *Daily Mail*, 23. November 2011, http://www.dailymail.co.uk/news/article-2065293/New-father-Joe-Pressil-sues-fertility-clinic-girlfriend-stole-sperm-got-pregnant-gave-birth-twins-IVF.html.
17 State v. Frisard, 694 So.2d 1032, 1035 (LA. CT. App. 1997).
18 Dean Cardell, »Sperm-Jackers: The Five Types«, *AskMen.com*, http://www.askmen.com/dating/curtsmith_400/407_sperm-jackers-the-5-types.html.
19 Michael Walzer, *Just and Unjust Wars: A Moral Argument with Historical Illustrations*, New York 2000.
20 Ziele von FIRE, siehe http://thefire.org/about/mission/.
21 E-Mail-Interview vom 2. April 2012.
22 Stephenlclark, 6. April 2012 (14.20 Uhr), Kommentar zu Helen Smith, »How Should Men ›Go Galt‹ in a female-centered society?«, *Dr. Helen* (Blog), *PJ Media*, 6. April 2012, http://pjmedia.com/drhelen/2012/04/06/how-should-men-go-galt-in-a-female-centered-society/.
23 JKB, 7. April 2012 (7.13 Uhr), Kommentar zu Helen Smith, »How Should Men ›Go Galt‹ in a female-centered society?«
24 Eric R., 6. April 2012 (14.59 Uhr), Kommentar zu Helen Smith, »How Should Men ›Go Galt‹ in a female-centered society?«

25 Armageddon Rex, 6. April 2012 (23.24 Uhr), Kommentar zu Helen Smith, »How Should Men ›Go Galt‹ in a female-centered society?«
26 J. Gottman und R. Levenson, »Assessing the Role of Emotion in Marriage«, in: *Behavioral Assessment*, 8, 1986, S. 31–48; Gottman und Levenson, 1988; J. Gottman, »How Marriages Change«, in: G. Paterson (Hg.), *Family Social Interaction: Content and Methodological Issues in the Study of Aggression and Depression*, Hillsdale, NY, 1990, S. 75–101.
27 Richard Driscoll, *You Still Don't Understand*, Knoxville 2009, S. 48.
28 Ebenda.
29 http://www.orgformen.org/4436.html.
30 Scott Adams, *Dilbert Future: Der ganz normale Wahnsinn geht weiter*, München 2000.
31 Interview der Autorin im PJTV mit Glenn Sacks, 10. Dezember 2008. http://www.pjtv.com/?cmd=mpg&mpid=109&load=981.

Schlussbemerkung
 1 Christina Hoff Sommers zum Werk von Camille Paglia in *The War Against Boys*, New York 2000, S. 63 f.

Thomas Hoof

DER FISCHER UND SEINE FRAU SIND
JETZT GETRENNTE LEUTE

*Über die Separierung der Geschlechter, nachdem
das Wünschen nicht geholfen hatte*

Wenn Helen Smiths These, daß die Männer sich dem Zusammenleben mit Frauen entziehen, richtig ist, dann wäre das mehr als ein episodischer Dreh in dem formen- und fintenreichen Spiel zwischen den Geschlechtern. Zwar wurden die *Querelles des femmes* seit Jahrhunderten öffentlich mit der Feder und privatim mit dem berühmten »letzten Wort« ausgetragen. Ein Abbruch des geschlechtlichen Magnetismus und seiner Polspannung derart, daß eines der beiden Geschlechter dem anderen aus dem Wege geht, wäre allerdings ein Vorgang ohne geschichtliche Präzedenz.

Also, was ist da geschehen?

Ich gehe dieser Frage in fünf Strängen nach:
1. In einem Rückblick auf die kurze Geschichte der Frauenemanzipation (Vom Genus zum Gender), bei dem es mir vor allen Dingen darauf ankommt, den Wechsel der Akteure in den neunziger Jahren in den Blick zu nehmen;
2. mit einem Rundgang durch die teils possenhaften, teils haarsträubenden Narrative, die vom »Aufstieg der Frauen« berichten, und dabei dem daraus gewonnenen Verdacht folgend, daß »Weiblichkeit« in ihrer feministischen Daseinsform einen Zustand tiefer Verwirrung kennzeichnet;
3. mit einem Blick auf die staatlichen Interventionen,
4. den Folgen des Genderismus für die Befindlichkeiten der Öffentlichkeit, der Frauen selbst und der Männer nachgehend, und
5. schließlich – ein paar Spatenstiche tiefer – auf der Suche nach den tektonischen Umfaltungen, die als Ursache für die in wenigen Jahrzehnten eingetretene Geschlechterverwirrung in Betracht kommen.

1. VOM GENUS ZU GENDER

Genus. Die linke mit der rechten Hand...

Bis tief in die zweite Hälfte des 19. Jahrhunderts vereinte das »Ganze Haus« das Leben mit der Wirtschaft in einer konjugalen Ökonomie, in der Mann und Frau zusammenwirkten wie die rechte mit der linken Hand. Die Sphären der Geschlechter hatten ihre »Eigenarten«, die Ivan Illich 1983 »Genus« nannte.[1] *Männlich* und *weiblich* waren geschieden in zwei komplementäre, sich umfassende Sphären, die sich nach Tätigkeiten, Pflichten, Rechten, aber auch in der Wahrnehmung und im ganzen Gebaren unterschieden.

In diese alteuropäische Ökonomik brach dann im 19. Jahrhundert die Energierevolution ein und verschob den Schwerpunkt der Wirtschaft vom »Haus« auf den Markt und vom Land in die Stadt. Ein dramatischer, durchaus traumatisierender Prozeß, der in immer neuen Schüben und Brüchen die Männer zuerst aus ihren Werkstätten in die Fabriken warf oder von ihrer Scholle in die Flöze der Zechen. Die Frauen blieben als Hüterin des Hauses zurück, nach und nach befreit von ihren Anteilen an der Produktion, für die ihnen als Ersatz die Organisation des Konsums zuwachsen sollte.

Ihre Reste an Verantwortlichkeit für Haushalt, Küche, Keller, Garten und Gesundheit war allerdings schon am Ende des 19. Jahrhunderts im städtischen Bürgertum bedenklich ins rein Dekorative verschoben. Verständlich, daß sie in dieser »höhere Tochter-Welt« nicht bleiben wollten, zumal alles um sie herum

---

[1] Ivan Illich, *Genus. Zu einer historischen Kritik der Gleichheit*, Reinbek 1983.

schierer Auf- und Ausbruch in die »titanische Weltfreudigkeit« (Helmut Plessner) der Gründerjahre war.

In den zwanziger Jahren des 20. Jahrhunderts gab es denn auch die ersten Regungen eines beruflichen Mit-Tun-Wollens, wobei die korrespondierenden modischen Selbstinszenierungen der Frauen (im Garçonne-Stil und mit Kurzhaarfrisur) sofort einen Zug ins Jünglingshafte oder Androgyne nahmen – so, als wollten sie schon hier ausgerechnet Otto Weininger folgen, der 1903 dekretiert hatte,[2] daß die Frauenbefreiung allein in der Emanzipation der Frau vom *Weibe* liege, und keineswegs in der vom *Manne*, die schlechterdings unmöglich sei. Diese zarte Pflanze des weiblichen Mitwirkens zog in der Weltwirtschaftskrise und dem folgenden Zweiten Weltkrieg zunächst einmal ein, um dann ab den späten sechziger Jahren richtig ins Kraut zu schießen.

Der Siebziger-Jahre-Feminismus

Der neue Feminismus der siebziger Jahre blieb zunächst eine subkulturelle Aufregung innerhalb der Neuen Sozialen Bewegungen rund um »68«. Er war ein Spezialvergnügen der entstehenden »postmaterialistischen« Milieus und der aufkommenden Grünen – optisch und akustisch verstärkt, weil die Medien ihn durch dioptrienstarke Linsen betrachteten und mit Pauken und Trompeten von ihm kündeten. Die Frauenerwerbsquote ging in den siebziger Jahren gegenüber dem Vorjahrzehnt sogar noch einmal zurück (das Jahr 1966 hatte den geburtenstärksten Jahrgang der Nachkriegszeit hervorgebracht) und stieg erst danach leicht, aber stetig an.

---

[2] Otto Weininger, *Geschlecht und Charakter*, Wien 1903. (Neuausgabe München 1980).

Die feministischen Umtriebe wurden also nie zu einer Massenbewegung, denn sie stießen in der Lebenswelt auf einen erfahrungssatten Alltagsverstand, der sich in Geschlechterdingen noch weit weniger leicht ein X für ein U vormachen ließ als später etwa in Klimakatastrophendingen. Die neuen, urkomischen Geschlechterzwistigkeiten in Fragen der »schmutzigen Wäsche« und geschlechtergerecht verteilter Müllentsorgungspflichten, die der französische Soziologe Jean-Claude Kaufmann minutiös protokollierte,[3] blieben zunächst auf die einschlägigen großstädtisch-akademischen Milieuinseln beschränkt. In der Provinz baut der junge Mann heute wie gestern zusammen mit seinen Kumpel, Nachbarn und Kollegen feierabends und samstags das neue Haus der Frischvermählten, während »sie« selbstverständlich die Brote schmiert – dies übrigens eine männliche Arbeitsleistung, die zusammen mit dem folgenden technischen Unterhalt des Hauses in allen Untersuchungen zur Schattenwirtschaft eine prominente Rolle spielt, während sie in den zahlreichen Betrachtungen zur Weigerung der Männer, an der Hausarbeit teilzunehmen, regelmäßig unter den Tisch fällt.

Man sieht: Die »geschlechtspolitische Modernisierung« der Gesellschaft war kein Flächenbrand, sonderte züngelte zunächst nur in den Heimstätten der Brandstifter selbst, während das Flämmchen in der Provinz kaum Futter fand, ganz gemäß dem Kontrastmuster, das nach Don Alphonsos *FAZ*-Blog »Stützen der Gesellschaft« noch heute die bei Verstand gebliebenen Bewohner des Tegernseer Landes von den manisch-verdrehten Szenen im »Hauptstadtslum« Berlin trennt.

---

[3] Jean-Claude Kaufmann, *Schmutzige Wäsche. Zur ehelichen Konstruktion von Alltag*, Konstanz 1995.

Gender - Die überstaatliche Druckverstärkung

Wenn schon der frühe Feminismus größte Schwierigkeiten hatte, in den Lebenswelten Fuß zu fassen, so gilt dies um so mehr für das *gender mainstreaming* der neunziger Jahre. Dabei handelte es sich von Anfang an um eine rein administrative Veranstaltung, die 1981 mit der UN-Frauenkonvention als Diskriminierungsverbot in Gang gesetzt und 1995 von 50 000 Regierungs- und NGO-Funktionären auf der 4. UNO-Weltfrauenkonferenz in Peking zu einem Gleichstellungsgebot verschärft wurde. In der Folge speiste man es in die EU-Apparate ein, von wo es wieder über Bundes-, Landes- und Gemeindebehörden bis in die Hochschulen, Finanzämter, Baubehörden und Forstverwaltungen durchsickerte, die alle mit der Anforderung drangsaliert wurden, ihre Pflichten zukünftig gendergerecht zu erbringen. Von nun an ging es nicht mehr nur um den »feministischen Blick« und das andere weibliche Weltverhältnis, sondern ganz ordinär um den Griff in die Kassen. In die staatlichen Institutionen rückte neben das jeweilige funktional-gesetzliche ein zweites, konkurrierendes Organisationziel ein: Die Frauenförderung, die, wenn sie dann weit genug gediehen war, sich auch an die Stelle des ersten, noch konkurrierenden setzen und es vollständig verdrängen konnte, was man heute an manchen geisteswissenschaftlichen Fakultäten der Hochschulen besichtigen kann.

Über eine völlig unüberblickbare Vielzahl von »Gender-Forschungsprojekten« wurde in allen EU-Ländern ein Füllhorn an Personal- und Sachmitteln ausgegossen, in der Förderperiode 2006 bis 2013 allein etwa 3,6 Milliarden Euro. Die Lektüre ausgewählter Projektanträge und -berichte versetzt den unvorbereiteten Leser in einen Zustand anhaltender Vollbetäubung.[4] Ganze Gebirge an mit Geschwätz bedrucktem Papier wurden auf diese Weise aufgetürmt. Kein um öffentliche Mittel nachsuchender Projektantrag von Forschungsinstitutionen, behördlichen oder privaten Akteuren geht heute noch durch ohne ein liturgisches Credo in Sachen »Klimakatastrophe« und »Frauenbenachteiligung« und das Gelöbnis, beidem nach Kräften wehren zu wollen. So züchten sich die Exekutiven ihre Lobbystämme in einer subventionsgefüllten Petrischale – wie in den Jahrzehnten zuvor schon ihre NGOs – um sie dann als »zivilgesellschaftliche« Beklatscher ihrer Politik jederzeit zu Legitimationszwecken wie eine Applausmaschine anschalten zu können.

Als Genderismus wurden die unklaren, schwachen und wenig verankerten Antriebe des frühen Feminismus zur Staatsdoktrin, die dann zu einem Doppeltrichter ausgebaut wurden: Durch den einen Kegel rinnen unaufhörlich Steuermittel zur Düngung der Genderbiotope an den Universitäten, in Vereinen und Stiftungen. Durch den anderen tröpfelt seit nun fünfzig Jahren stetig das Gift des misandrischen Ressentiments und perkutiert die Köpfe der für Schmeicheleien stets empfänglichen Frauen wie der Landregen die Krume – heute schon in der zweiten seither aufgewachsenen Frauengeneration.

---

4 Zum Beispiel ein österreichisches Projekt aus dem Arbeitsfeld »Frauen im Forst«: »FEMtools. Zur gendersensiblen Gestaltung von Kettensägen«. Laufzeit zwei Jahre, ausgestattet mit zwei Stellen plus Begleitung durch ein Beratungsbüro. Zum Thema fiel den auf etlichen Wochenendseminaren versammelten Teilnehmerinnen nicht viel ein außer, den Anwerfer leichtgängiger zu machen. Sie wandten sich deshalb rasch dem Problem der geringen Kleidsamkeit der Schutzanzüge zu. Das Projekt erklärte, auch im allgemeinmenschlichen Interesse zu forschen, denn die Ergebnisse kämen ja auch kräftemäßig minderbemittelten und altersschwachen Männern zugute. Der Unterschied: Solche Männer würden sachlich feststellen, daß der Umgang mit einem Siebzig-Zentimeter-Starkholzschwert schlicht nicht (mehr) ihr Ding sei und es damit guteinslassen – ohne den Umstand unter Verbrennung öffentlicher Mittel zwei lange Jahre seminarförmig und folgenlos bei Kaffee und Kuchen zu bekakeln.

Wir halten fest: Die feministischen Regungen entfalteten sich in mehreren Schüben:
1. *Ein objektives Problem: Wohin mit den Frauen?*
Der erste Schub begann in der Nachkriegszeit ab Ende der fünfziger Jahre und reagierte auf ein tatsächliches Problem: Die durch die Industrialisierung verursachte Verdünnung des weiblichen Arbeitskreises in der Hauswirtschaft, die schon in den zwanziger Jahren zu ersten Reaktionen geführt hatte. Mit mildem Paternalismus reagierte der Gesetzgeber, indem er 1957 die eheliche Verantwortungsteilung von Mann (Lebensunterhalt) und Frau (Haushaltsführung) lockerte. Die technisch-männliche Sorge um das Wohlergehen der Hausfrau hatte sich allerdings schon weit früher geregt: Die erste Trommelwaschmaschine zur Minderung der schwersten Bürde der Hausfrau stand begüterten Haushalten schon Anfang des 20. Jahrhunderts zur Verfügung – und damit fünfzig Jahre, bevor den Hauern im Steinkohlebergbau zum ersten Mal ein Preßlufthammer in die Tiefe gereicht wurde.
2. *Teilhabe und Selbstbestimmung: der Neue Feminismus*
Der zweite Schub begann Anfang der siebziger Jahre im Neuen Feminismus mit dem Ruf nach Teilhabe, Gleichberechtigung und Selbstbestimmung – auch hinsichtlich der Pflicht zur Austragung des ungeborenen Kindes (»ob Kinder oder keine, bestimmen wir alleine«), eine Forderung, der der Gesetzgeber 1974 mit einer Modifikation des § 218 (Fristenregelung, vom Verfassungsgericht verworfen) und 1976 (Indikationsregelung) nachkam. Auch hier war die technisch-männliche Sorge um das Wohlergehen der Frau schon früher tätig geworden: 1960 reichte die pharmazeutische Industrie den Frauen die Antibabypille zur hormonalen Empfängnisverhütung, diesmal, das sei zuge-

standen, anders als bei der Waschmaschine auch im männlichen Eigeninteresse an folgenlosem, unbekümmertem Sex. Mit beidem enthoben sich die Frauen aber gleichzeitig ihrer wichtigsten und die ewige Schutzpflicht der Männer begründenden Verantwortung: Geburt und Aufzucht des Nachwuchses.

In diese Periode fällt allerdings auch der erste in materiell-rechtlicher Hinsicht harte Schnitt des Gesetzgebers in die Institution der Lebenspartnerschaft von Mann und Frau: Die Eherechtsreform von 1976. Ich werde darauf zurückkommen.

3. *Gleichstellung statt -berechtigung: der Genderismus der neunziger Jahre*

Diese dritte Stufe war schon keine Bewegung mehr, sondern eine Veranstaltung, und zwar eine der »Global Governance«, jener thematischen Mehrebenen-Netzwerke aus überstaatlichen, staatlichen und unterstaatlichen »NGO«-Akteuren, die sich darin einüben, »die Welt zu regieren ohne Weltregierung«[5]. Der Wechsel der Akteure ist von Bedeutung: Der frühe Feminismus hatte bis in die achtziger Jahre einen durchaus beachtlichen intellektuellen Zweig hervorgebracht, den ich hier ohne weitere Unterscheidung

---

5 Beate Kohler-Koch, Die Welt regieren ohne Weltregierung, in: Carl Böhret und Göttrik Wewer (Hrsg.): *Regieren im 21. Jahrhundert – zwischen Globalisierung und Regionalisierung*, S. 109 – 141, Opladen, 1993. Wer einen Blick in diese Hexenküche des transnationalen »policy makings«, »agenda settings«, »Diskursmanagements« und der »transnationalen Advokatennetzwerke« zum »deliberativen Regieren im diskursiven Raum« am Fallbeispiel »Gender« werfen möchte, der lese, wenn er denn ein schwer erträgliches, halbangelsächsisches Kauderwelsch nicht scheut, Barbara Finke, *Legitimation globaler Politik durch NGOs. Frauenrechte, Deliberation und Öffentlichkeit in der UNO*, Wiesbaden 2005. Dabei wird nebenbei auch deutlich, mit welchen Mitteln die ansonsten rätselhaft bleibende Formierung der veröffentlichten Meinung, die Kanalisierung und Begradigung eines von jeder Neigung zum Mäandern geläuterten Mainstreams der Medien hergestellt wird.

als Öko- oder Differenzfeminismus[6] kennzeichnen will. Er knüpfte an Lewis Mumford[7] und Ivan Illich an und sah im »patriarchalischen Kapitalismus« das alte alchemistische Projekt am Werke, das eine Transmutation des Natürlich-Begrenzten in das Unbegrenzte betreibe und damit auf eine Entbindung von der Produktivität der Natur ziele – auch von der spezifischen Produktivität des Weiblichen.

4. *Feminismus in der Psychokiste*

Die vierte Phase der Frauenbewegung, deren Zeuge wir zur Zeit werden, ist gar nichts mehr, es sei denn eine Psychokiste. Darin sammeln sich die Trümmer der Vollverwirrung des weiblichen Selbstbewußtseins, die der Einschlag des Genderismus hinterlassen hat. Ihre Akteurinnen sind jene »postfeministischen« Aufschrei-Feministinnen, die schon von einem Blick oder einem Wort blaue Flecken kriegen und die, wenn jemand sich anschickt, Goethes Heideröslein zu rezitieren, sich zur Vermeidung eines psychogenen Krampfanfalls in einen schalldicht gepolsterten Sicherheitsraum flüchten müssen.[8] Hier nun endlich erreicht die weibliche Verstörung ein Ausmaß, das jeden Mann das Weite suchen und hoffentlich auch finden läßt. Ich komme darauf zurück.

---

[6] Etwa: Mary Dale, Maria Mies und Claudia von Werlhof.

[7] Lewis Mumford, *The Myth of the Machine*, New York 1967/1970; deutsch: *Mythos der Maschine*, Frankfurt/Main 1972.

[8] Das war abzusehen, denn der genderistische Zerrspiegel weiblicher Selbstwahrnehmung wölbt und höhlt sich in beständigem Wechsel von konvex nach konkav und wirft im gleichen Rhythmus abwechselnd das Bild der unbesiegbaren, bärenstarken Powerfrau und des ewig-kläglichen Opfers zurück. Wer soll das aushalten, ohne manisch-depressive Symptome auszubilden?

2. VERKENNE DICH SELBST: DIE WEIBLICHE VERWIRRUNG

*Die feministische Verdüsterung
der Vergangenheit*

Jede durchschnittlich gebildete Frau hat im feministischen Diskurs der letzten Jahrzehnte die Überzeugung davongetragen, daß ihr Geschlecht seit Jahrtausenden unterdrückt und entrechtet worden sei, so, als wären etwa im Mittelalter alle Männer Adlige, alle Frauen aber Leibeigene gewesen. Allein deswegen seien sie – die Frauen – nach dem Prinzip der ausgleichenden Gerechtigkeit jetzt mal langsam an der Reihe mit der Adeligkeit: Prinzessin zum Beispiel wäre ganz schön.

Selbstverständlich waren in den Ständegesellschaften die Frauen als Gemahlinnen über alle Hierarchiestufen verteilt und genossen (oder genossen nicht) die jeweiligen Rechte und Pflichten, ganz so wie ihre Männer. Gewiß, es gab in den Gärungsphasen der Geschichte sehr robuste Verfahren, mit denen die weibliche Gebärfähigkeit notfalls annektiert wurde; Romulus soll sich ihrer zum Wohle des kommenden römischen Weltreiches bekanntlich mit dem Raub der Sabinerinnen bedient haben. Not kennt kein Gebot.

Aber eben ihrer Gebärfähigkeit wegen erfuhren die Frauen zu allen Zeiten einen besonderen Schutz. Auch die ihrer Weiber beraubten Sabiner drohten Romulus mit Krieg. Ein Frauenleben war wichtiger als das hunderter Männer. Sie wurden demnach »gehütet« – mit allem, was dadurch an Sicherheit gewonnen und an Freiheit eingebüßt

DIE WEIBLICHE VERWIRRUNG 249

wird.⁹ Insofern beklagen die heutigen Frauen natürlich zu Recht, daß es ihren Vormüttern verwehrt war, sich in Bergwerken, auf Walfängern und in Schützengräben zu verwirklichen. Es ist indes fraglich, ob sie – die Vormütter – sonderlich erpicht darauf waren. Ihre anklägerischen Töchter sind es jedenfalls nicht.

Immer aber war die Frau auch die »Genossin« ihres Mannes und als solche produktiv in dessen landwirtschaftliches oder handwerkliches Gewerbe eingebunden. Auch außerhalb des »Ganzen Hauses« waren Frauen in beträchtlichem Maße selbständig und rege. In Nürnberg stellten sie im Jahre 1397 26% aller Steuerzahler, in Frankfurt im Jahre 1500 28%.¹⁰ Daraus lassen sich Frauenerwerbsquoten berechnen, die erst in den achtziger Jahren des 20. Jahrhunderts wieder erreicht wurden.

Ansonsten gab es ein Auf und ein Ab, das dem steten Wechsel der fetten mit den mageren Jahren folgte.¹¹ Das 12. Jahrhundert etwa – es lag im mittelalterlichen Klimaoptimum, die Erdbeeren blühten schon im Januar und in weiten Teilen Mitteleuropas konnten zwei Ernten eingebracht werden – war die Zeit der Minne, und es wurde sehr viel schmeichelnden Wesens um die Frau gemacht. Epochen der Fülle, so scheint es, lassen den Männern viel Raum für einen bis ins Blödsinnige gesteigerten

---

9 Martin van Creveld hat das geschichtliche Material in seinem Buch *Das bevorzugte Geschlecht* (München 2003) noch einmal zusammengestellt.

10 Christa Berg u.a. (Hrsg.), *Handbuch der deutschen Bildungsgeschichte*, Band 1, München 1987, S. 398.

11 Die Debatte um die »Klimakatastrophe« hatte immerhin den Ertrag, daß die Geschichte nicht mehr nur als Kulturgeschichte betrachtet, sondern auch wieder als eine Naturgeschichte der äußeren Umstände in den Blick genommen wird. Zwischen dem strahlenden Hochmittelalter des 12. Jahrhunderts und dem finsteren 15. Jahrhundert (Maunders-Minimum/Kleine Eiszeit) lag auf der Nordhalbkugel eine Differenz der durchschnittlichen Temperatur von -1,5° C.

Kult um die Frauen. 400 Jahre, einen Temperatursturz und viele Mißernten später wurde unter ihnen dann nach Hexen gesucht.[12] Tempora mutantur.

Tatsächlich waren die Frauen aller vergangenen Zeiten absolut und relativ »schlechter gestellt« – gegenüber den heutigen Frauen. Die allerdings verdanken ihre relative Besserstellung den gestrigen und heutigen Männern und deren materiellen, kulturellen und rechtlichen Vorleistungen.

Die konstruierte Gleichheit:
Von Kopfgeburten und geprägten Formen

Die genderistische Idee eines nur gesellschaftlich konstruierten Geschlechts beruht auf einer bis heute nicht erledigten philosophischen Altertümlichkeit, die im Sozialkonstruktivismus der siebziger Jahre neu belebt wurde: Dem Nominalismusstreit, in dem eine Fraktion die generalisierenden Begriffe, in denen wir die Naturerscheinungen erfassen, zu beliebigen Gedankenkonstruktionen erklärte, die »draußen« in der Natur, außerhalb unseres kommunikativen Einverständnisses, gar keinen Ankergrund fänden.

Es paßte in die Zeit der »Schicksalsabschaffung«, daß in den siebziger Jahren diese uralte Position der »Ordnung allein aus

---

[12] Um dem Vorwurf zu begegnen, ich triebe mit Entsetzen Scherz: Die feministisch unterhaltene Behauptung von neun Millionen Opfern der Hexenverfolgung beruht auf einer abstrusen Extrapolation des protestantischen Quedlinburger Stadtsyndikus Gottfried Christian Voigt, der 1783 die Zahl der örtlichen Hexenprozesse auf die gesamte Christenheit und ein ganzes Jahrtausend hochrechnete. In Wirklichkeit sind in den dreihundert Jahren der Hexenprozesse im deutschsprachigen Raum etwa 20 000 Frauen und Männer dem Wahn zum Opfer gefallen. Siehe dazu: Wolfgang Behringer: »Neun Millionen Hexen. Entstehung, Tradition und Kritik eines populären Mythos«, in: *historicum.net*, http://www.historicum.net/no_cache/persistent/artikel/826-1/ (zuletzt abgerufen am 7. August 2017).

menschlichem Geist« noch einmal auferstand, denn wenn die Wirklichkeit etwas ist, das aus unserem Kopf kommt, dann läßt sie sich allein dadurch beliebig biegen, daß wir uns im Diskurs darüber einigen, wie sie denn sein soll. In den Sozial- und Geisteswissenschaften wurde dies mit einiger Euphorie aufgenommen: Was an Gewicht des Unabänderlichen schwer in der Natur und der *conditio humana* hing, wurde nun federleicht. Wenn alles nur Vereinbarung ist, dann kann alles auch gekündigt werden. Und so unterfiel auch die grundlegendste biologische Voraussetzung menschlicher Existenz – die Zwiegeschlechtlichkeit, die Generativität durch Vater- und Mutterschaft, die Unterschiede zwischen Mann und Frau – der kulturellen Kündbarkeit.

Ich weise diese Kündigung aus Gründen der intellektuellen Unzumutbarkeit zurück und rede weiter von Frau und Mann als geprägter Form[13]: Damit entfällt auch die Klausel, daß generalisierende, gar ontologische Urteile (steinzeitlich, aggressiv, gefühllos usw.) zwar über Männer gefällt werden können, indes jede Generalisierung bei Frauen als Ausdruck eines »Vorurteils« verboten ist.

---

13 »Geprägte Form« allerdings mit großer Variationsbreite, die noch etwas komplexer wird, wenn Weiningers These von der Doppelgeschlechtlichkeit jedes Individuums zuträfe: Danach hat jeder Mensch auch einen seelischen (und, was gesichert ist, hormonalen) Anteil an seinem biologischen Gegengeschlecht. Zur Paarbildung suchen beide ein Komplement, mit dem sich die M/W-Anteile des Paares jeweils auf hundert Prozent addieren. Geschlechtliche Generalisierungen werden individuell desto »ungerechter« (aber nicht falscher), je mehr bei einem Individuum sein Anteil am Gegengeschlecht erhöht ist. Hans Blüher, der ansonsten »Geist« (nicht Intelligenz) für ein sekundäres Geschlechtsmerkmal des Mannes hielt, hatte Scheu, die zum Männlichen hin verschobenen, geistnahen Frauen, die er als »Hetären« von den geborenen »Gattinnen« unterschied, unter seine antifeministischen Verdikte zu fassen. Weininger und Blüher mutmaßen, daß die Genie-Region allein auf der männlichen Seite der Skala in der Gegend um einen weiblichen Anteil von zwanzig Prozent läge. Die These von der Doppelgeschlechtlichkeit hat Weininger übrigens bei Wilhelm Fließ entlehnt, der sich sehr darüber empörte, als Urheber unerwähnt geblieben zu sein: Wilhelm Fließ, *Der Ablauf des Lebens*, Leipzig 1923, S. 405 – 406.

Wenn man diese strenge Diskursregel logisch nach innen stülpt, dann ergibt sich freilich: Der Mann ist Natur und kein Sozialkonstrukt, die Frau ist Sozialkonstrukt und keine Natur. Beides ist falsch, legt aber wahrscheinlich eine Spur zur Wahrheit: Könnte es sein, daß die heutige Frau sich verdoppelt hat in ein, nennen wir es: »ewiges Weib«, das Hand in Hand mit dem Mann aus der Tiefe der Natur- und Kulturgeschichte kommt, und in eine »moderne Frau«, die flexibel, taff, überlegen und völlig selbständig in den achtziger Jahren als sozialkonstruktives Gespenst auf die westliche Menschheit losgelassen wurde? Das freilich würde manches erklären, u.a. auch ein spezifisch weibliches »Spaltungsirresein«, für das wir später noch auf Symptome stoßen werden.

Jede Lebenserfahrung dementiert die These von der Gleichheit der Geschlechter, die sich zwischenzeitlich in die aberwitzigsten Abwegigkeiten verlaufen hatte: Mit Rückgriff auf den nichtssagenden Umstand, daß hinsichtlich der körperlichen Konstitution die intrageschlechtlichen Varianzen größer seien als die intergeschlechtlichen, wurden zeitweise auch die körperlichen Leistungsunterschiede zwischen den Geschlechtern geleugnet. Das haben die Frauen dankenswerterweise selbst mit seltener Uneitelkeit, nämlich unter Inkaufnahme ästhetischer Katastrophen, dadurch erledigt, daß sie sich im Frauenfußball und Frauenboxen professionell trainierten. Seither ist klar, was eigentlich immer klar war: Kraft und Dynamik sind männlich.

Die schlichte Feststellung, daß die männliche Überlegenheit selbstverständlich auch bei intellektuellen Leistungen gegeben sei, provoziert regelmäßig die entsetzte Antwort: »Aber hallo, wir sind im 21. Jahrhundert!« – so, also entscheide das Datum, an dem eine empirisch gewonnene Erkenntnis betrachtet wird, über ihre Richtigkeit. Es handelt sich hier um ein Urteil aus

DIE WEIBLICHE VERWIRRUNG 253

den denkbar umfangreichsten Erfahrungsdaten: Der gesamten Menschheitsgeschichte. Alle erwähnenswerten technischen, wissenschaftlichen, philosophischen, literarischen und musikalischen Leistungen kamen von Männern.[14] Der australische Philosoph David Stove hat natürlich vollkommen recht, wenn er sagt,[15] daß es bei so umfangreichem Material völlig legitim ist, von den Leistungen auf die Leistungsfähigkeit zurückzuschließen. Das aber heißt: Hochbegabung ist männlich. Hochleistung ist männlich. Die einzigen denkbaren Einwände wären:

a) Tausende Jahre lang sind die Frauen mit Gewalt gehindert worden, ihre geistige Leistungsfähigkeit zu betätigen. Das aber würfe ein allzu schlechtes Licht auf den Durchsetzungswillen dieses Geschlechts. Philosophen waren Sklaven (Epiktet) oder Kinder von Gelegenheitsarbeitern (Carl Friedrich Gauß), aber Frauen haben sich auch unter erheblich günstigeren individuellen Umständen nie von ihrem »Leistungsverbot« befreit[16].

b) Den Frauen widerfährt heute eine Emergenz oder Fulguration und sie wachsen systemverändernd über sich hinaus. Da darf man nach der Ergebnislosigkeit des ersten halben Jahrhunderts größtmöglicher institutioneller Unterstützung

---

14 Nein, Hildegard von Bingen (Medizin) und die drei »taubengrauen Schwestern« aus den Yorkshire Dales (Literatur) habe ich nicht übersehen. Ich verehre alle vier. Das Argument, daß Genies nur als Männer in Erscheinung traten, wird von Feministinnen wegen seiner Unwiderlegbarkeit mittlerweile gern als »öde« bezeichnet. Das Privileg, auch sämtliche Massenmörder zu Geschlechtsgenossen zu haben, überlassen sie den Männern hingegen mit viel Freude und argumentativem Feuer.

15 David Stove, »The intellectual capacity of women«, in: *Proceedings of the Russellian Society*, Vol. 15, Sydney 1990.

16 Wären im 19. Jahrhundert junge Männer ebenso wie die höheren Töchter mit Tasteninstrumenten förmlich zusammengesperrt worden, so hätten etwa fünf Prozent von ihnen sich Ruhm erworben: Die Hälfte als Klavier-Amokläufer, die ihren Haß auf das Folterwerkzeug an jedem erreichbaren Vertreter der Gattung mit der Axt vollzogen hätten und die andere Hälfte als musikalische Genies.

und unablässigen moralischen Zuspruchs durchaus skeptisch sein,[17] zumal an dessen Ende mehr als fünfzig Prozent der halbwüchsigen Mädchen davon träumen, Model zu werden.[18]

Es geht dabei ja nicht nur um die Intelligenz, wie sie der Intelligenztest mißt[19]. Dabei mag es im Durchschnittsbereich sogar einen kleinen Vorteil für die Frauen geben, im unteren und oberen Extrembereich setzt aber eine deutliche Verschiebung hin zu den Männern ein.[20] Auch hier also wieder: Hochleistung ist männlich. Weit wichtiger als dies scheint der nicht meßbare, aber offensichtliche Unterschied in der gesamten seelischen Organisation, in der Motivausstattung und der Stärke der Antriebskräfte für zielgerichteten Ehrgeiz zu sein. Welche Frau käme je auf die Idee, sich für Monate in einen Keller einzusperren, um dort mit übelriechendem, gesundheitsschädlichem Schwefel, Salpeter und Bitumen explosionsgefährdet zu hantieren? Und genau deshalb haben sie das Schießpulver nicht erfunden und werden es auch in Zukunft nicht tun.

[17] Siehe dazu: Thomas Hoof: »Randnotizen zum Feminismus«, in: *Tumult. Vierteljahresschrift für Konsensstörung*, Frühjahr 2014, S. 54–59, S. 56.

[18] Nach Auskunft von Maya Götz vom Internationalen Zentralinstitut für das Jugend- und Bildungsfernsehen (IZI) in der *Süddeutschen Zeitung* vom 27.2.2012 liebäugeln 63% der Neun- bis Elfjährigen und knapp die Hälfte der älteren Mädchen mit dem Beruf des Models: http://www.sueddeutsche.de/leben/studie-zu-germanys-next-topmodel-kritisch-sein-ist-uncool-1.955567 (zuletzt abgerufen am 7. August 2017).

[19] Wobei die Items der Intelligenztests in den letzten Jahrzehnten so angepaßt wurden, daß sich die Geschlechtsdifferenzen zugunsten von Frauen verringerten. Siehe dazu Detlef H. Rost, *Intelligenz. Fakten und Mythen*, Weinheim 2009, S. 174.

[20] Paul Irwing und Richard Lynn, »Is there a sex difference in IQ scores?«, in: *Nature*, 442/2006. Demnach gibt es bis zum 14. Lebensjahr keine Unterschiede zwischen Männern und Frauen. Danach ist nach dieser Metaanalyse aus Intelligenztests von 80 000 Menschen der IQ von Männern um fünf Punkte höher. Einen IQ von 125 erreichen Männer und Frauen im Verhältnis zwei zu eins; im Geniebereich von 155 ist das Verhältnis 5,5:1.

All dies ist selbstverständlich auch den Frauen klar, soweit ihr spezielles, häufig erstaunlich treffsicheres »Gespür« für Realitäten nicht schon im Sumpf des Narzißmus vergoren ist. Und deshalb laufen sie ständig Gefahr, sich in der ihnen aufgedrängten Konkurrenz zu Männern in der Spitze der Hierarchie ein »Impostor-Syndrom« zuzuziehen, bei dem sich die Überzeugung festsetzt, der eigene Berufserfolg sei erschlichen oder verdanke sich entweder einer Hochstapelei oder einem Mißverständnis. Das ist einer von vielen Gründen für den Mangel an Lebensglück, den Frauen heute empfinden und der sie dreimal so oft zu Antidepressiva greifen läßt wie Männer.

Gleichstellung: Nur bei den Erlösen, nicht im Aufwand

Die lebhafteste Klage aller berufenen und unberufenen Frauenbeauftragten richtet sich gegen die vorgebliche Lücke von 22%, um die die Lohnentgelte von Frauen die von Männern unterschreiten. Das statistische Bundesamt hat 2006 mit einer erstaunlich spitzen Bemerkung darauf hingewiesen, daß es sich aufgrund einer »Vereinbarung auf EU-Ebene« (also politischer Intervention) daran gehindert sehe, diese unbereinigte Differenz um die leicht isolierbaren Ursachen zu bereinigen.[21]

Die gesamte Diskussion wäre allerdings überflüssig gewesen, wenn man einen Blick auf die übrigen Einkunftsarten

---

[21] Zitat: »Aktuelle Veröffentlichungen zum geschlechtsspezifischen Lohnunterschied auf Basis der amtlichen Statistik beschränken sich aufgrund von Vereinbarungen auf Ebene der Europäischen Union (EU) lediglich auf den ›unbereinigten Gender Pay Gap‹, das heißt die verschiedenen Ursachen des Lohnunterschieds bleiben unberücksichtigt. Aussagen zur Höhe des ›bereinigten Gender Pay Gap‹ werden nicht getroffen.« Claudia Finke, *Verdienstunterschiede zwischen Männern und Frauen. Eine Ursachenanalyse auf Grundlage der Verdienststrukturerhebung 2006*, Statistisches Bundesamt 2007 (im Internet verfügbar).

geworfen hätte: Bei den Einkünften aus selbständiger Arbeit unterschreiten die durchschnittlichen Brutto-Monatseinkommen von Frauen (€ 2393) diejenigen von Männern (€ 4076) um 42%.[22] Niedergelassene Ärztinnen haben seit 20 Jahren stabil nur etwa sechzig Prozent des Einkommens ihrer männlichen Kollegen. Bei den gewerblichen Gewinneinkommen erzielen und versteuern Frauen 27% der von Männern versteuerten Einkünfte. Im Durchschnitt der Steuerpflichtigen sind es je fünfzig Prozent.

Lediglich bei den Einkünften aus Kapitalvermögen und aus Vermietung ziehen die Frauen annähernd mit den Männern gleich: Man geht gewiß nicht fehl in der Annahme, daß sich dieser Lückenschluß aus der Hinterlassenschaft der im Schnitt fünf Jahre vor ihren Gattinnen ins Grab gesunkenen Ehemännern speist.[23]

Deutlich wird: Wo Frauen beruflich nicht unter der Patronage eines Tarifvertrages oder firmeninterner »Grundsätze zur geschlechtergerechten Gehaltsgestaltung« stehen, sondern ihr Einkommen in eigener Verantwortung und gegen Leistungsmessung erzielen müssen, fallen sie in eine Lücke, die weit tiefer ist als der vielbeklagte »Gender Pay Gap« bei den Lohneinkommen, wobei die Gründe dafür – mindere Leistung,

---

22 IfM Materialien Nr. 226, *Die Einkommenssituation von Selbständigen*, Bonn 2014, S.46.
23 Beim Konsum von Sozialleistungen liegen die Frauen zum Ausgleich wieder deutlich in Führung: Bei den Gesundheitskosten ist ihre Entnahme mit € 145 Milliarden zum Beispiel um ein Drittel höher als die der Männer (davon lediglich 3,1 Milliarden für Schwangerschaft und Geburt). Das statistische Bundesamt muß seltsame Kunstgriffe tun, um dieses – zumal nach dem Verbot geschlechterspezifischer Krankenversicherungstarife geradezu »schreiende« –Mißverhältnis schönzurechnen, indem es ermittelt, wie die Geschlechterquote bei den Gesundheitsausgaben aussähe, wenn den Männern, Gott behüte, die gleiche Lebenserwartung beschieden wäre wie den Frauen. Siehe dazu https://www.destatis.de/DE/Publikationen/STATmagazin/Gesundheit/2009_02/2009_02Krankheitskosten.html (zuletzt abgerufen am 7. August 2017).

geringere Zielstrebigkeit und Ergebnisorientierung, mangelnde Konzentration, eine andere Zeitbudgetbildung in Richtung auf eine »work-Life«-Ausgewogenheit hier ungeklärt bleiben können. Die feministische Schlußfolgerung aus dem Mindereinkommen der Ärztinnen wird sein, daß die Mittel der Krankenkassen künftig geschlechtergerecht zu verteilen sind; das mag sich im Staatsfeminismus sogar noch durchsetzen lassen. Außerhalb der im Staatszugriff stehenden Institutionen wird es mit der Quotierung unternehmerischer Erfolgsfaktoren wie Geistesblitzen, Risikobereitschaft, Zähigkeit, Fleiß, Durchhaltevermögen usw. aber schwierig.

Die eingebildete Emergenz

Als Beleg für die oben von mir bezweifelte These einer aktuellen »Emergenz« der Frauen wird bevorzugt auf ihren, den Jungen weit enteilenden Bildungserfolg verwiesen. Auch dahinter steckt nicht viel, denn:
1. Die Feminisierung der Schulen liegt nicht nur darin begründet, daß 75% der Lehrer Frauen sind, sondern vor allem in den didaktischen Kehren, die im Zuge der Chancengleichheitspolitik vollzogen wurden. Die Abwertung der objektiv meßbaren Leistungen (Klassenarbeiten), die Verrechnung von Verhaltensnoten und der mündlichen Mitarbeit in den Leistungsnoten, die Hochwertung von Gruppenarbeit, all dies sorgt dafür, daß die kompetitiven Ansprüche der Jungen schulisch ständig frustriert werden. Die tantenhaft-zimperliche Atmosphäre der Lehrerinnen-Schule tut dann ihr übriges.

2. Das Verhältnis von Jungen zu Mädchen mit hoher mathematischer Begabung verteilt sich nach wie vor 13:1.[24] Auch hier also: Hochleistung ist männlich.
3. Die Lateralisierung des Gehirns (die Verteilung zerebraler Leistungen auf die Gehirnhemisphären – bei Männern anders und differenzierter als bei Frauen) ist bei Jungen erst mit der Pubertät abgeschlossen. Von diesem Zeitpunkt an sind auch die »zerebralen Geschlechter« gebildet und voneinander geschieden, und die Jungen machen intellektuell einen mächtigen Sprung. Das paßt zu der alten pädagogischen Erkenntnis, daß die Jungen nach der Pubertät den Mädchen davonziehen[25]. Schulisch haben sie in diesem Alter aber bereits mit der für sie unzuträglichen, feminisierten Atmosphäre der heutigen Schule abgeschlossen und sich auf alle möglichen Arten außerschulischer »Fortbildung« verlegt. Der Effekt ihres postpubertären Davonziehens zeigt sich aber sofort an der Universität und im Beruf.
4. Beim österreichischen, die Allgemeinbildung prüfenden Eingangstest zum Studium der Humanmedizin (MedAT-H) stachen die männlichen Bewerber die Überzahl der mit besseren Abiturnoten versehenen weiblichen immer so signifikant aus, daß zunächst die Auswertungsverfahren und sodann die Prüfungsfragen zugunsten der jungen Frauen ver-

---

[24] Margrit Stamm, »Underachievment von Jungen in der Schule« in: Ingelore Mammes und Jürgen Budde (Hrsg.), *Jungenforschung empirisch. Zwischen Schule, männlichem Habitus und Peerkultur,* Wiesbaden 2009, S. 131–148.

[25] Es paßt ebenfalls zu den Ergebnissen der schon zitierten Metastudie von Irving/Lynn, nach der die durchschnittlichen Intelligenzquotienten von Jungen und Mädchen bis zu einem Lebensalter von 14 Jahren gleich sind, während sie danach bei Jungen um fünf Punkte höher liegen. Siehe Anmerkung 20.

ändert werden mußten.[26] Auch bei allen anderen »General Knowledge Tests« (Paul Irwing, Bochumer Wissenstest) schneiden männliche Jugendliche und junge Männer deutlich besser ab als ihre weiblichen Altersgenossinnen.[27] Was immer man daraus ableiten mag an geschlechtsspezifischen Differenzen hinsichtlich der Interessen, der Neugier, der Assoziationsfähigkeit: Ein Bildungserfolg, der sich allein in besseren Noten, aber schlechterer Allgemeinbildung ausdrückt, wirft eine Reihe von Fragen zu den schulischen Institutionen auf.

Eine der seltsamsten Schrullen der genderistischen Propaganda ist die stehende Rede von der höheren »Teamfähigkeit« der Frauen, die, wohlgemerkt, behauptet wird gegenüber dem Geschlecht, das der »Mannschaft« den Namen gab und seit Ewigkeiten darin geübt ist, sich in Kampf- und Jagdgruppen, Scharen, Schwärmen und Horden temporär zusammenzuschließen. Bei der »Teamfähigkeit« der Frau handelt es sich in Wirklichkeit um eine Teambedürftigkeit, das Verlangen nach einem Gruppenmäntelchen, hinter dem sie gut geborgen ist vor der Zumutung individueller Leistungsnachweise und individueller Verantwortungszuschreibung. Dazu wurde in den neunziger Jahren mit Engelszungen von einer »Collaborative Culture« gesungen, die außer einer Hochwertung wolkiger Tugenden wie »Empathie«, »Soziale

---

[26] 2011 bestanden 43,1 Prozent der Frauen und 56,9 der Männer den Test mit der nötigen Punktzahl. Danach wurde eine geschlechtergetrennte Auswertung der Testergebnisse eingeführt, so daß auch Frauen mit niedrigeren Punktzahlen als männliche Konkurrenten einen Studienplatz erhielten: https://kurier.at/chronik/wien/studenten-wollen-universitaet-klagen/806.970 (zuletzt abgerufen am 7. August 2017).

[27] Jochen Paulus, »Frauen – das dumme Geschlecht?«, in: *Bild der Wissenschaften*, Nr. 1/2012, S. 74.

und emotionale Intelligenz« eine Abwertung von Können, Könnern und Kennern bezweckte, indem letztere als empathiedefizitäre Störer der Zusammenarbeitskultur identifiziert und unter Beschuß genommen wurden. Als Folge dieser Feminisierung der Arbeitsatmosphäre wird in den Verwaltungen auch der Wirtschaft mittlerweile sechzig Prozent der Zeit in weitgehend ergebnisloser Kommunikation in Gestalt von Meetings und »jours fixes« verschwendet mit der Folge einer strukturellen Entscheidungsverklemmung und Verantwortungsverwässerung.

Die planmäßige Verwischung individueller Leistungen durch die didaktische Gruppenzentrierung in der Schule und die Teamorientierung in den Betrieben, die Entwertung konkreter Fertigkeiten und Praxen (»hard skills«) durch die Verklärung »kommunikativer Kompetenz« (vulgo Dampf- und Buzzword-Schwätzerei) und sogenannter »soft kills«[28] ist also längst in die Wirtschaft durchgeschlagen.

Der kluge St. Gallener Ökonom Fredmund Malik hat diesen Bogen zwischen Schule und Wirtschaft geschlagen, ohne die Feminisierung beider Bereiche als die vereinigende Klammer direkt anzusprechen:

> »Vielleicht haben wir heute, als Folge jahrzehntelanger Schulversuche, eine größere Zahl von Leuten in den Organisationen, die nicht gelernt haben, etwas alleine zu Ende zu bringen, weil sie sich zu oft in einer Lern- oder Erfahrungsgruppe verstecken konnten. Vielleicht haben wir auch mehr von denen, die in der Schule den Unterschied zwischen Erfolg und Mißerfolg zu wenig deutlich verspürt

---

[28] Karsten Weihe, *Vergeßt die Softskills! Den nüchternen Denkern gehört die Zukunft*. Ebook 2013.

haben, weil sie nie richtig beurteilt wurden, und daher bloßes Durchkommen schon als besondere Leistung betrachten. Pädagogische Fehlentwicklungen haben Spuren hinterlassen, und Menschen, die dadurch geschädigt wurden, müssen heute mühsam dazulernen (...)«[29]

Die Hochqualifikation der Frauen zu weltlichen Priesterämtern

Die Akademisierung der Bildung kostet schon in der Vorbereitung, und zwar nicht weniger als die Funktionstüchtigkeit der ehrwürdigen, gerade in Deutschland herausragenden Bildungsinstitutionen: Die Schulen und Universitäten – früher Schatz- und Rüstkammern des kulturellen Kapitals – wurden im Zuge der Chancengleichheits- und Frauenförderungspolitik auf Gegenlauf geschaltet: Sie sammeln und thesaurieren nichts mehr, sondern »stoßen aus« und bescheren serielle »Berechtigungen« und damit »Ansprüche«, die von der Wirtschaft, also den Verwendungssystemen, gar nicht mehr eingelöst und erfüllt werden können. Frauen sind davon, wie immer, besonders betroffen: Fast 54% der Frauen des Abschlußjahrgangs 2016 erwarben die Hochschulreife und davon nutzen Zweidrittel sie zum Studium von Sozial-, Kultur-, Sprach- und Wirtschaftswissenschaften.

Das endet, nachdem der Schwamm des Öffentlichen Dienstes übersättigt ist, dann in der »hochqualifizierten« Kulturwissenschaftlerin, Diplomphilosophin oder der Bachelor of Science in Media Publishing, die sich nach der neuen Klassifikation der Berufe der Arbeitsagentur (KldB 2010) zwar

---

[29] Fredmund Malik, »Und dann erfanden die Assyrer das Team«, in: *Manager Magazin* vom 20. Oktober 2003.

stets als »Expertin« gewürdigt, aber immer häufiger als Anlernkraft vermittelt sieht.[30] Der berufliche Aufstieg der Frauen führt vor allem in jene für die Funktionalität der Systeme völlig nichtigen Jobs des Sozial-, Umwelt-, Kultur- und Eventmanagements, der medialen und internetmedialen Jahrmärkte, in den öffentlichen, halböffentlichen und privaten Bürokratien, die David Graeber, der Autor von *Schulden. Die ersten 5000 Jahre* (Stuttgart, 2012), vor kurzem als Bullshitjobs charakterisiert hat.[31] Gemessen daran ist jede gelernte Buchhalterin, jeder Mechatroniker und jeder Gas- und Wasserinstallateur unterzertifiziert, aber hochqualifiziert.

Helmut Schelsky hat 1975 unter dem Titel *Die Arbeit tun die anderen*[32] von den Intellektuellen als einer neuen Priesterschaft gesprochen, die jeder auch nur mittelbaren Verantwortung für die materiellen Funktionsvoraussetzungen der Gesellschaft enthoben seien, und er hatte vorausgesagt, daß dieser neue »Stand« sich über Generationen ausbauen werde. Damals hatten zwölf Prozent eines Jahrgangs den Hochschulzugang, heute sind es über fünfzig Prozent.[33] Der Andrang an die Pfründe der

---

30 Klassisch dazu Jessica Miriam Zinn (Humanwissenschaftlerin), »So hatte ich mir die berufliche Zukunft nicht vorgestellt«. Gastbeitrag in Don Alphonsos *FAZ*-Blog »Stützen der Gesellschaft« vom 23. Juni 2013.

31 David Graeber, »On the phenomen of bullshit jobs. An essay on meaningless work«, in: *Strike!*, August 2013. Bullshit-Jobs sind keineswegs auf den öffentlichen Bereich beschränkt; sie wuchern unter der eisernen Herrschaft der Parkinsonschen Gesetze, des Ringelmann-Effekts und des »social loafings« auch in den Bürokratien der Wirtschaft, und haben dort mit den »corporate compliance«-Abteilungen ein neues, besonders wüchsiges Biotop gefunden.

32 Helmut Schelsky, *Die Arbeit tun die anderen. Klassenkampf und Priesterherrschaft der Intellektuellen*. Opladen 1975.

33 Bildungszertifikate sind selbstverständlich positionale Güter, die ihre Inflationierung mit Entwertung büßen. Die Mädchen durchtanzen Schule und Universitäten als Goldmarie, auf die beste Noten und Zeugnisse nur so herabregnen, werden aber, wenn sie das Tor zur wirklichen Welt durschreiten, zur Pechmarie, sofern ihnen nicht Beziehungen oder Quotenglück beistehen. Den jungen Männern geht es freilich noch schlechter, wenn sie nicht in die Richtung der MINT-Fächer abgebogen sind.

Schelskyschen Priesterschaften ist also zur Stampede geworden, kein Wunder, daß viele der Anwärter als Wanderprediger ihr Leben fristen müssen. Das Predigen unterlassen sie trotzdem nicht.

Die feministische Wirklichkeitsentrückung oder:
Die Entbehrlichkeit der Männer

Die Frauen waren an der großen Energietransformation Ende des 19. Jahrhunderts und der kommunikationstechnischen vom Ende des 20. Jahrhunderts nicht beteiligt[34] – weder tätig noch mental noch oppositionell, denn auch die Empörung über die industrielle Dauerschändung von Mutter Erde überließen sie männlichen Anklägern wie Ludwig Klages u. a. Frauen hatten immer ein sehr pragmatisches, utilitaristisches und äußerliches Verhältnis zu dem technischen Riesenbau, den ihre Männer in den letzten zwei Jahrhunderten in die Welt gestemmt hatten. Daran hat sich bis heute nichts geändert.

Die moderne junge Frau klebt an den Nutzeroberflächen ihrer Mobilteile wie die Motte am Licht und hat wie diese keinerlei Vorstellungen von der Tiefe und Komplexität des Systems, an dessen Strahlen sie sich wärmt und das bei jedem Schminktip, den sie liest und jedem Selfie, das sie hochlädt, sein Wunderräderwerk rotieren läßt: Von dem zehn Kilometer tiefen, aus Stein herausgemeißelten Bohrloch, aus dem in Sibirien das Erdgas hochschießt, um über ein 1 300 Kilometer langes, unterirdisch oder am Meeresboden verlaufendes System von

---

34 Es sei denn mit der Klage, daß ihre Männer ganz unausstehlich geworden seien, weil sie nur noch mit Lokomotivenbau, Atomspaltung und »all sowas« beschäftigt seien und gar keine Augen mehr für ihre Frauen hätten. Im weiteren Verlauf kamen ihnen die in Steckdosen nutzerfreundlich bereitgestellten Kernkräfte beim Staubsaugen und zum Haareföhnen aber gut zustatten.

Rohren, von denen jeder Meter eine Tonne wiegt, in hiesige Kraftwerke gepreßt zu werden, die es verstromen und als elektrische Energie in ein Netz einspeisen, das in jeder Millisekunde ein Gleichgewicht von Zufuhr und Entnahme wahren muß, um nicht zu kollabieren. Und wenn sie ihr Selfie in die Wolke schickt, dann werden auf einem nicht einmal fingernagelgroßen Chip CPU und GPU tätig, kodieren, konvertieren und komprimieren ihr Konterfei und schicken es über Funkwellen, Kupfer- und Glasfaserkabel in einer Zehntelsekunde auf einen Server auf der anderen Seite des Erdballs und die Empfangsbestätigung zurück. Und alles, aber auch alles, was da geschieht, ist, von den sibirischen Bohrmeißeln, den Ölplattformen in der Arktis, dem Lastmanagement der Stromnetze bis zum Kompressionsalgorithmus für die Bildübertragung und bis zur letzten Programmzeile der Betriebssysteme auf ihrem »Handy« wie eh und je, theoretisch und praktisch, ingenieurtechnisch und operativ, reines *Männerwerk*.

Camille Paglia bekannte 1984, angesichts eines Krans auf einem Tieflader (als einem Ausdruck der »apollinisch-männlichen Fabrikation«) von »Ehrfurcht und heiliger Scheu« ergriffen zu werden.[35] Heute plappern die Mädchen:

»Erziehung ist allgemein Frauensache, weibliche Tugenden wie Kommunikationsfähigkeit und bessere Verbalisierung von Problemen stehen hoch im Kurs und Jungen fühlen sich zunehmend als das unvollkommene Geschlecht. Auch im späteren Leben sind männliche Eigenschaften in der Wahrnehmung vieler immer weniger gefragt. Ist der Mann in der heutigen Welt eigentlich überflüssig?« (*Spiegel online*, November 2012)

---

[35] Camille Paglia, *Die Masken der Sexualität*, Berlin 1992, S. 57.

Eines der dümmsten Bücher dieser nicht Denkungs-, sondern Fühlungs- und Verdrängungsart, ist Hanna Rosins *Das Ende der Männer und der Aufstieg der Frauen* (Berlin 2013). Das Buch stützt seine Titelthese auf die Feststellung, daß der Mann seine geschichtliche Suprematie breiten Schultern und starken Muskeln, mithin der Fähigkeit, Steine zu schleppen, verdanke. Diese Begabung sei indes im Zeitalter der virtuellen Wirtschaft eine nachrangige, weshalb die Männer von den an alles Postindustrielle bestens adaptierten Frauen gnadenlos abgehängt würden. Männer seien eben troglodytische Relikte, denen die smarte, flexible, elastische Anpassungsfähigkeit der Frauen an geänderte Verhältnisse und moderne Zeiten völlig abgehe. Ihr Zeitalter sei vorbei.

Zur gefälligen Beachtung: Die beim heutigen Mann monierte Unfähigkeit sich anzupassen, war schon den steinzeitlichen Männern zu eigen, und zwar so sehr, daß sie den 3000-Kilogramm-Findlingen nicht etwa wie ihre Frauen »flexibel« aus dem Wege gingen, sondern sie mit der Schiefen Ebene als Maschine und mit Brechwerkzeugen zu Megalithgräbern türmten und zu Beilen schliffen.

Es war und ist die »Unangepaßtheit« des Mannes an das jeweils Vorgefundene, die ihn hat Straßen pflastern lassen, wo Morast war, Deiche bauen, wo Fluten drohten, Schneisen schlagen, Räder richten, Eisen schmieden, Stahl zum Fliegen bringen, das Atom spalten, kurz, das prometheische Feuer mit steigender Flamme lodern lassen. Die »Anpassungsfähigkeit« der Frauen war und ist dagegen nie eine andere als die an das immer schon erstellte Werk. Sie bauen nicht. Sie betten sich.

Jedenfalls legt die weibliche Plapperfrage, ob »die Männer in der heutigen Welt eigentlich überflüssig sind«, eine kurze Roßkur zur Wiederherstellung eines basalen fraulichen Alltagsverstandes als überfällig nahe. Diese Roßkur bestünde schlicht darin, daß die in Handwerk und Industrie in Produktion und Wartung (ganz ohne frauenquotale Beteiligung) tätigen Männer für vierzehn Tage die Arbeit niederlegten. Schon nach dieser kurzen Frist läge die scheinbar »postindustrielle Welt«, der sich die Frauen so flexibel und smart adaptiert haben, in Stücken und aus den Trümmern erklänge im Diskant der klägliche Ruf: »Wann repariert Ihr das?«.

Die geschlechtliche Gravisphäre

Die geschlechtliche Gravisphäre ist seit eh und je durch ein kompliziertes Kräftespiel geprägt. Die Frau will den Auserwählten (oder den nur Inbetrachtgenommenen) in das Kraftfeld ihrer eigenen, hochpolierten »Sonnigkeit« ziehen. Gerät der Mann aber tatsächlich in diese Umlaufbahn, verfällt er unausweichlich ihrer Verachtung, denn eigentlich wollte sie keinen Planeten fangen, sondern sich einem Fixstern andienen, der ihrer eigenen Lebensbahn Ruhe und ein Zentrum gibt. Ein Mann, der nur um seine Frau kreist, dessen Kräfte keinen Vektor nach außen, auf eine Aufgabe, einen Lebensplan, mindestens aber ein Hobby haben, ein Mann also, der außer seinem Broterwerb nicht auch noch etwas anderes zu tun hat, als sie zu umkreisen und zu hofieren, ist ihrer eigentlich nicht würdig. Das Ungenügen vieler junger Frauen in ihren Partnerschaften hat seinen Grund in dem einspruchslosen Zurückstehen und der habituellen Dauerzuvorkommenheit junger Männer, die damit die Risiken aus der Scheidungs- und Sorgerechtshoheit der Frauen mindern wollen, sie tatsächlich aber steigern.

Die weibliche Hypergamie richtet sich nicht nur auf den Sozial- und Vermögensstatus ihres Partners, sondern ist sehr viel tiefer verwurzelt: Sie will zu ihrem Glück nicht nur »hinaufheiraten«, sondern in einem umfassenden Sinn »hinaufschauen« können. Das gilt auch sexuell.

Die weibliche Sexualität ist in der Tiefe mit Angstlust imprägniert – wie auch anders, wenn die Frau nicht wie der Mann nur einige Milliliter Körpersekret in die Lust des Geschlechtsaktes investiert, sondern sich dabei einem beängstigenden Berg an Risiken aussetzt (Schwangerschaft, Geburtsrisiken und die Übernahme von Mutterpflichten für große Teile ihrer Lebensspanne). Es gehört ein für Männer schwer vorstellbares Maß an »Überwältigt-Sein« dazu, sich unter diesem Druck an Ängsten fallen zu lassen und hinzugeben. In dieser seelischen Tiefe stecken – auch sechzig Jahre nach der Pille – die ewigen Dämonen der weiblichen Sexualität. Auch Simone de Beauvoir ist ihnen begegnet: Im ersten Band ihrer Memoiren spricht sie von einer »an Geistesgestörtheit grenzenden Angst«, die sie im Frühsommer 1947 durchlitt. »Plötzlich wurde ich zu einem Stein, den der Stahl spaltet: Das ist die Hölle.« Das galt ihrer Affäre mit Nelson Algren im Frühjahr desselben Jahres. Sie erlebte ihren ersten Orgasmus, und sie fühlte sich wie im Himmel. Himmel und Hölle sind für die Frau eng benachbarte und leicht verwechselbare Gefilde, und manchmal weiß sie am Morgen nicht, wo sie des Nachts gewesen ist.

Sexualität redramatisiert sich wieder, wie man auch an den Szenerien und Figurationen der Bestseller erotischer Frauenliteratur ablesen kann, in denen sich eine Sexualität ohne besänftigende Gesten abzeichnet, die aus nicht mehr besteht als dem wortlosen Nehmen und dem ungefragt Genommenwerden. Mit den sogenannten »billionaire romance novels« ist – vom Feuilleton völlig unbemerkt – ein Wiedergänger des berühmten Arztromans der fünfziger Jahre als Literaturgattung für Frauen in den Bestsellerlisten der E-Book-Portale erschienen. Statt des fürsorglichen und wohltätigen Landarztes ist darin aber ein sexuell dominanter Milliardär zur Traumgestalt der Frauen geworden. In der Nachfolge der *Shades of Grey* ist so ein ganzes Genre entstanden, in dem Liebesromanze und BDSM-Porno ein sehr seltsames Gemenge bilden.

Die israelische Kultursoziologin Eva Illouz sieht darin eine »Neue Liebesordnung« heraufziehen:

»Die Sehnsucht nach der sexuellen Dominanz der Männer ist dabei keine Sehnsucht nach ihrer gesellschaftlichen Dominanz als solcher. Es handelt sich vielmehr um das Verlangen nach einer Sozialität, in der die Rollen nicht ausgehandelt werden müssen (...). Eine Gegenreaktion auf den Feminismus besteht in der Sehnsucht nach dem Patriarchat, und zwar nicht, weil Frauen sich danach sehnen beherrscht zu werden, sondern weil sie sich nach den emotionalen Bindungen sehnen, die die männliche Vorherrschaft begleiten, verbergen, rechtfertigen und unsichtbar machen – als könnte man diese männliche Beschützerrolle von dem feudalen Herrschaftssystem trennen, in dem der Mann solchen Schutz gewährte (...)«[36]

Nach Jahren, in denen die Sexualität, von der Befruchtung entbunden, zu einem »recreational sex« ausgedünnt und verharmlost wurde, zeigt sich ein Mangel. Die heiligen Schauer, die die Ekstase des Ichverlusts beim dem unter der Furcht vor oder der Hoffnung auf Empfängnis stehenden Geschlechtsakt anfachten, suchen und finden andere Zündstoffe. Womöglich sind sie auch

---

[36] Eva Illouz, *Die neue Liebesordnung. Frauen, Männer und Shades of Grey*, Berlin 2013, hier: Kindle-Ebook-Edition, Position 906 und 884.

das einzig wirksame Antidot gegen den Spannungsschmerz eines extrem überdehnten Egos.

Der misandrische Kübelguß

Der ganze öffentliche Raum mit all seinen Plapper-, Unterhaltungs-, Informations- und Belehrungskapazitäten ist zum Echoraum weiblicher Selbstüberhöhung geworden. Wie aus Kübeln ergießen sich misandrische Tiraden und der Lobpreis der Weiblichkeit seit fünfzig Jahren aus dem medialen Narrenhaus über alle Köpfe – zur Entfachung heißerer Selbstliebesglut bei den Frauen und zur beabsichtigten Zerknirschung bei den jungen Männern. Nicht nur Telenovelas, Spielfilme, Werbung und eine einschlägige Bücherflut haben daran mitgewirkt, sondern auch journalistisch höhere Kreise: Frank Schirrmacher, der verstorbene Herausgeber der *Frankfurter Allgemeinen Zeitung*, der keine Welle plätschern hören konnte, ohne daß ihn die Lust ankam, darauf zu reiten, rief 2003 (mit Blick auf ausgerechnet Sabine Christiansen et aliae) eine »Männerdämmerung in der Bewußtseinsindustrie«[37] aus und holte, um seine Prophezeiung selbsterfüllend zu machen, eine vielköpfige Mädchenmannschaft in die Redaktion seiner Zeitung von Weltruf. Deren journalistisches Wirken nährte in der Folge stets den Verdacht, der *FAZ*-Schülerwettbewerb »Jugend schreibt« sei zu einer dauerhaften Redaktionsressource aufgewertet worden. Die von ihm beschworene »Männerdämmerung in der Bewußtseinsindustrie« hat sich dabei folgerichtig zu einer »Dämmerung der Bewußtseinsindustrie« ausgewachsen. Auch die *Frankfurter Allgemeine Zeitung* nahm

[37] Frank Schirrmacher, »Männerdämmerung«, in: *Frankfurter Allgemeine Zeitung* vom 1. Juli 2003.

daran mit einer Halbierung ihrer Auflage zwischen 1998 und heute teil.

3. DIE STAATLICHEN INTERVENTIONEN

Scheidungs- und Sorgerecht:
Der Familienzerstörungsautomat

Die alte Ehegesetzgebung legte einen Vertragsrahmen fest, unter dem sich Mann und Frau zu einer Lebens- und Schicksalsgemeinschaft mit der grundgesetzlich versicherten Förderung des Staates verbinden konnten; dazu gehörte eine Verteilung der Pflichten, in der dem Mann die Beschaffung des Lebensunterhalts und der Frau die Haushaltsführung und die Kinderaufzucht oblag. Heutigen Frauen stockt der Atem, wenn sie hören, daß die Frau bis 1957 die Genehmigung ihres Mannes brauchte, wenn sie sich aus der damals noch als tagesfüllend vorausgesetzten Haushaltsführung verabschieden wollte, um außerhäusig tätig zu werden. Daran war nichts Besonderes, denn die Berufstätigkeit der Frau galt sozusagen als eine Vertragsmodifikation, die das Einverständnis des Vertragspartners voraussetzte, wie das bei jedem anderen zivilrechtlichen Vertrag auch der Fall ist.

Der wirklich markante strukturelle Einschnitt zu Lasten der Männer aber war die Neufassung des Scheidungsrechts, die ebenfalls 1976 im Zuge der Eherechtsreform erfolgte und durch die faktisch die Auflösbarkeit der Ehe in die Hand der Frauen gegeben, während ihre unterhaltsrechtliche Unauflösbarkeit für die Männer festgeschrieben wurde. Der Übergang vom Verschuldungs- zum Zerrüttungsprinzip sorgte für die einseitige Kündbarkeit der Ehe, wobei mit der Konstruktion einer »nachehelichen Solidaritäts-, sprich: Unterhaltspflicht« ihre einseitige Unkündbarkeit für den wirtschaftlich Stärkeren, also den Mann festgeklopft wurde. Zu der ganzen, völlig widersinnigen Konstruktion, die den Mann bei einer Neuverheiratung in eine unterhaltsrechtliche Polygamie zwingt, hat Horst Albert Glaser in der *Frankfurter Allgemeinen Zeitung* vom 1. September 1984 das Grundlegende gesagt:

> »Nun ist der Begriff des geschiedenen Ehegatten, der freilich schon im Gesetz steht, ein klassisches Oxymoron – ein Widerspruch in sich. Ein Geschiedener ist kein Ehegatte mehr und ein geschiedener Partner kein Partner. Es kann infolgedessen und logischerweise nicht erlaubt sein, eine forthaftende Solidarität für geschiedene ›Ehegatten‹ zu folgern. In der Logik nennt man solches Schlußverfahren eine Subreption – die Erschleichung von Folgerungen aus logisch falschen Prämissen oder Begriffen. Der ›Ehegatte nach der Scheidung‹, wie er in Paragraph 1569 des Bürgerlichen Gesetzbuches auftaucht, ist nicht viel mehr als eine juristische Kunstfigur, die es in Wirklichkeit nicht gibt (...). Die Bedürftigkeit, in die geschiedene Frauen und Männer geraten können, ist nicht eo ipso eine Folgelast ihrer gescheiterten Ehe. Haben sie die Ehe aus freien Stücken (etwa zum Zwecke der Selbstverwirklichung) verlassen, so ist ihre Bedürftigkeit auf die eigene Tat, aber nicht auf die Ehe zurückzuführen. An dieser Stelle – wie es getan wurde und wird – von Folgelasten oder gar von Solidarität der ›Ehegatten‹ zu sprechen, ergibt Nonsens. Wer die Solidargemeinschaft der Ehegatten zerstört, kann sie nicht nachher für sein Schicksal verantwortlich machen. Es gibt sie nicht mehr, so wenig wie den ›Ehegatten

nach der Scheidung‹. Allfällige Unterhaltsklagen wären demgemäß als ›unzustellbar‹ zu behandeln.«

Dem Scheidungsrecht lag unübersehbar – und das kann man dem damaligen Gesetzgebung zugute halten – das Bild der von einem Mann zugunsten einer Jüngeren verstoßenen, treuen Ehefrau zugrunde, die vorm Elend bewahrt werden müsse. In der Realität gehen etwa zwei Drittel der Scheidungsbegehren in den westlichen Industrieländern mittlerweile von den Frauen aus, die die Scheidung als einen Ausweg aus ihrem seit den siebziger Jahren steigenden Lebensmißmut sehen, ein Ausweg zudem, der ihnen größere Anstrengungen zur Sicherung ihres Lebensunterhalts nicht abverlangt.[38] Dazu kamen noch die Lockungen aus Versorgungs- und Zugewinnausgleich, deren gesetzliche Regelung auch noch dem längst verblichenen Muster einer gemeinsamen konjugalen Wirtschaft der Ehepartner folgt. Seit der Eherechtsreform von 1978 sind etwa 13 Millionen Ehen geschlossen und 5,5 Millionen geschieden worden. Viele der an beidem beteiligten Männer haben dabei erfahren müssen, daß der sprichwörtlichen weiblichen List die Tücke fest verschwistert ist und dahinter auch noch die Laster der Mißgunst und der Raffgier lauern. Mit der mechanischen Vergabe des realen Sorgerechts und der Residenzbestimmung an die Mutter wird des Mannes Vaterschaft nulliert, und er weiß, daß, »was in ihm würdig werden müsse zu seinem höchsten Amt: Vaterschaft« (Hugo von Hofmannsthal) schließlich nur in einen Dauerauftrag für Unterhaltszahlungen ausrinnen könnte. In jedem Manne schläft die alte Bestimmung, ein Haus zu bauen, einen Baum zu pflanzen und einen Sohn zu

---

[38] Mit der Reform von 2011 ist das »Prinzip der Eigenverantwortung« der geschiedenen Frau ins BGB gekommen. Die Gerichte urteilen derzeit aber sehr einzelfallbezogen.

DIE STAATLICHEN INTERVENTIONEN   273

zeugen. Aber darauf hat der Gesetzgeber im Maße des immensen Scheidungsrisikos den Fluch aus 5. Mose 28 gelegt: »Ein Weib wirst du dir vertrauen lassen; aber ein anderer wird bei ihr schlafen. Ein Haus wirst du bauen; aber du wirst nicht darin wohnen. Einen Baum wirst du pflanzen; aber du wirst seine Früchte nicht genießen.« Die Scheidungsreform von 1978 leitete eine katastrophale Fehlentwicklung ein, an deren Ende logischerweise das in diesem Buch beschriebene Phänomen steht.

Der katholische Politikwissenschaftler Jürgen Wiesner urteilte 1985 mit einer dem Vorgang durchaus angemessenen Emphase: »Die Politiker und die Juristen haben dieses Volk wissentlich und vorsätzlich mit einer geradezu ›automatischen‹ Familienzerstörung überzogen, wie sie selbst der Zweite Weltkrieg in diesem Ausmaße nicht produziert hat; sie haben in Friedenszeiten die Familien mit den Wirkungen eines Krieges überrollt«.[39]

Die staatliche Quotensänfte zur Frauenbeförderung

Frauen erzielen als Selbständige im freien Markt ein Mindereinkommen gegenüber selbständigen Männern, sie zeigen eine fast völlige Untätigkeit bei Unternehmensgründungen[40] und Patentanmeldungen, erfreuen sich aber einer ständigen Bevorzugung (»bei gleicher Qualifikation«) im Zugang zum öffentlichen Dienst, obwohl ihr Anteil an den dort Beschäftigten bereits 55% beträgt. Die Bevorzugung von weiblichen

---

[39] Joachim Wiesner, *Vom Rechtsstaat zum Faustrechtsstaat. Eine empirische Studie zur sozialethischen und ordnungspolitischen Bedeutung des Scheidungs-, Scheidungsfolgen- und Sorgerechts,* Münster 1985, S. 50.

[40] Sieht man von Dienstleistungen bei der Alten- und der Nagelpflege ab.

Menschen aufgrund ihres Geschlechts kann gegenüber dem Grundgesetz Artikel 3 nur mit immer neuen rechtsrabulistischen Rankünen verteidigt werden.[41] Die Grundrechtsartikel 1 bis 19 des Grundgesetzes schützen den Freiheitsraum des Einzelnen vor Übergriffen der öffentlichen Gewalt, es sind Abwehrrechte des Bürgers gegen den Staat. Der § 3 Absatz 2 (»Männer und Frauen sind gleichberechtigt«) verbietet in Zusammenhang mit Absatz 3 (»Niemand darf wegen [...] seines Geschlechts benachteiligt oder bevorzugt werden«) der Legislative und Exekutive (niemandem sonst!) ein Geschlecht zu bevorteilen oder zu benachteiligen. Durch den 1994 erfolgten Einschub eines zweiten Satzes in den § 3 Absatz 2 (»Der Staat fördert die tatsächliche Durchsetzung der Gleichberechtigung von Frauen und Männern und wirkt auf die Beseitigung bestehender Nachteile hin«) wird

a) die gesamte Wirkrichtung des Grundgesetzes umgedreht, indem aus Abwehrrechten gegen den Staat Eingriffsrechte des Staates werden und

b) § 3 Absatz 3 GG (Verbot der Benachteiligung und Bevorzugung aufgrund des Geschlechts) vollständig, aber ohne dessen formale Tilgung suspendiert.

Die so, also verfassungsputschistisch, geschöpften Rechte nutzt der Staat mittlerweile, um über das FührposGleichberG[42] und das AGG (Allgemeines Gleichbehandlungsgesetz)

---

[41] Zuletzt Hans-Jürgen Papier (unter Mitwirkung von Dr. Martin Heidebach), *Rechtsgutachten zur Frage der Zulässigkeit von Zielquoten für Frauen in Führungspositionen im öffentlichen Dienst sowie zur Verankerung von Sanktionen bei Nichteinhaltung* (im Auftrag des Landes Nordrhein-Westfalen 2015). Angemessen ironisch dazu: https://sciencefiles.org/tag/hans-jurgen-papier/ (zuletzt abgerufen am 7. August 2017).

[42] Das Ding heißt im Volltext: »Gesetz für die gleichberechtigte Teilhabe von Frauen und Männern an Führungspositionen in der Privatwirtschaft und im öffentlichen Dienst«. Vom 24. April 2015.

DIE STAATLICHEN INTERVENTIONEN 275

in die Personalentscheidungen von Unternehmen und allgemein in die Vertragsautonomie von Privaten einzugreifen.[43]

Das »Peter-Prinzip« besagt bekanntlich, daß jeder Beschäftigte in einer hierarchisch organisierten Verwaltung am Ende bis zu der Position befördert wird, auf der er das äußerste Maß seiner Inkompetenz erreicht. Ein sich im Zuge der Frauenförderung durchsetzendes »Petra-Prinzip« besagt das Gleiche, mit dem Unterschied, daß jede Frau möglichst *sofort* und ohne Wartezeiten auf kompetenzgedeckten Positionen bis zu diesem Punkt befördert werde.[44]

Trotzdem gelingt es nicht, den Frauenanteil in den Führungsebenen des öffentlichen Dienstes und in den Bürokratien der Privatwirtschaft anders als mit Zwang zu steigern. Dafür kann es drei Gründe geben:

1. Die Frauen dürfen nicht (weil die besetzungsberechtigten Männer unter sich zu bleiben gedenken. Dies ist die offizielle Lesart).

---

[43] Die völlige Verdrehtheit des gesetzgebenden Narrenvereins zeigt sich nicht nur daran, daß er mit der gewachsenen Rechtslogik und -systematik umgeht wie ein Kleinkind mit seiner Sandburg, sondern auch in einem vollständigen Unvermögen, ein in sich logisch widerspruchsfreies Gesetz zu schreiben. Im AGG gilt nach § 6 als »Beschäftigte« im Sinne des Gesetzes auch eine Noch-Nicht-Beschäftigte und eine Nicht-mehr-Beschäftigte. Nach § 7 gilt der Nichtabschluß eines Arbeitsvertrages als eine Vertragsverletzung, nämlich eine Verletzung dieses, absichtsvoll nicht geschlossenen Vertrages.

[44] Die DAX-Konzerne, die Regulierung über das Aktiengesetz fürchten, haben dem politischen Druck auf »Diversity« als erste nachgegeben. Sie beriefen Frauen symbolpolitisch vor allem als Personalvorstände, also mit Verantwortung für »Human realations« (oder: »Was mit Menschen«). Das Glück war jeweils nur ein kurzes. Eine Auswahl: Regine Stachelhaus, Personalvorstand von 2010 bis 2013 bei Eon; Marion Schick, Personalvorstand von 2012 bis 2014 bei der Deutschen Telekom; Angela Titzrath, Personalvorstand von 2012 bis 2014 bei Deutsche Post DHL Group; Angelika Dammann, Personalvorstand 2010 bis 2011 bei SAP; Luisa Deplazes Delgado, Personalvorstand 2012 bis 2013 bei SAP; Brigitte Ederer, Personalvorstand von 2010 bis 2013 bei Siemens; Elke Strathmann, Personalvorstand 2012 bis 2014 bei Continental. Der Deutsche Mittelstand, zu dem 98% der exportierenden Unternehmen gehören, bleibt in Sachen Frauenquote und »diversity management« hingegen harthörig und – wie das *Handelsblatt* schlagzeilt – schweigsam.

2. Die Frauen wollen nicht (wegen anderer Präferenzen und/ oder auch wegen einer intuitiven Berücksichtigung von Punkt 3. Dies ist eine kaum mehr bezweifelbare Lesart, die aber unerwünscht ist).
3. Die Frauen können nicht (aus konstitutionellen oder habituellen Gründen – und weil viele unter ihnen das ahnen, verstärkt es Punkt 2. Dies ist eine »verbotene, sexistische« Lesart).

In der Spitze wirkt auf die intellektuellen und motivationalen Defizite der Frauen (siehe Seite 252 ff.) noch ein verschärfender Faktor ein: Der Pareto-Effekt, nach dem stets und überall zwanzig Prozent der Ressourcen achtzig Prozent der Leistung erbringen. Das übt auf die Personalauswahl für die strategischen Knotenpunkte einen immensen Zwang zur Bestenauslese auf (Bei den restlichen achtzig Prozent der Belegschaft, die zwanzig Prozent der Leistung bringen, kommt es nicht so genau drauf an). Käme es im Management komplexer Organisationen allein auf die Intelligenz an (was nicht der Fall ist), dann wären von hundert Bewerbern mit einem IQ von 125 oder mehr Punkten 66 Männer und 33 Frauen. Dazu kommen – noch wichtiger – die beträchtlichen Unterschiede zwischen Männern und Frauen in den Ausprägungen folgender führungsrelevanter Eigenschaften im Fünf-Faktoren-Modell der differentiellen Psychologie:

– Hohe, aber kontrollierte Risikobereitschaft
– Hohe emotionale Stabilität
– Hohe internale Kontrollüberzeugung (Bereitschaft, die Gründe für Erfolg und Mißerfolg im eigenen Tun zu suchen und nicht auf äußere unbeeinflußbare Umstände zu schieben)

Danach wären auch neunzig Prozent der hinter der Intelligenz-Weiche noch vorhandenen Frauen aus dem Spiel.

Hypothesen zu diesem Thema aus eigener Erfahrung: In einer exponierten Führungsaufgabe (auch schon in den mittleren Ebenen) ist eine Frau in mehr oder weniger lähmendem Maße von der Sicherung des eigenen Status beansprucht und somit in der Lage einer Reiterin, deren größte Sorge es ist, im Sattel zu bleiben. Zweck des Reitens ist aber bekanntlich nicht dies, sondern die Fortbewegung. Einen Beleg für diese Hypothese liefern auch die würdigen Matronen, die sich nach Gottes unerforschlichem Ratschluß in Berlin der deutschen Bundesexekutive bemächtigen konnten. Man sieht an ihnen: selbst wenn sie reiten könnten, hülfe dies nichts, denn sie hätten gar keine Ziele (außer eben dem, im Sattel zu sitzen).

Die größten Entfaltungsmöglichkeiten für Ihre speziellen administrativen und kommunikativen Talente haben Frauen deshalb in Stabs- und Assistenzfunktionen des Managements, wo sie ohne eigene strategische und Führungsverantwortung loyal einem Mann organisatorisch und taktisch den Rücken frei halten können. Hier sind sie, sozusagen, in ihrem Element.

Es ist ein antigravitativer Furor, der Frauen ohne Rücksicht auf Verluste in die äußersten Spitze der Linien drücken will. Das Wasser soll bergauf fließen, koste es, was es wolle. Allein der Versuch schwächt die Institutionen schwer, bringt die Frauen, sofern sie sich nicht ohnehin dagegen sperren, unter äußersten Stress und blockiert geeignetere Männer.

In ihrem Ungenügen an der schmerzlich ausgedünnten Restrolle, die ihnen in der industrialisierten Welt geblieben ist, haben Frauen sich am männlichen Tätigkeitskreis orientiert und sind mit den Männern in Konkurrenz getreten: Bevorzugt in inzwischen überlaufenen Berufsfeldern, in denen sie statt mit technischen Problemen etwas mit Menschen, Medien oder Marketing zu tun haben. Im Wunsch, mit Männern gleichzuziehen wurden sie zu einem kindischen Me-too-Geschlecht, das sich mit Fingerschnipsen und »Ich-auch«-Rufen zu allen Rollen meldete: Ob als Staatsmann, Firmenlenker, Soldat, Polizist, Fußballer oder Boxer – auch auf die Gefahr hin, mit einer leicht (Managerin) bis schwer (Fußballerin) überzeichnet wirkenden, burschikosen Übernahme männlicher Attitüden beide Geschlechter gleichzeitig zu persiflieren.[45]

Verminte Verkehrsflächen

Die Verkehrsflächen, auf denen sich die Geschlechter mit erotischen Aspirationen begegnen, sind für den Mann zum Minenfeld geworden. Der protektive Staat hat einen dichten Verhau von straf- und zivilrechtlichen Dornröschenhecken um das offenbar völlig wehrlose und verwirrte weibliche Wesen gelegt, und dringt nur ein leiser Seufzer hindurch, dann stürzen Heerscharen von Ermittlern, Staatsanwälten, Therapeuten, Seelsorgern und Opferexperten durch die Rettungsgassen, und

---

[45] C. G. Jung hat die Unstimmigkeit im Auftritt von Frauen in männlich konnotierten Funktionen schon 1948 fein beobachtet: »(...) es geschieht fast in der Regel, daß der Verstand einer einen männlichen Beruf ausübenden Frau, von ihr unbemerkt, für ihre Umgebung aber sehr bemerkbar, von der unbewußten Männlichkeit beeinflußt wird. Daraus entsteht eine gewisse starre Verstandesmäßigkeit mit sogenannten Prinzipien und einer ganzen Menge von Argumentiererei, welche in aufreizender Weise immer etwas danebengeht und immer ein kleines Etwas ins Problem hineinlegt, das nicht drinliegt«. C. G. Jung, »Die Frau in Europa« (1948), in: Helmut Barz (Hrsg.), *Grundwerk C. G. Jung*, Band 9, Freiburg 1985, S.33. Max Horkheimer zur Männerimitation durch Frauen: »*Der Grund, warum ich slacks (Hosenanzüge, TH) nicht liebe: die Frau schreitet jetzt wie ein Mann, die Mundwinkel nach unten, die Stirne gefaltet: wie der Herr dieser die Natur zertretenden Zivilisation. Die Gleichheit mit dem Mann wird betont, dessen zivilisatorische Rolle ihr so schlecht ansteht. Sie zeigt alle Übel des Assimilanten an den Unterdrücker(...)«*, zitiert nach: Annegret Stopczyk, *Was Philosophen über Frauen denken*, München 1980, S. 322.

wehe ihm, es wird ein Mann dort angetroffen und hätte er auch nur den Rasen geschoren.

Der bis zur Berstgrenze mit proweiblicher Fürsorge angefüllte Gesetzgeber nutzt auch das Strafrecht zum Abbau seines moralischen Überdrucks, was nicht einmal dann erträglich wäre, wenn er dabei nicht den Grundsatz der Normenklarheit regelmäßig mit Füßen träte.[46] Der 2016 neugefaßte § 177 ist ein Beispiel dafür: Im Absatz 2 Nr. 1 wird mit einer Freiheitsstrafe bis zu 5 Jahren bedroht, wer zum Zwecke sexueller Handlungen etc. pp. ausnutzt, »daß die Person nicht in der Lage ist, einen entgegenstehenden Willen zu bilden oder zu äußern«. Ein Mann muß also, auch wenn er wahrnimmt, daß sie einen entgegenstehenden Willen zur Zeit nicht hat, erwägen, ob sie möglicherweise gerade gehindert ist, einen solchen zu bilden. Vor dem Kleiderschrank signalisiert sie eine eingetretene Willensbildungsbehinderung immer, indem sie einen Finger an den Mund legt und unglücklich guckt. Ist es in Ordnung, wenn diese Signale fehlen?

Absatz 2 Nr. 5 stellt unter Strafe, wenn er (»der Täter«) sie (»das Opfer«) nötigt, indem er ihr mit einem empfindlichen Übel droht. So weit, so klar und richtig. Nr. 5 aber verbietet *ihm*, eine Lage auszunutzen, *in der dem Opfer bei Widerstand ein empfindliches Übel droht*. Er droht hier also ausdrücklich nicht (das fiele ja unter Nr.5), aber etwas Drittes droht *ihr* bei Widerstand gegen *ihn* mit einem empfindlichen Übel: Nur was ist das? Ihre Sexualphantasie? Der Fernsehfilm von gestern? Eine allgemeine Ängstlichkeit?

Aber es wird noch schwieriger, denn in »besonders schweren Fällen«, die im Sinne des Gesetzes vorliegen, wenn der Täter

---

[46] Siehe auch Anmerkung 43.

mit dem Opfer »den Beischlaf vollzieht«, haben wir es ja nicht mit einer Handlung, sondern im besten Fall mit einer ganzen, dynamischen Handlungsfolge zu tun.

Eine Frau auf dem Weg zum sexuellen Höhepunkt sieht erst recht von klaren Willensbekundungen ab. Ihr notorisches »Nein, doch! Ja, doch! Nicht Doch! Jaa!« ist von dem kopulationsbeteiligten Mann unter den Gesichtspunkten dieses Nein-heißt-Nein-Paragraphen nicht leicht zu würdigen.[47] Doch handelt es sich dabei eigentlich gar nicht um eine an den Mann gerichtete Ansprache, sondern vielmehr um einen innerweiblichen Widerstreit zwischen dem ewigen, hingabefähigen Weib (Ja, doch!) und seinem sozialkonstruktiven Schatten, der modernen, selbstbewußten Powerfrau (Nein, doch!). Nur: Ein Mann kann heute keineswegs sicher sein, daß am nächsten Morgen, während das Weib noch wohlig nachgenießt, ihr Schatten nicht auf dem Polizeirevier steht und eine Vergewaltigung zu Protokoll gibt.[48] Das muß aber

---

[47] Falls der gesetzestreue Mann sich durch eine Fehlinterpretation ihrer präorgastischen Interjektionen zum Abbruch seiner Bemühungen kurz vor dem Ziel genötigt sieht, wäre er zwar der Strafandrohung des § 177 StGB entronnen, geriete aber womöglich in den Anwendungsbereich des § 323c StGB (Unterlassene Hilfeleistung). Man kann bei den Betreibern dieser jüngsten Strafrechtsreform umstandslos davon ausgehen, daß sie sämtlich noch niemals aufrührenden und erschütternden, also wirklichen Sex hatten.

[48] Das Phänomen der Falschbeschuldigung wird regelmäßig kleingeredet, obwohl es mittlerweile – auch als Waffe in Scheidungsauseinandersetzungen – in beträchtlichen Fallzahlen auftritt und natürlich einen scharfen Keil des Mißtrauens zwischen die Geschlechter treibt: Schon in den neunziger Jahren kam eine US-amerikanische Untersuchung angezeigter Vergewaltigungen zu dem Ergebnis, daß 41% der in der betrachteten Kommune durch Frauen angezeigten 109 Vergewaltigungsfälle Falschbeschuldigungen waren; Hauptmotive: »(...) providing an alibi, seeking revenge and obtaining sympathy and attention«. Dazu Eugene J. Kanin: »False rape allegations«, in: *Archives of Sexual Behavior*, Februar 1994, Volume 23, Nr. 1, Seite 81–92. Sabine Rückert zitiert den Kieler Psychologen Günter Köhnken und den Hamburger Rechtsmediziner Klaus Püschel mit Zahlen, die auf eine Falschbeschuldigungsquote von vierzig bis fünfzig Prozent deuten. Die Tendenz zum Fake habe – laut Püschel – erst in den vergangenen Jahren eingesetzt. Siehe Sabine Rückert, »Lügen, die man gerne glaubte«, in: *Die Zeit*, Nr. 28/2011. Ebenso dazu Anmerkung 78.

nicht am nächsten Morgen, sondern kann auch 30 Jahre später geschehen,[49] in denen der Mann seine Zahlungsfähigkeit und seine Fallhöhe womöglich erfreulich gesteigert hat. Es gehört ein erheblicher Wille zur Stiftung von Zwietracht, Hader und Mißtrauen zwischen den Geschlechtern dazu, die Dinge so zu regeln.[50] Das Menschenbild, das sich dahinter zeigt, beruht auf der Verengelung des Weibes und der Verteufelung des Mannes. Daß die waffenarme Frau ihre wenigen Angriffsmittel nicht immer mit ritterlichem Ethos einsetzt, wußten alle Zeiten, ebenso, daß die Fügung aus »weiblich« und »Intriganz« zwar nicht schlechterdings ein Pleonasmus, aber gewiß auch kein »schwarzer Schimmel« ist. An die Fallgruppe »Potifars Weib« hat Hans Magnus Enzensberger vor kurzem erinnert: »Damen, deren Avancen zurückgewiesen werden, gleichen tückischen Tellerminen. Ihre Rachsucht sollte man nie unterschätzen«.

Es ist absurd: Das Pornographische hat sich zu einer Pandemie ausgewachsen, sexuelle Signale feuern aus allen Ecken, woran sich die Frauen selbst lebhaft beteiligen, indem sie beim Buhlen um Aufmerksamkeit ihren Exhibitionismus tief auskosten. Aber der Gesetzgeber modelliert sich die zeitgenössische Frau zur minderjährigen Bewohnerin eines katholischen Mädchenpensionats des 19. Jahrhunderts, das auf seiner Zeitreise durch die realen und virtuellen Sündenpfuhle des 21. Jahrhunderts unter strengsten Polizeischutz gestellt und mit geistlichem Beistand versehen werden müsse. Nur:

---

[49] Die Verjährungsfrist setzt erst ein, wenn das Opfer sein dreißigstes Lebensjahr vollendet hat und endet dann nach weiteren zwanzig Jahren.

[50] »Der angestrebte ›Paradigmenwechsel‹ besteht offensichtlich darin, bei Nötigung und Vergewaltigung die Wahrheitsfindung unüberprüfbar aus der Objektivität heraus und in die persönliche Deutungshoheit der Anzeigeerstatterin zu legen. Was leidenschaftliche Liebesnacht und was Vergewaltigung war, definiert die Frau am Tag danach.« Sabine Rückert, »Das Schlafzimmer als gefährlicher Ort«, in: *Die Zeit* Nr.28/2016.

Für Männer wird unter den Umständen einer zunehmenden psychischen Labilität der Frauen (siehe S. 282 f) und der immensen Falschbeschuldigungquote (siehe Anmerkungen 48 und 78) der Umgang mit Frauen zu einem Hochrisiko.

4. FEMINISIERUNG UND DIE FOLGEN

Moral statt Erfahrung. Die moralische Durchseuchung

Lebenserfahrung ist im besten Fall das Ergebnis von gedanklich verarbeiteten, insofern belehrend gewirkt habenden Erlebnissen und Gegenerlebnissen auf allen möglichen Schauplätzen des tätigen Lebens. Daraus bilden sich allmählich Wahrscheinlichkeitsmuster, die einem erlauben, realistische Erwartungen zu entwickeln und mit einiger Sicherheit sagen zu können, was geht und was nicht geht, was funktionieren und was scheitern wird. Diese Muster sind die heute unter einer Daueranklage stehenden »Vorurteile«, die aber natürlich nicht von Übel, sondern unentbehrlich sind, weil man ohne sie gar nicht mehr zum Handeln käme. Sie sind, nach Walter Lippmann, ein ökonomischer Schutz vor der unerfüllbaren Zumutung erschöpfender Detailerfahrung: Man bildet aus Erfahrungen Erwartungen, bleibt dabei aber aufgeschlossen dafür, durch neue Erfahrungen eines Besseren oder Schlechteren belehrt zu werden.[51] So tastet man sich voran, ohne je vor schönen und bösen Überraschungen gefeit zu sein.

---

[51] Die Vorurteilsverdammung ist nicht nur lebenspraktisch unmöglich, sondern legt auch die Axt an die herrschende Wissenschaftstheorie des Kritischen Rationalismus, der seit Popper mit Verweis auf das sogenannte Induktionsproblem wissenschaftliche Urteile nur als Hypothesen akzeptiert, die auf Falsifizierung warten. Nicht anders verfährt der Alltagsverstand in der Bildung seiner handlungsnötigen »Vorurteile«.

Vor Überraschungen bleibt freilich gefeit, wer seine Vorurteile nicht mühsam über seine fünf Sinne, sondern quasi freihändig mit einem sechsten, dem moralischen, einem sehr typisch weiblichen Sinn bildet. Das moralische Vorurteil liefert kein vorsichtig-vorläufiges Fazit aus der wirklichen Welt, sondern entstammt allein dem weiten, von Tatsachen, Stolpersteinen und Fußangeln gänzlich freien Feld des »Möchte-gern-und-sollte-doch«. Der Zusammenstoß dieser wunschgeprägten »Welt des Sollens« mit der erfahrungsgeprägten »Welt des Seins« ist ein frontaler und beendet an vielen Stellen jedes Gespräch. Gesellschaftlich kodifiziert wurde die handlungsferne »Sollte-doch-Moral« in der »Politischen Korrektheit«. Der weiblich-moralische Reflex rastet in jede Betrachtung von Tatsachen und die Erwägung entsprechender Handlungsfolgen ein, indem er sie mit moralischen Urteilen und Sollensforderungen konfrontiert. »Er weist einen Gedanken nicht zurück, weil er irrig ist, sondern er nennt ihn ›fatal‹, ›geschmacklos‹ ›undiskutabel‹ oder ›inakzeptabel‹. Er nimmt eine Diskussion nicht als Ringen um Fakten, sondern als Konfrontation von Interessen«.[52] *Feelz over realz* eben. Das macht nicht nur Gespräche unmöglich, sondern – weit schlimmer – politische Maßnahmen und Handlungen.

Die allgegenwärtige und hochautomatisierte Reflexmoral ist kommunikativ ein Abschaltmechanismus für Dialoge und Erörterungen. Inhaltlich trägt sie als »weibliche Moral der Fürsorge« (ethics of care) die Farben ihres familiären Herkunfts- und einzig legitimen Anwendungskreises: »… der Pazifismus, der Hang zur Sicherheit und zum Komfort, das unmittelbare Interesse am mitfühlbaren menschlichen Detail, die Staatswurstigkeit, die Bereitschaft zur Hinnahme der Dinge und Menschen, wie es so

---

[52] Norbert Bischof, *Moral. Ihre Natur, ihre Dynamik und ihre Schatten*, Köln 2012, S. 24.

kommt«.⁵³ Sie hat aber die gesamte Öffentlichkeit und über das Wahlrecht der Frauen auch die Politik durchseucht.

Wie katastrophenträchtig das Übergreifen der weiblich-familiären Moralität auf das öffentliche Leben ist, haben Gertrud Höhler und Michael Koch 1998 mit einem 2015 sehr aktuell gewordenen Bild beschrieben (unter Rückgriff auf Erkenntnisse der geschlechterbezogenen Gehirnforschung, die mich an dieser Stelle aber nicht besonders interessieren): Ein Mann erhält ständig limbische Impulse aus dem Regime des Reptiliengehirns, die den Willen zur Selbstbehauptung, Härte, Kampfbereitschaft bis zur Frontalkollision initiieren. Eine Frau wird dagegen ständig – und ohne Rücksicht auf die Folgen – prosozialen Einspruch erheben. Eine Frau »...wird das Trojanische Pferd füttern, wenn es nur hinreichend traurig schaut und an ihre Empathie appelliert. Und sie wird ihre Emotionalität mit Impulsen aus dem limbischen System und Argumenten aus dem Neokortex in endlosen Dialogen und Monologen verteidigen, was das Zeug hält – mag auch ganz Troja daran zugrunde gehen«.⁵⁴

Wenn die feminine Fürsorgemoral ihren angestammten Bereich – die Familie – einmal verlassen hat, dann verliert sie jede Fassung und ergießt sich ohne jede Bindung an absehbare Einfluß- und Handlungsmöglichkeit weltenweit. Sie wird zum reinen Lamento ohne Handlungsfolgen, denn sie beansprucht die Zuständigkeit für alles in der Welt außer für das eigene Tun und Lassen. Da gilt: Ich kann doch nichts dafür.

---

53 Arnold Gehlen, *Moral und Hypermoral*, Wiesbaden 1986, S. 149.
54 Gertrud Höhler und Michael Koch, *Der veruntreute Sündenfall. Entzweiung oder neues Bündnis*, Stuttgart 1998, S. 371.

Die Gender-Glückslücke oder: Erbarmen mit den Frauen?

Seit 1972 sinken Zufriedenheit und Glücksempfinden der Frauen in allen westlichen Ländern kontinuierlich ab – und das unabhängig davon, in welchen familiären Verhältnissen sie leben und was sie beruflich tun. Die Zufriedenheit der Männer nimmt trotz der Plagen der Genderagenda gleichzeitig zu.[55]

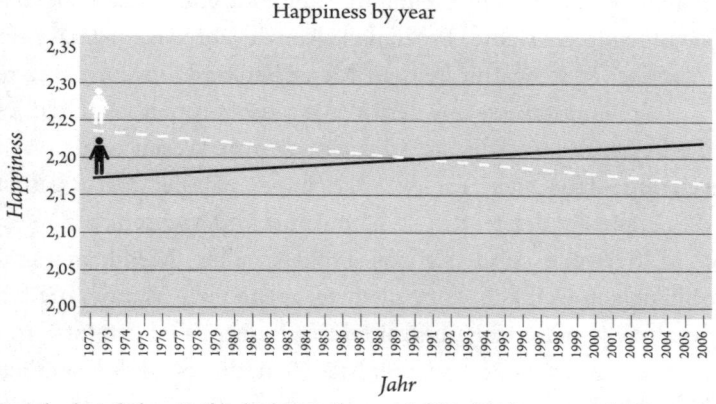

Jahr

Durchschnittlicher Zufriedenheitsindex nach Geschlecht aus sechs Internationalen Social-Survey-Panels[56] [57]

---

55 Betsey Stevenson and Justin Wolfers: »The Paradox of Declining Female Happiness«, in: *American Economic Journal: Economic Policy* 2009, 1/2, S. 190–225. Und: Eurobarometer Life satisfaction trends: www.ec.europa.eu (zuletzt abgerufen am 7. August 2017).

56 Die Grafik basiert auf sechs Langzeit- bzw. Panel-Befragungen aus den Jahren 1972 bis 2007: United States General Social Survey (46 000 Personen, befragt zwischen 1972 und 2007), Virginia Slims Survey of American Women (26 000 Frauen, befragt zwischen 1972 bis 2000), Monitoring the Future Survey (430 000 US-amerikanische Zwölftklässler, befragt zwischen 1976 und 2005), British Household Panel Study (121 000 Menschen, befragt zwischen 1991 und 2004), Eurobarometer Analysis (636 000 Menschen aus 15 Ländern, befragt zwischen 1973 und 2002), International Social Survey Program (97 462 Menschen aus 35 Industriestaaten befragt zwischen 1991–2001).

57 Grafik nach Marcus Buckingham, »What's happening to female happiness?« Siehe dazu http://www.huffingtonpost.com/marcus-buckingham/whats-happening-to-womens_b_289511.html (zuletzt abgerufen am 7. August 2017).

Zur Erklärung des Phänomens reicht zu Beginn wie immer die Betätigung des Hausverstandes:

Die ganze gesellschaftliche Anordnung liefert ohnehin einen mächtigen Schub in Richtung »Verwöhnung« und die aus diesem Erziehungsstil bekanntermaßen erwachsenden Folgen narzißtischer Störungen[58]. Doch wenn Twenge und Campbell[59] feststellen, daß die narzißtische Epidemie vor allem unter Frauen wütet (mit einer Zunahme der klinischen Merkmale dieser Störung um siebzig Prozent in zwanzig Jahren), so ist das kein Wunder: Man erzählt keinem Menschenkind – während man ihm alle Hindernisse aus dem Wege räumt – unentwegt, daß es das beste, klügste, fähigste, stärkste, schönste Wesen auf der Welt sei, ohne daß es daran schweren Schaden nähme. Genau das ist den Frauen in den letzten 50 Jahren aber widerfahren.

Mittlerweile sind siebzig Prozent aller Medikamentenabhängigen weiblich, doppelt soviel Frauen wie Männer greifen regelmäßig zu Beruhigungsmitteln, 95 Prozent aller Patienten mit Eßstörungen sind Frauen oder Mädchen. Frauen leiden deutlich häufiger als Männer unter psychosomatischen und funktionellen Beschwerden ohne organische Befunde, und weltweit leiden dreimal so viele Frauen an Depressionen wie Männer.[60] Der ganze Borderline-Komplex ist eine Störung der Frauen.[61] Seit

---

58 Sie sind von Alfred Adler schon in den dreißiger Jahren im neunten Kapitel (Die fiktive Welt des Verwöhnten) seines *Sinn des Lebens* beschrieben worden: Das verwöhnte Kind wird »(...) geneigt sein, sich parasitär zu entwickeln und alles von den anderen zu erwarten. Es wird sich immer in den Mittelpunkt drängen und bestrebt sein, alle anderen in seinen Dienst zu stellen. Es wird egoistische Tendenzen entfalten und es als sein Recht ansehen, die anderen zu unterdrücken, von ihnen immer verwöhnt zu werden, zu nehmen und nicht zu geben« Siehe dazu Alfred Adler, *Sinn des Lebens*, Frankfurt/Main 1973, S. 101.

59 Jean M. Twenge und W. Keith Campbell, *The Narcissism Epidemic. Living in the Age of Entitlement*, New York 2009.

60 Robert-Koch-Institut, »Gesundheit in Deutschland«, Berlin 2015.

61 Nach »Diagnostic and Statistical Manual of Mental Disorders DSM-IV_TR«.

dem Geburtsjahr 1966 trinken Frauen ähnlich viel Alkohol wie Männer. In riskantem Maße tun dies, anders als bei Männern, vor allem Frauen mit hohem Einkommen.[62] Zu den neueren Hochstressoren zählt schließlich auch ein medial vermitteltes, völlig schimärisches Idealbild des weiblichen Körpers, das sich allein chirurgischen, photobearbeitungstechnischen und geradezu schwerstkosmetischen Mitteln verdankt und damit im wirklichen Leben unerreichbar bleibt. Das »Zurechtmachen« wird unter diesen Umständen ein Akt aufwendigster Maskenbildnerei, dessen Ergebnis zudem nie befriedigt. Die Unzufriedenheit der Frauen mit ihrem Körper wird endemisch und als »körperdysmorphe Störung« zu einem Krankheitsbild.

Es geht ihnen also nicht gut, und die jeweils nachfolgenden Alterskohorten kämpfen mit verschärften psychischen Problemen. Die narzißtische Welle scheint sich zu teilen in eine speziell männliche, »grandiose« Unterart, deren Träger sich mit innerstädtischen Autorennen brüsten, und in eine speziell weibliche, »hypervigilante«, deren Trägerinnen eine dauerpanische Rühr-mich-nicht-an-Mentalität entwickeln und immer striktere Schutzbedürfnisse empfinden – nicht nur vor eventuell zu Erleidendem, sondern auch vor Anzuhörendem und Anzusehendem. Sie halten der Welt nur noch im im *safe space* stand. Ein höchstrichterliches Urteil: »Je weniger selbstbestimmt wir tatsächlich leben, desto unermeßlicher wird das Bedürfnis nach lückenlosem Schutz unserer Ameisen-Existenz«.[63]

---

[62] https://www.aerzteblatt.de/archiv/19697/Frauen-leiden-haeufiger-an-psychischen-Krankheiten-als-Maenner (zuletzt abgerufen am 7. August 2017).

[63] Thomas Fischer, ehemaliger Vorsitzender des zweiten Strafsenats des BGH auf *Zeit online* im Kommentarbereich seines dortigen Blogs »Fischer im Recht«.

Die herbeigeredete Männerkrise

Dem vorstehenden Abschnitt war zu entnehmen, daß die Männer in den westlichen Industrienationen sich seit den 70er Jahren des vergangenen Jahrhunderts einer stetig steigenden Stimmung erfreuen. Sieht man von dem Spezialzorn verlassener und um ihre Vaterschaft gebrachter Männer ab, so ist die gute Laune der Männer erklärlich: Sie sind die schwersten Lebenslasten ihres Geschlechts losgeworden[64]. Spengler hatte es vorausgesehen: Die kommende »Frauenemanzipation will nicht die Freiheit vom Mann, sondern die Freiheit vom Kinde, sie ist automatisch mit einer Männeremanzipation verbunden, die von Pflichten für Familie, Volk und Staat entbindet.«[65]

In triumphalem Tonfall konstatieren die Genderisten, in eher grämlichen Ton »Männerforscher« wie Walter Hollstein eine »Krise des heutigen Mannes«, von der man jedoch in den Kneipen, auf den Fußballplätzen, bei den Bautrupps der Handwerker recht wenig merkt. Michael Meuser, einer der wenigen Geschlechterforscher, der nicht nur ins Internet und in die Genderbibliotheken, sondern auch in die Wirklichkeit guckt, stellt denn auch fest, daß die Männer von den genderistischen Exaltiertheiten erstaunlich unberührt bleiben, so daß »eine Modernisierung von Männlichkeit grundlegende habituelle Muster nicht sprengt, sondern in modifizierter Form reproduziert. Die kulturellen Ausdrucksformen des männlichen Habitus erfahren einen Gestaltwandel, in dessen Verlauf das ›Erbe‹ des tradierten, hegemonial struk-

---

64 Siehe dazu auch: Thomas Hoof: »Knaben und Knäbinnen. Über das bevorstehende Ende eines Zwischenspiels«, in: *eigentümlich frei*, Ausgabe September 2008.

65 Oswald Spengler, *Jahre der Entscheidung*. München 1933, S. 159.

turierten Habitus deutlich sichtbar und wirksam bleibt«.[66] Angesichts des medialen Tumults, der massiven staatlichen Interventionen und solch handfester Tatsachen wie der, daß 17% der etwa 6,5 Millionen Jungen unter 18 Jahren bei alleinerziehenden Müttern und somit ohne männliche Vorbilder aufwachsen, ist das eine erstaunliche Tatsache. Meuser spricht von einer beachtlichen Kreativität, die Männer an den Tag legen, »(...) um Irritationen, die durch den Wandel der Geschlechterverhältnisse erzeugt werden, nicht in Krisenerfahrungen münden zu lassen«.[67] Das Mittel dazu sind die von den Genderisten mit großem Mißbehagen beäugten alltäglichen Männergemeinschaften oder im Genderslang »Homosozialen Gemeinschaften als Orte männlicher Selbstvergewisserung«, von denen gleich die Rede sein wird.

Nach Michael Meuser ist »eine krisenhafte Erfahrung der eigenen Männlichkeit« im Alltag nicht recht aufzufinden; trotzdem sei sie doch »(...) kein rein medial erzeugtes Phänomen; lebensweltliche Korrelate lassen sich durchaus finden; eigentümlicher Weise vor allem in dem sozialen Milieu, in dem die Protagonisten der Krisenthese zu Hause sind: im intellektuell-akademisch geprägten, stark individualisierten Milieu«.[68]

Auch »die Männerkrise« ist demnach ein Phänomen, dessen sich die in ihren großstädtischen *horti conclusi* lustwandelnden journalistischen und akademischen Priesterschaften gegenseitig als einer unumstößlichen Gewißheit versichern. Die entstammt

---

[66] Michael Meuser, »Männerwelten. Zur kollektiven Konstruktion hegemonialer Männlichkeit«, in: *Schriften des Essener Kollegs für Geschlechterforschung*, I. Jg. 2001, Heft II, digitale Publikation, S. 13.

[67] Ebenda, S. 10.

[68] Ebenda: S. 12.

freilich nur der Introspektion. Aber wes der Priesterschaften Herz voll ist, des fließen die Medien über.[69]

Die männlichen Klausuren: Mißverstandene Männerbünde

In Deutschland sind 1,2 Millionen Männer und Jungen Mitglied der Freiwilligen Feuerwehren oder Jugendfeuerwehren. Es gibt 25 000 Fußballvereine mit sieben Millionen Mitgliedern. Der Deutsche Schützenbund hat 1,3 Millionen Mitglieder, und es gibt eine Unzahl weiterer Clubs, Vereine und vereinsrechtlich natürlich unregistrierter Cliquen, Fan- und Motorradclubs und Hooligans, in denen »Männer unter sich« sind. Bis vor wenigen Jahren gehörten auch Bundeswehr und Polizei dazu.

Allen gemeinsam ist: Neben den jeweiligen Spiel-, Spaß- oder Funktionszwecken kommt ihnen eine bedeutende, aber stark unterschätzte Stellung als Sozialisationsinstanz zu. Hier werden männliche Verkehrsformen und Haltungen vorgelebt, abgeschaut und eingeübt, und zwar sehr wirksam, weil dies *nicht* intentional, sondern völlig beiläufig geschieht. Der Zweck des vielfältigen feierabendlichen Treibens kann sein »was Neues zu lernen«, »etwas besser zu können«, «Spaß zu haben«, »mit Kumpels was zu trinken«, »blödes Zeug zu reden«. Immer mitlaufend ist indes eine Selbstvergewisserung über männliche Attitüden und Sichten, eine »doing masculinity«, die ohne breitbrüstige Proklamationen auskommt, aber zusammen mit der meist gegebenen sportlichen Wettbewerbsatmosphäre einen Prozeß bildet, der sogar die Kraft hat, Sozialisationsschäden aus etwa einer vaterlos verbrachten Jugend zu heilen. Frauen sind

---

[69] Die Bibelstelle, aus der diese Redensart stammt, ist übrigens Matthäus 12,34 und lautet im Original: »Ihr Otterngezüchte, wie könnt ihr Gutes reden, dieweil ihr böse seid? Wes das Herz voll ist, des geht der Mund über«.

FEMINISIERUNG UND DIE FOLGEN   291

dabei nicht nur abwesend, sondern spielen auch als Gegenstand des »blöden Zeugs«, das geredet wird, kaum eine Rolle. Michael Meuser hat in vielen Gesprächen mit Mitgliedern solcher Männerfreizeitgemeinschaften festgestellt,[70] daß die Geschlechterfrage an sich gar kein Gegenstand im Selbstverständnis dieser Gruppen sei, außer in der Feststellung, daß »(...) eine ähnlich vergnügliche Atmosphäre (...) in der Anwesenheit von Frauen nie und nimmer möglich« wäre. »Fordert man die Männer jedoch auf, ihr Mannsein zum Gegenstand der Diskussion zu machen, dann evoziert das Unverständnis, Befremden und Unwillen«.[71]

Diese vielen, kleinen, alltäglichen »Homosozialen Gemeinschaften« ziehen als Brutstätten einer sich immer wieder erneuernden »hegemonialen Männlichkeit«[72] inzwischen die grimmige Aufmerksamkeit feministischer Partisanenjäger auf sich. Da von Frauendiskriminierung in irgendwelchen gesellschaftlich formal zu regelnden Fragen ernsthaft nicht mehr gesprochen werden kann, müssen Feministinnen bei der Recherche nach Gründen für ihre anhaltende Stagnation auf dem Weg »nach oben« sich immer größerer Lupen bedienen, um »subtile« und noch subtilere »Diskriminierungen« sichtbar zu machen, mit viel Geschrei hervorzuzerren und den Staatsanwälten

---

[70] Meuser, ebenda: S. 15.
[71] Ebenda: S. 15.
[72] »Die homosoziale Gemeinschaft fundiert habituelle Sicherheit in vielfältiger Weise. Sie stiftet Solidarität unter den Männern, versorgt sie mit symbolischen Ressourcen, verstärkt die Grenzen zwischen den Geschlechtern, denen sie ihre Existenz andererseits verdankt. Indem sie den Männern Gelegenheiten verschafft, sich wechselseitig der Differenz zu vergewissern, ist sie ein kollektiver ›Akteur‹ der Konstruktion der Differenz. In einer Epoche, in der die gesellschaftliche Vormachtstellung des Mannes verstärkt in Frage gestellt wird, dient die wechselseitige Vergewisserung der eigenen Normalität mehr noch, als sie es schon immer getan hat, der Sicherung männlicher Hegemonie.« Meuser, ebenda, S.16.

zu übergeben. Mittlerweile sind sie schon beim kollektivmännlichen Abendtrunke angekommen und schreiben anrührende Artikel über »Das Biertrinken und die männliche Hegemonie«.[73] Nur die eine, für jeden normalen Menschen bei unerfüllten Erwartungen naheliegende, hypothetische Frage »Liegt's vielleicht an mir? Bin ich zu dumm, zu gedankenfaul oder zu ungebildet?«, die stellt sich in dieser Szene höchstausgebauter Selbstgefälligkeit plus maximaler Schmerzrezeptivität keine eine. Jedenfalls nicht öffentlich.

Die kleinen lebensweltlichen Männerbünde halten sich also überall und werden unter dem Signum »Je zickiger die Weiber, desto wichtiger die Kumpel« eher noch bedeutender. Darüber gibt es aber natürlich seit eh und je auch einen ganzen Stufenbau gesellschaftlich eingreifender Männerbünde in der Wirtschaft und der Politik in Gestalt von Zweckvereinigungen und Gefolgschaften. Die scheinbar harmlosen unter ihnen, etwa die britischen *Gentlemen's Clubs*, stehen unter starkem Druck penetrant anklopfender Frauen, lassen die Türe aber geschlossen.[74] Überhaupt ist die Idee, daß Männerbünde einer untergehenden Welt angehören und aufgebrochen werden müssen, eine feministische Illusion. Clans etwa – Männerbünde mit großfamiliärem Vergemeinschaftungsprinzip – mehren sich

---

73 Elisabeth Hanzl und Sissi Luif, »Das Biertrinken und die männliche Hegemonie«, in: *Unique. Zeitung der HochschülerInnenschaft an der Universität Wien*, Ausgabe 01/11. Auch die *Frankfurter Allgemeine Zeitung* hat sich des Themas angenommen, weil am Literaturinstitut Hildesheim 24 weibliche Studenten sich dadurch bedrückt fühlten, daß die Minderheit von acht Studenten miteinander Fußball spielt und Bier trinkt. Die Abbrecherquote der zukünftigen Literatinnen scheint deswegen sehr hoch zu sein. Katharina Teuscher, »Diskriminierungsdebatte am Literaturinstitut Hildesheim«, erschienen auf *faz.net* am 15. Juli 2017.

74 Oder sie öffnen nur dienstags – an dem Tag bleiben dann allerdings die Männer weg, was wiederum die Frauen so enttäuscht und verdrießt, daß sie nicht wiederkommen. Es gehört übrigens ein gehöriges Maß an zudringlicher Schamlosigkeit dazu, dort permanent Einlaß zu begehren, wo man erklärtermaßen unwillkommen ist.

FEMINISIERUNG UND DIE FOLGEN 293

in Deutschland wieder stark, obwohl sie hierzulande seit 600 Jahren, als Markgraf Friedrich I. mit den brandenburgisch-märkischen Clans der Quitzows, der Maltitz, der Edlen Gänse von Putlitz aufgeräumt hatte,[75] eigentlich als ausgestorben galten.

Außerhalb der archaischen Familienclans, in denen sie freilich nichts zu sagen hat, ist die Frau immer in der Offensive gegen das Männerbündische. Johannes F. Barnick, ein eminenter Kopf der letzten Nachkriegszeit sagt, warum: Die Frau »(...) richtet sich als einzelne auf den einzelnen Mann, um ihn aus dem politischen Sozialelement in das dazu quergestellte private, in den Komplex um Sexualität und Familie herüberzuziehen.« Setze der Männerbund sich »(...) dagegen nicht durch irgendeine Art von Klausur zur Wehr, wird er unweigerlich atomisiert. So kommt es immer wieder zur Vita communis, zur Tafelrunde, zur maskulinen Geselligkeit des englischen Klubwesens und den vielen ähnlichen Formen. Gerade weil Mann und Frau sich nicht abstoßen, tun die beiden Sozialelemente mit ihrem heimlichen Totalitätsanspruch es um so gründlicher. Es ist ein ewiger Kampf«.[76]

Die Frauen vermuten zu Recht, daß sie auf ihren Wegen in die Wirtschaft gegen Männerbünde stoßen. Sie nennen sie »the old boy's network« und meinen, daß Männer darin ihre Privilegien sichern. Das ist falsch: Sie sichern damit in erster Linie das Funktionieren ihrer Institutionen vor der Institutionenvergessenheit und der ziellosen und handlungsarmen Moralversessenheit der Frauen.

---

[75] Genauer: sie umformte, denn all diese Raubritter-Linien wurden später sehr verdienstvolle Teile des preußischen Adels. Willibald Alexis hat zu dieser Auseinandersetzung im 15. Jahrhundert einen sehr vergnüglich zu lesenden Roman geschrieben: *Die Hosen des Herrn von Bredow*, Berlin 1846.

[76] Johannes F. Barnick, *Die deutschen Trümpfe*, Stuttgart 1958, S. 278–279.

Die männlichen Tugendenden der Nüchternheit, der Kausalanalyse, der emotionalen Distanziertheit, des Zynismus und der strikten Handlungsorientierung werden in der Kommunikation mit Frauen freundlich unterdrückt. Wer je beobachtet hat, wie sich Habitus und Duktus in einer gefestigten, institutionellen Männerrunde (einem Vorstand z.B.) ändern, sobald Frauen hinzukommen, dem ist klar, daß jeder gesetzliche erzwungene Zutritt von Frauen in Vorstände oder Aufsichtsräte nur die Verlagerung strategischer Entscheidungen in informelle Strukturen bewirken wird.

Wo immer etwas von »ganz langer Hand« geschieht, wo immer auch gegen den Wind »gekreuzt« wird, wo mit Systemreaktionen in Form positiver und negativer Rückkopplungen weitsichtig gerechnet wird, da wirken Männerbünde und ziehen die Fäden – auch die übrigens, an denen die genderistischen Puppen tanzen. Spätestens mit der Top-Down-Phase der »Gender-Veranstaltung« aus dem UNO-NGO-Komplex, also etwa seit den 8oer Jahren, ist das deutlich geworden. Es ist, nebenbei, eine typische feministische Selbstüberschätzung zu glauben, die Männerbünde seien gegen sie – die Frauen - gerichtet. Sie sind immer gegen andere, konkurrierende Männerbünde gerichtet, wobei es sich um eine neue strategische Variante handelt, die konkurrierende Gruppe strukturell zu schwächen, indem sie mit dem Imperativ der »Gleichstellung von Frauen« konfrontiert wird. Aber Männerbünde, die dem folgen, waren auch schon vorher wehrlos und lehnspflichtig geworden – in der Wirtschaft und in der Politik.[77]

---

77 »Männerbündisch« in diesem Sinn agierte bis in die späten achtziger Jahre der informelle Vorstand der »Deutschland AG«, der aus einem Netzwerk der Vorstände der Deutschen Bank, der Allianz, des BDI und der Metallarbeitgeber bestand.

Sexodus und Männerstreik

Männer sollen sich nach dem Vorgesagtem also in eine Gesellschaft einbringen,

– die die fixe Idee pflegt, Frauen seien seit Ewigkeit benachteiligt gewesen, weil sie in der Vergangenheit in geringerem Maße bevorteiligt waren als heute, und es sei die Pflicht heutiger junger Männer, diese Untaten ihrer Vorväter abzubüßen;

– die die Frauen darüber belehrt, daß sie und die Männer sich außer in den Negativ- und Positivformen ihrer Geschlechtsorgane nicht weiter unterschieden, und daß jede Frau, wenn sie sich nur ordentlich recke und schnell und viel rede, die Männer an Körpergröße und Verstand sogar überrage;

– die unablässig Frauen »ermutigt«, aber nicht etwa dazu, Hindernisse zu überwinden, sondern dadurch, daß ihnen alle Hindernisse beiseite geräumt werden. Jedes weibliche Scheuen vor einer Barriere erweckt den Ruf nach deren »gendersensibler Umgestaltung« etwa durch die Reinigung der Mathematik-, Physik- und Informatikcurricula (in Schule und Universität) oder der körperlichen Eingangstests (zum Beispiel bei Polizei und Armee) von allen Bestandteilen, die Frauen Mühsal bereiten und sie »überfordern« könnten;

– in der Frauen auf wirtschaftliche *Teilhabe* pochen, aber die ernsthafte wirtschaftliche *Teilnahme* (Unternehmensgründungen, technische Innovationen) schuldig bleiben. Statt dessen wird ihnen ein Quotenfahrstuhl bereitgestellt, der Männern Ein- und Aufstiegsmöglichkeiten verstellt – im öffentlichen Dienst seit langem, in der dem Aktienrecht unterstehenden Privatwirtschaft in Kürze.

– in der Frauen eine leidensstiftende Differenz zwischen Selbstwahrnehmung und medial geprägtem Ideal erfahren, was sie psychisch zunehmend labilisiert und ihre Partnerschaftsideale und sexuellen Bedürfnisse hochgradig verwirrt;
– in der bei jeder sexuellen Beziehung zu einer dieser verwirrten Frauen jeder Mann jederzeit und zwar existentiell von den Fußangeln bedroht ist, die das Sexualstrafrecht ausgelegt hat;
– in der er, falls er mit einer Frau einen »Bund fürs Leben« schließt, mit hoher Eintrittswahrscheinlichkeit damit rechnen muß, daß dieser Bund nach ein paar Jahren zerbricht und seine Kinder mit ihrer Mutter und einem (oder mehreren, nacheinander wechselnden) Stiefvater aufwachsen und seine Vaterschaft sich auf Besuchsrechte und Unterhaltspflichten reduziert. In einem etwaigen Sorgerechtsprozeß muß er mit strafrechtlich relevanten Anschuldigungen der Gegenseite rechnen, von denen wieder vierzig bis fünfzig Prozent Falschbeschuldigungen sind.[78]

Unvermeidlich unter diesen Umständen: Die Männer sind es leid und gehen ihre eigenen Wege.

---

78 »Auch die Ergebnisse einer Studie der medizinischen Fakultät der Universität Tübingen sind erschreckend. Befragt wurden fast 1 500 Elternteile, die weniger Kontakt zu ihrem Kind haben als sie sich das wünschen. Zusätzlich hat Hans-Peter Dürr viele Akten ausgewertet. Er beziffert die Rate der Falsch-Vorwürfe am Familiengericht auf geschätzte 30 bis 50 Prozent der Fälle. Das Ergebnis der Studie: systematische Probleme am Familiengericht. Täuschung von Gerichten, Falschbeschuldigungen und Beeinflussung von Verfahren und Verfahrensbeteiligten werden in fast jedem zweiten Fall genannt.« Christiane Hawranek und Pia Dangelmayer (Bayerischer Rundfunk), Nadine Ahr (*Die Zeit*): »Kampf ums Kind«, siehe http://www.br.de/nachrichten/sorgerecht-streit-kind-102.html (zuletzt abgerufen am 7. August 2017). Die Rede ist von der KiMiss-Studie 2012 der Universität Tübingen und dem Studienleiter Hans-Peter Dürr. Zu Falschbeschuldigungen siehe auch Anmerkung 48.

Sechzig Prozent der deutschen Männer im heiratsfähigen Alter sind heute unverheiratet; in den USA sind es noch zehn Prozent mehr. Sie ziehen sich auch aus festen Partnerschaften zurück, versuchen sich als »Herbivoren-Männer« im Zölibat oder genießen mit Risikofreude einen Überfluß an Sexualpartnern, denn einigermaßen arrivierte Mittdreißiger berichten, daß ihnen aus dem eigenen und den beiden benachbarten Geburtsjahrzehnten eine reiche Auswahl an paarungs- und bindungswilligen Frauen zur Verfügung stünde. Die Paarungswilligkeit teilen sie; die Bindungswilligkeit nicht mehr.

Nachdem die Zivilehe erst zu einer gefährlichen Fallgrube für die Männer und dann zu einem Konfetti-Happening für eine Minderheit unter der Zwei-Prozent-Minderheit der Homosexuellen gemacht wurde,[79] kommt nun der Schlußaufzug dieser Burleske: Die Sologamie-Bewegung, die Frauen auffordert, eine Liebesehe mit sich selbst einzugehen. Sie »heiraten« sich selbst.[80]

5. DIE MÄRCHENORDNUNG ODER: DIE FIKTIVE WELT DER VERWÖHNTEN

Die metabolische Umpolung

Jeder der ab den späten sechziger Jahren in der westlichen Welt Geborenen ist in einem Bad an Wärme, Licht und Kraft großgeworden und hat sein Leben – was auch

---

[79] Das gäbe der katholischen Kirche eigentlich die Chance, die Zustände vor 1870 zu restaurieren und die Institution einer sakramentalen Ehe als Lebensbündnis von Mann und Frau wieder an sich zu ziehen.

[80] Johanna Dürrholz, »Ich will! Mich! Frauen heiraten sich selbst«, erschienen auf *faz.net* am 15. Juni 2017.

immer sonst ihm widerfuhr – als einen energieüberfluß-
befeuerten Höhenflug unter dem Eindruck einer gewalti-
gen Schubkraft im Rücken erfahren. Es war eine nochmalige
Zäsur oder eine Epochenzuspitzung, die leicht übersehen
wird, weil wir die Geschichte des Industriezeitalters von der
Dampfmaschine (um 1800) bis zur Petroleumphase in einer
steigenden Linie durchzeichnen. Aber zwischen den frühen
Wärmekraftmaschinen und dem Ölzeitalter lagen zwar an-
derthalb Jahrhunderte wachsender, vor allem elektrischer
Annehmlichkeiten, aber ein völlig neues Lebensgefühl und
ein völlig neues Weltverhältnis bildeten sich eben noch
nicht, weil erstens große Bereiche der Wirtschaft und des
Lebens in dem alten Rhythmus weiterliefen (Landwirtschaft,
Hauswirtschaft, Handwerk) und zweitens die langen Kriegs-
und Nachkriegszeiten des 19. und 20. Jahrhunderts die
Erwartung eines »Endes der Knappheit« nie aufkommen
ließen. Erst in den sechziger Jahren, als die Fossilenergie
nicht mehr mit Schwerstarbeit aus dem Berg gebrochen
werden mußte, sondern sprudelnd als ein Stoff anfiel, von
dem ein Liter die Leistung des Tagewerks von 37 sehr kräf-
tigen Männern in sich barg, wurde das Ende aller Knappheit
zu einem Grundgefühl und trat als solches in die mentalen
Blutbahnen ein: Die »Märchenordnung des Tischlein-deck-
dich« (Alexander Mitscherlich) war endlich hergestellt.[81]

---

[81] Man kann den damaligen Wechsel in der Weltwahrnehmung, nicht hoch genug veran-
schlagen. Das Volkseinkommen verdoppelte sich zwischen 1960 und 1970 immerhin,
aber die Zukunftserwartungen der Intellektuellen wirbelten weit höher und erreichten
millenaristische Regionen: Der »materialistische Bann, der biblische Fluch der notwen-
digen Arbeit ist gebrochen« (Jürgen Habermas, 1968), und die 68er (meine Generation
also), deren größte Leistung es war, sich ihr schieres Mitgerissensein von dieser Flut als
»Rebellion« gutzuschreiben, schwelgten im Vollgefühl explodierender Produktivkräfte,
die »alles möglich machen würden.«

An anderer Stelle habe ich erwähnt,[82] daß die große Energietransformation im 20. Jahrhundert zu nicht weniger als einer energetisch-metabolischen Umpolung des westlichen Menschen geführt hat: Er wurde von einer (produktiven) Energiequelle zu einer (konsumtiven) Energiesenke, was notwendigerweise mit tiefgreifenden, aber bisher kaum ins Auge gefaßten Änderungen im Weltverhältnis und in der seelischen Grundstruktur verbunden sein müsse. Auf die richtige Spur führen zwei große Studien zu Veränderung des Sozialcharakters im 20. Jahrhundert: David Riesman hatte 1950 in *The Lonely Crowd* den amerikanischen Charakter im Übergang von einem »innengeleiteten« zu einem »außengeleiteten« Typus gesehen.[83] Der alte, innengeleitete sei durch stabile »innere« Gewissensbestände, Weltsichten und Werthaltungen geprägt, an denen er sein Alltagshandeln und seine Urteile ausrichte. Der ihn ersetzende neue, außengeleitete Typ sei hingegen immer auf Empfang geschaltet, um Verhaltensstandards in Abstimmung mit dem »Was läuft« aus seiner Mitwelt zu beziehen.

Die Normausstattung des alten Typs sollte man sich nun nicht als einen internalisierten Katechismus vorstellen. Man kann gar nicht überschätzen, was die vorindustrielle Arbeit – die ja noch ein vollständiger, rückgekoppelter Regelkreis aus Zwecksetzung, Mittelauswahl, Operation und Erfolgsmeldung war – auch für den Aufbau einer wirklichkeitsgeprüften Weltsicht, ja darüber hinaus im Transfer von Werkerfahrungen auf andere Bereiche des Lebens an Klugheit und im besten Fall an »Weisheit« er-

---

[82] Thomas Hoof, »Der Tanz auf der Nadelspitze«, in: *Sezession*, Nr. 46/2012, Seite 12.
[83] Deutsch: David Riesman, *Die einsame Masse*, Neuwied 1956.

brachte.[84] Der Normenvorrat war also nicht in Stein gemeißelt, sondern ein lebendig wachsender Bestand kumulierter Werk-, Lebens- und Welterfahrung, der im übrigen als Erbteil intergenerationell weitergegeben wurde. Für den neuen, industriell umgestalteten Produktionsprozeß mit seinen in der Maschinerie inkorporierten, vorgedachten Algorithmen und seinen neuen, synthetisierten Werkstoffen galt das nicht mehr: Die Werk- und Materialerfahrungen und die Arbeitshaltungen der Vorgenerationen waren nicht mehr anwendbar, sie waren tatsächlich obsolet.[85] Das, was an Haltungen und Kenntnissen für die energetisch und technisch revolutionierte Arbeitswelt nötig war, mußte tatsächlich in strikter Zeitgenossenschaft gewonnen werden, und der ganze Prozeß und seine antitraditionellen Maximen legitimierte sich kurzfristig und vollständig aus dem Wohlstandsprung, den er erzeugte. Daraus folgt, daß der Wechsel zu einem »außengeleiteten« Typus in der Logik der Entwicklung lag.[86]

84 Der Typus des lebensklugen oder »weisen«, sozusagen intuitiv-systemisch-ganzheitlich denkenden »Mannes der Arbeit« ist mir selbst in meinen Lehr- und Wanderjahren der sechziger und siebziger Jahre des letzten Jahrhunderts noch häufig begegnet: als Bauer, als Förster, als Zimmermann, als Gärtner und selbst als Maurer; es gab ihn übrigens auch unter den Ärzten, wo er heute besonders fehlt.

85 Den relativ spät erfolgenden industriellen Umbau der Landwirtschaft, bei dem der Zusammenstoß zwischen alten Praktiken und Haltungen besonders dramatisch war, hat Frank Uekötter in einer großen wissenssoziologischen Arbeit aufgezeichnet: Frank Uekötter, *Die Wahrheit ist auf dem Feld. Eine Wissensgeschichte der deutschen Landwirtschaft*, Göttingen 2010.

86 Das erklärt auch die plötzliche und beispiellose Entwertung von Alter und Erfahrung. Arnold Gehlen: »(...) die Kultur in einem menschenwürdigen Sinne erhält sich dadurch, daß junge Menschen in vernünftige Einrichtungen hineinwachsen, die von langen Erfolgen legitimiert sind; sonst werden unersetzbare Erbschaften verschlissen: Die Disziplin, die Geduld, die Selbstverständlichkeit und die Hemmungen, die man nie logisch begründen, nur zerstören und dann nur gewaltsam wieder aufrichten kann.« Arnold Gehlen, *Moral und Hypermoral*, Wiesbaden 1986, S. 101. Hier stößt Gehlens Institutionenlehre auf den blinden Fleck in seiner anthropologischen, überzeitlichen Sicht der Technik, durch den ihm die »metabolische Umpolung« als ein Ereignis entgehen muß. Doch nach dessen Eintritt können die »unersetzbaren Erbschaften« gar nicht mehr – oder nur noch aus Liebhaberei – angetreten werden.

Vierzig Jahre später hat Gerhard Schulze in seiner großen Studie zur Erlebnisgesellschaft die Fragestellung umgedreht,[87] indem er die Wirkrichtung in der Interaktion zwischen Ich und Welt, Innen und Außen ins Auge faßte.

Den *alten Sozialcharakter*, der bei Riesman ein »*innengeleiteter*« war, beschreibt Gerhard Schulz mit Blick auf seinen Weltbezug als »*außenorientiert*«: Er ist handlungstechnisch aufs »Einwirken und Bewirken« und von der Zeitpräferenz auf »Vorsorge und Sparen«, also auf die Zukunft gerichtet. Dieser alte Typus achtet auf das Resultat und den Nachhall des eigenen Handelns »draußen« in der Welt.

Der *neue Sozialcharakter*, nach Riesman ein »*außengeleiteter*«, ist auch in seinem Weltbezug andersherum gepolt: er ist handlungstechnisch aufs »Auswählen und Erleben« und von der Zeitpräferenz auf »Konsumieren und Genießen«, also auf die Gegenwart gerichtet. Der neue Typus lausche auf Resultat und Nachhall eines (von ihm unbewirkten) Weltgeschehens in seinem eigenen Innern. War für den alten Typ die »ausgelieferte Arbeit« zentrale Lebenskategorie, so ist es für den neuen das »empfangene Erlebnis«.

Der Wechsel der Sozialcharaktere liefe dann also von einem innengeleiteten, aber nach außen orientiertem zu einem außengeleiteten, aber nach innen orientiertem Typ, ein Richtungswechsel, der dann als innerpsychisches Korrelat der metabolischen Umpolung von der »Energiequelle zur Energiesenke« aufgefaßt werden kann. In einem Tableau gegenübergestellt, lassen sich der konventionelle und der postmaterialistische Typ in den Dimensionen Normenherkunft, Weltbezug, Handlungsmuster und Selbstkonzepte etwa so differenzieren:

---

[87] Gerhard Schulze, *Die Erlebnisgesellschaft. Kultursoziologie der Gegenwart*, Frankfurt/Main–New York 1992.

Typus	Normen- herkunft (Riesman)	Richtung des Weltbezugs (Schulz)	Handlungs- muster	Selbstkonzepte
Alter »konventioneller« Sozialcharakter	Von Innen: Internalisierte Schemata, Erziehung, Gewissen, Lebenserfahrung, Niederschlag in Pflichtbegriffen	Nach außen: was bewirke ich in der Außenwelt?	Handeln und Bewirken, Produzieren, Sparen, Vorsorge (mit Zukunfts- präferenz), Arbeitsorientie- rung, planvolles Handeln	Selbstbeherr- schung, Selbstdistanz, Selbstbegrenzung, Selbstentwicklung Selbstverges- senheit
Neuer, »postma- terialistischer« Sozialcharakter	Von außen: Was ist angesagt? Peer groups, Medien. Öffentlichkeit, Umfragen, Niederschlag in Anspruchs- begriffen	Nach innen: Welches Erlebnis, welchen »thrill« habe ich davon? Was macht das mit mir? Was bringt mir das?	Auswählen, Erleben und Genießen, Konsumieren (mit Gegenwarts- präferenz) Freizeit- orientierung, situatives Tun	Selbstverwirk- lichung, Selbstenthüllung Selbststeigerung. Selbstbesessen- heit

Es gibt ja eine bis heute anhaltende Fassungslosigkeit konservativ-geerdeter Gemüter angesichts des galoppierenden Schwunds an gesundem Menschverstand in den vergangenen 50 Jahren. Hier haben wir eine Spur, auf der diese Fassungslosigkeit wieder Boden gewinnt, geschichtsmaterialistischen Boden sozusagen, indem sie sich des Marxschen Basis-Überbau-Schemas bedient: Auch »die Nebelbildungen im Gehirn des Menschen sind notwendige Sublimate ihres (...) an materielle Voraussetzungen geknüpften Lebensprozesses«[88] lernten wir in Marxens »Deutscher Ideologie«. Die materiellen Voraussetzungen für das Wabern der postmodernen-postmaterialistischen Nebel, in denen alle Tugendtafeln der Vergangenheit unlesbar wurden, war in den siebziger Jahren des 20. Jahrhunderts mit einer Art Schlaraffenland-Figuration

---

88 Karl Marx, *Die deutsche Ideologie*, Marx-Engels-Werke, Bd. 3, S. 26.

hergestellt. Das war die geschichtliche Lage. Sie mußte erst materiell gegeben sein, bevor nun auch alle möglichen politischen Agenten zusätzlich ihre Spezialnebelwerfer entleeren und damit beginnen konnten, das Unterste zuoberst zu kehren. Mit einigem Ehrgeiz und Erfolg, wie der frühe Angriff auf das Kernverhältnis menschlicher Existenz in biologischer und sozialer Hinsicht – das Geschlechterverhältnis – beweist. Hier kann nun Ideologiekritik einsetzen, aber sie muß, wenn sie kein ewiges Palaver über die 68er, den Neo-Liberalismus, den »American way of life« oder was-auch-immer bleiben will, sich über die materiellen Voraussetzungen des Auftretens und der Ausbreitung dieser Ideenkonvolute klar werden. Dies übrigens auch deshalb, um überhaupt ernsthaft über die Bedingungen für einen erneuten Umschlag nachdenken zu können.

Die weiblichen Erlebniswelten

Es fällt nicht schwer, in den geschilderten Verschiebungen von »innengleitet« auf »außengeleitet«, von »Einwirken« auf »Auswählen«, von »außenorientiert« auf »innenorientiert« eine starke Drift vom männlichen auf den weiblichen Habitus wahrzunehmen. Aber auch schon vor dem geschilderten Umschlag des Weltbezuges sorgte die als Männerwerk realisierte Märchenordnung des »Tischlein-deck-dich« für eine paradoxe Drift vom Väterlich-Fordernden zum Mütterlich-Versorgenden: »Das durch und durch männliche Projekt der Kraftsteigerung nimmt genau im Punkt seiner äußersten Vollendung eine durch und durch weiblich-mütterliche Gestalt an: Die technische Welt in ihrer petrolischen Phase stillt und nährt und wärmt, scheinbar bedingungslos in unbeirrbarer Fürsorge – und wird damit zum technischen Anstoß einer umfassenden infantilen Regression«.[89] Davon waren natürlich auch die Männer betroffen, und man bemerkt die Folgen durchaus auch an der Konstitution der heute Dreißigjährigen unter Ihnen.

Aber die Veränderung des Sozialcharakters, wie Gerhard Schulze sie auf der Basis seiner großen empirischen Begleituntersuchung ermittelt hat,[90] ist natürlich kein die ganze Gesellschaft durchprägender Prozeß. Der »alte Sozialcharakter« ist als Kontrastmuster des neuen ja nicht aus der Geschichte rekonstruiert, sondern lebendiger Teil der Gegenwart.[91] Daran hat sich auch in den seit der Publikation vergangenen zwanzig Jahren nichts geändert. Man kann die von Schulze ermittelten Milieus in etwa auf die entsprechenden, bis heute fortgeschriebenen Studien von Sinus[92] abbilden und stellt dabei fest, daß die konventionell geprägten keinesfalls schwinden, sondern stabil sind: Etwa 25% der Bevölkerung haben eher traditionelle Einstellungen, dreißig Prozent eher »postmaterialistische« und 45% liegen in der Mitte und integrieren Aspekte beider Orientierungen ohne scharfe Ausprägungen. Daran könnte sich derzeit aber in Folge einer zugespitzten Polarisierung einiges ändern.

89 Thomas Hoof, »Knaben und Knäbinnen. Über das bevorstehende Ende eines Zwischenspiels«, in: *eigentümlich frei*, Ausgabe September 2008.

90 Im Gegensatz zu David Riesmans rein theoretischer Arbeit (Anmerkung 83) basiert Gerhard Schulzes Analyse (Anmerkung 87) auf umfangreichem empirischem Material. Daten und Methoden der semantischen Analyse von Milieustrukturen, die Indikatoren und Erhebungsinstrumente sind in dem Band ausführlich dokumentiert.

91 Es gibt ja in den binnenwirtschaftlichen Bereichen einen harten Kern von etwa 25% der Beschäftigten, die Arbeit im alten Sinne des »Einwirkens« leisten müssen. Der zu einem Wasserrohrbruch gerufene Installateur kann sich anders als die aus einem Meeting kommende Marketingassistentin nicht fragen, »Was macht das das jetzt mit mir?«. Seine Frage bleibt: »Wie mache ich das jetzt?«.

92 Siehe: http://www.sinus-institut.de/sinus-loesungen/sinus-milieus-deutschland/ (zuletzt abgerufen am 7. August 2017).

Populus und Priesterschaften

Die postmaterialistischen Milieus sind ja nicht postmaterialistisch in einem bettlerphilosophischen Sinne; sie zeigen wenig Neigung mit Diogenes von Sinope in asketischer Kontemplation wettzueifern;[93] sie verorten sich nur insofern im Jenseits des »Materialismus« als sie das »Materielle«, das schier Lebensnotwenige, die unteren Stufen der Maslow-Pyramide für selbstverständlich und abgetan halten und ihres Interesses nicht weiter würdig – dafür sorgen Maschinen und gemeines Volk. Zu letzterem gehören sie mangels Neigung und Fähigkeit und dank ihrer akademischen erworbenen Befugnis zum Lehren und Belehren nicht! Ihr Fach und Stand ist das, was der schon erwähnte Helmut Schelsky »Sinnstifter und Priesterschaft« nannte. Ihr Betätigungsfeld liegt folglich in den Sozialbürokratien und -industrien, im Bildungsbereich, Kultur, Justizwesen und schließlich in Politik, Politikbegleitung und Journalismus, wo sie sich in reinster Form und in einer eher kleinen, hospitalistisch angekränkelten Szene versammeln als lautstarke Tugendbolde und Moralmegären. Als solche müssen sie derzeit erleben, daß ihre Machtmittel gemessen an Auflagen und Einschaltquoten rapide verfallen. Und sie sehen sich angesichts eines drohenden »populistischen backlash« genötigt, ihr geliebtes, vierzig Jahre lang geschwungenes Feldzeichen »Demokratie und Fortschritt« wie eine heiße Kartoffel fallenzulassen. Der neue Bannerspruch muß lauten: »Fortschritt statt Demokratie«. Jakob Augstein hat ihn schon proklamiert.[94] Das ist doppelt

---

[93] »Nachdenklich liegt in seiner Tonne/Diogenes hier in der Sonne« (*Wilhelm Busch*).

[94] Jakob Augstein: »(…) Parlamente schützen die Demokratie vor dem Volk und das Volk vor sich selbst. Denn beim Volk, das ist eine paradoxe Wahrheit, ist die Demokratie nicht gut aufgehoben. Volkes Stimme und Fortschritt - das geht nicht gut zusammen.« Erschienen auf *Spiegel online* am 16. April 2016

peinlich ist, weil sie jeden »populistischen« Einspruch bisher als »antidemokratisch« zurechtgewiesen haben. Und sie fühlen sich durch all das gedrängt, ihren Kampf zur Vernichtung aller Vorräte an gesundem Menschen- und schlichtem Hausverstand weiter zuzuspitzen: Weil sich – um zu der hier verhandelten Frage zurückzukehren – die Differenz zwischen den beiden Geschlechtern in binärer Darstellung trotz alles Gendernebels schlicht nicht leugnen läßt, soll die Mann-Frau-Dualität in ein Kontinuum von Multi-, Trans- und Inter-Geschlechtlichkeiten aufgelöst werden. Da gießen Leute ihre durch fünfzig Jahre Feminismus induzierten Neurosen in die Öffentlichkeit, was unbeachtlich wäre, wenn sie denn tatsächlich im Kanal versickerten und nicht ihren Weg in die Sexualkunde-Lehrpläne für Grundschüler fänden. »Und das will nicht geduldet sein – das will herrschen« meinte Spengler zu diesen Milieus.[95]

Gegenwärtig scheine dieser neue Stand der politmedialen Priesterkaste »(...) alle wichtigen Trümpfe in der Hand zu haben«, schrieb Gerd Held vor kurzem. Das liege daran, daß die Eliten noch fehlen, die dem Populismus »(...) Führung und Stimme geben könnten. Das ist die Gefechtslage. Sie wird sich nicht schnell ändern. Aber das Gefecht wird ganz sicher nicht mit der Abdankung des Volkes enden. Weil die Realitäten, für die das Wort ›Volk‹ jetzt steht, nicht zum Verschwinden gebracht werden können (...). Aber der Populismus befindet sich auch in einer weitergehenden, positiven historischen Rolle. Er wird zum Repräsentanten der härteren Seiten des Lebens, der Auseinandersetzung mit der Realität, der mühsamen Normalarbeit. Also zum Repräsentanten von all

---

95 Oswald Spengler, »Pessimismus?«, in: *Reden und Ausätze*, München 1937 (1951) S. 77.

dem, was die neuen gehobenen Stände tunlichst vermeiden wollen (...)«.[96]

DER ABSPANN

Die komplizierte Künstlichkeit einer Lage kann man sehr exakt abschätzen an dem Maß der Kräfte, die nötig waren, um sie herzustellen und die erforderlich bleiben, um sie aufrechtzuerhalten. Der Feminismus als Ganzes ist dermaßen gegen die schwingende Gleichgewichtslage der Geschlechter gespannt, daß ungeheure monetäre, psychische und institutionelle Energien aufgeboten und verschlissen werden müssen, um die künstliche, anhaltend fragile Lage zu fixieren und die Pendel am Rückschwung in die Ruhelage zu hindern. Wenn an nichts anderem, dann sieht man an den immer weiter steigenden gesetzgeberischen und ideologischen Anstrengungen, daß ein neuer Gleichgewichtspunkt sich nicht einstellen will. Das Pendel wird aber zurückschwenken, spätestens dann, wenn die Kräfte derer erlahmen, die es aus dem schwingenden Ruhepunkt gedrückt haben, oder aber, weil die Leidensfähigkeit der Frauen erschöpft ist. Das Letztere wird wahrscheinlich eher der Fall sein.

Die Männer tun gut daran, sich solange nicht weiter einzumischen, sondern einstweilen ihrer eigenen (Neben-) Wege zu gehen, und zwar möglichst solche, auf denen man zu eigenem Können gelangt, sei es technisches oder kämpferisches. Unter den gegenwärtigen ehe- und sorgerechtlichen Verhältnissen eine Lebenspartnerschaft mit feministisch infizierten Frauen einzugehen, ist eine ernsthafte Selbstschädigung. Diejenigen,

[96] Gerd Held, »Politik als Dünkel der besseren Stände«, siehe http://www.achgut.com/artikel/die_neue_staendeordnung_2 (zuletzt abgerufen am 7. August 2017).

die in solchen Partnerschaften verharren, sollten sich jeden Blicks in Eheratgeber enthalten, sondern sich klassischer Ratschläge versichern, wie sie etwa Kant dem aufgeklärten, auch Schatten nicht fürchtenden, seiner Machtmittel sicheren Souverän als ruhe- und friedenstiftende Ansage empfahl: »Räsoniert, so viel ihr wollt und worüber ihr wollt; aber gehorcht!«[97] Es ist ein Zauberspruch.

Was folgen wird? Die härteren Seiten des Lebens werden sich, wie Gerd Held voraussagt, stark in den Vordergrund schieben. Damit fallen auch die aus Traumschaumstoff gebauten Wolkenkuckucksheime der verweiblichten Priesterkaste in sich zusammen. Der Übergriff der Familienmoral auf das öffentliche Leben und die damit zusammenhängende, moralgeleitete Verwilderung des Rechtssystems wird zurückgedrängt werden. Sie ist ein Einfallstor externer Interessen und begründet eine völlige Unfähigkeit zu verantwortungsethischer, kühler und langfristig kalkulierter Interessenpolitik.

Und schließlich: Die virtuelle, postindustrielle Welt, für die sich Illusionistinnen wie Hanna Rosin wie gemacht fühlen, ist die Welt der Scheinproduktivität, die Wertschöpfung nur noch als Geldschöpfung kennt. Sie wird innerhalb der nächsten dreißig Jahre, in denen zudem der Aufwand für die Bergung gespeicherter und umgewandelter Solarenergien die Erträge übersteigen wird, zu einem Ende kommen.

Damit neigt sich allerdings auch das faustische Projekt des westlichen weißen Mannes seinem Schlußkapitel zu. Die abgründigen Schrecknisse, die damit anheben, wird gewiß nicht die weiße Frau, nicht der schwarze Mann, sondern allenfalls der wieder zu Form gekommene faustische weiße Mann ein wenig mildern können.

---

97 Immanuel Kant, »Beantwortung der Frage: Was ist Aufklärung?«, in: Wilhelm Weischedel (Hrsg), Immanuel Kant. Gesammelte Werke in zwölf Bänden, Frankfurt/Main 1977.

AUS DER EDITION SONDERWEGE

Horst G. Herrmann
IM MORALAPOSTOLAT
Die Geburt der westlichen Moral
aus dem Geist der Reformation

Haben sich die Nebelkerzen nach dem Finale der
»Lutherdekade« erst einmal verflüchtigt, sieht man klarer: Um die
Theologie des Reformators wird ein großer Bogen gemacht. Ganz
bewußt. Denn hier betritt man vermintes Gelände. Die selbsternannte
»Kirche der Freiheit« steht schützend vor »Errungenschaften«,
»Mündigkeit«, »Pluralität« und mag die dogmatischen
Geschäftsgrundlagen, die der Augustinermönch der westlichen
Welt vermacht hat, nur noch ungern thematisieren.
Horst G. Herrmann hat diese Grundlagen gesichtet
und beschreibt eine folgenreiche mentale und dogmatische
Verschiebung: Ein schmerzinduzierendes Christentum wird in ein
angstverbreitendes, egozentriertes, reformatorisches Christentum
überführt. Mit Luthers »Großmachen der Sünde« und der Angst steht
nun die Frage nach Einschluß oder Ausschluß, nach Himmel oder Hölle
dringlicher denn je auf der Tagesordnung, während die *imitatio Christi*
der Hermeneutik des Verdachts ausgeliefert wird.
Die Reformation markiert einen eschatologisch aufgeladenen *moral
turn* im Westen; die Verabschiedung einer Tugendethik durch
uneingestandene Moralistik. Aus einem Sollen wird ein Müssen, aus
einem (Pilger-)Weg, der einen hält, während man ihn beschreitet, wird
der angstvolle Blick auf ein Ziel, das man keinesfalls verfehlen darf.
Das »Großmachen« von Erbsünden aller Art und der Wunsch nach
säkularisierter »Heilsgewißheit«, nach dem notorisch guten Gewissen,
sind zur pathogenen Matrix des Westens geworden. Wir alle – gläubig
oder ungläubig – sind Menschen mit Reformationshintergrund und teilen
dasselbe Schicksal: die postreformatorische Belastungsstörung.

384 Seiten, 13 x 20,5 cm,
Klappenbroschur
ISBN 978-3-944872-67-4

www.manuscriptum.de

Titel der Originalausgabe:
Men on Strike
Why Men Are Boycotting Marriage, Fatherhood, and the American Dream – and Why It Matters
© 2013 by Helen Smith
All rights reserved in c/o Writers' Representatives LLC,
www.writersreps.com, New York NY

Edition Sonderwege
© Manuscriptum Verlagsbuchhandlung
Thomas Hoof KG · Lüdinghausen und Berlin 2017

Satz: Achim Schmidt, Graphische Konzepte, Mettmann. Gesetzt aus Arno Pro
Druck und Bindung: CPI books, Ebner & Spiegel GmbH, Ulm
Abdruck der Grafik auf S. 285 mit freundlicher Genehmigung
von www.marcusbuckingham.com.

Dieses Werk ist urheberrechtlich geschützt.
Jede Verwertung außerhalb der engen Grenzen des Urheberrechtsgesetzes
ohne Zustimmung des Verlags ist strafbar. Das gilt insbesondere für
Vervielfältigungen, Übersetzungen, Mikroverfilmungen und die digitale
Einspeicherung und Verarbeitung in elektronischen Systemen.

Printed in Germany
ISBN 978-3-944872-66-7
www.manuscriptum.de